장애아동의 이해

장애아동의 이해

1판 1쇄 발행 2019년 9월 6일
1판 3쇄 발행 2024년 2월 23일

지은이 최성규 · 박찬영 · 박비주 · 김정규 · 신지현 · 송혜경
　　　　장효민 · 강민주 · 정은영 · 이드보라 · 이국정
삽　화 김하니

펴낸이 박영호
기획팀 송인성, 김선명, 김선호
편집팀 박우진, 김영주, 김정아, 최미라, 전혜련, 박미나
관리팀 임선희, 정철호, 김성언, 권주련
펴낸곳 (주)도서출판 하우

주소 서울시 중랑구 망우로68길 48
전화 (02)922-7090
팩스 (02)922-7092
홈페이지 http://www.hawoo.co.kr
e-mail hawoo@hawoo.co.kr
등록번호 제2016-000017호

값 19,000원
ISBN 979-11-88568-75-8 93370

＊ 이 책의 저자와 (주)도서출판 하우는 모든 자료의 출처 및 저작권을 확인하고 정상적인 절차를 밟아 사용하였습니다.
　일부 누락된 부분이 있을 경우에는 이후 확인 과정을 거쳐 반영하겠습니다.

＊ 이 책은 저작권법에 따라 보호받는 저작물이므로 무단 전재와 무단 복제를 금지하며,
　이 책 내용의 전부 또는 일부를 이용하려면 반드시 저작권자와 (주)도서출판 하우의 서면 동의를 받아야 합니다.

장애아동의 이해

최근 장애아동의 이해에 대한 필요성이 강조되는 배경은 크게 두 가지 차원에서 접근할 수 있다.

하나는 보건복지부의 발달재활서비스 지원 등을 위한 인력양성 및 자격관리 등의 차원과 또 다른 하나는 2010년부터 교사양성과정에 특수교육학이 교직소양으로 지정된 것에 기인한다.

이와 같은 변화는 장애아동에 대한 이해의 중요성과 함께 장애아동을 지도할 전문가의 역할 강화에 대한 사회적·교육적 함의가 선행될 결과로 이해된다.

이 책은 분명보다는 장애아동 지도를 위한 필수적 요소에 주안점을 두고 있다.

최성규·박찬영·박바라·김정규·신지현·송혜경·장윤미·강민주·정은영·이드보라·이극정

머리말

시대정신은 그 시대를 대표하는 사유의 보편적 관점으로 정의된다. 오늘날 다원주의와 개인의 존엄성에 대한 시대정신은 과거와는 달리 인권이라는 주제로 흡입되고 있다. 장애아동의 다양성과 인격체로서의 존엄성 등에 대한 사회의 긍정적 인식은 오늘날 인문학적 성찰과 함께 미래의 인간 가치를 대변하는 하나의 현상으로 이해된다.

최근 장애아동의 이해에 대한 필요성이 강조되는 배경은 크게 두 가지 차원에서 접근할 수 있다. 하나는 보건복지부의 발달재활서비스 지원 등을 위한 인력양성 및 자격관리 등의 차원과 또 다른 하나는 2010년부터 교사양성과정에 특수교육학이 교직소양으로 지정된 것에 기인한다. 이와 같은 변화는 장애아동에 대한 이해의 중요성과 함께 장애아동을 지도할 전문가의 역량 강화에 대한 사회적·교육적 함의가 선행된 결과로 이해된다.

그동안 장애아동의 이해 또는 특수교육학을 강의하기 위한 다양한 교재가 여러 출판사에서 출판되었다. 교재들마다 장애아동 지도를 위해 필요한 보편성과 특수성을 드러내는 충실함과 함께 장애아동 지도를 위한 전문가 양성에 대한 남다른 노력과 집념의 옥고였다.

이 책을 집필하는 동안 집필자들의 고민은 다른 교재와 함께 이 교재의 출판에 대한 당위성이었다. 20년 이상을 특수교육과 관련된 교과를 강의하면서 장애아동의 이해 및 지도를 위한 다양한 교재를 집필하였고, 다른 교수님들의 교재를 사용하기도 하였다. 참으로 좋은 교재가 많다. 또한 장애아동 지도를 위한 전문가 양성과 역량 강화를 위해서는 특수교육과 관련된 많은 내용이 필요한 것은 자명한 사실이다. 그러나 대학의 한 학기 강의시수가 부담의 원인으로 작용하였다. 한 학기에 사용하기 너무 많은 분량의 교재는 교수나 대학생 모두에게 부담되었다. 이 교재는 많은 분량보다는 장애아동의 이해를 위해 입문하는 대학생이 꼭 알아야 할 기초 개념에 주안점을 두고 있다. 집필자들은 교재의 분량보다는 장애아동 지도를 위한 필수적 요소에 천착하기로 하였다. 그럼에도 너무 많은 내용을 제시하여 어려움을 가중시키지는 않는지 또는 꼭 알아야 할 부분이 너무 빈약하지는 않았는가에 대한 고민은 계속되었다.

인터넷 등의 영향으로 교재를 인쇄하는 출판사의 재정이 갈수록 어려워지는 현실이다. 특수교육학 용어사전을 출판한 도서출판 하우에서 이 교재의 출판을 도와주셔서 힘이 된다. 이 교재가 장애아동의 권리 및 교육적 접근의 기초가 될 수 있고, 모든 교사 및 치료사 등의 전문가 양성에 도움이 되었으면 하는 바람으로 이 교재의 내용이 공유되기를 기대한다.

2019년 3월
집필자 대표 최성규

차례

머리말　4

1장 장애아동의 이해　20

1. 장애의 개념　21
　1) 세계보건기구의 장애 개념　21
　2) 우리나라의 장애에 대한 정의　23

2. 장애의 분류체계　26
　1) 보건복지부　26
　2) 교육부　27

3. 장애아동 관련법과 제도　27
　1) 외국의 장애인법과 장애아동을 위한 교육법　28
　2) 우리나라의 장애아동 관련법　34

2장 장애와 인권　46

1. 인권의 개념과 이해　47
　1) 인권의 개념　47
　2) 인권의 이해　48

2. 장애인차별금지법의 이해 56
　1) 국가의 노력과 법적 지원 57
　2) 사회적 지지 58
　3) 장애아동 인권교육과 인권감수성 유형별 지원 60
　4) 교사의 책무성 61
3. 유엔장애인권리협약 62
4. 유엔아동권리협약 64
5. 유엔2030의제 66

3장 지적장애의 이해 70

1. 개념 및 정의 71
　1) 개념 71
　2) 정의 72
2. 원인 77
　1) 생의학적 원인 77
　2) 환경적 원인 78
3. 진단평가 79
　1) 지능검사 79
　2) 적응행동검사 및 사회성숙도검사 84

4. 특성 86
   1) 언어적 특성 86
   2) 인지 및 학업적 특성 86
   3) 심리사회적 특성 87
5. 지원 방안 88
   1) 인지교수법 88
   2) 적응행동기술 지원 89
   3) 생태학적 지원 91

4장 자폐범주성장애의 이해 94

1. 개념 및 정의 95
   1) 개념 95
   2) 정의 97
   3) DSM-Ⅳ에 기술된 전반적 발달장애 분류 98
   4) DSM-Ⅳ와 DSM-5의 차이점 100
   5) DSM-5의 자폐범주성장애 진단 기준 100
2. 원인 102
   1) 생의학적 요인 102
   2) 환경적 요인 103

3. 진단평가　　　　　　　　　　　　　　　　103
　　1) 선별 기준　　　　　　　　　　　　　　103
　　2) 평가 방법　　　　　　　　　　　　　　105

4. 특성　　　　　　　　　　　　　　　　　109
　　1) 언어적 특성　　　　　　　　　　　　　109
　　2) 인지 및 학업적 특성　　　　　　　　　112
　　3) 심리사회적 특성　　　　　　　　　　　113

5. 지원 방안　　　　　　　　　　　　　　　113
　　1) 특성을 고려한 학업적 지원　　　　　　114
　　2) 환경적 구조화　　　　　　　　　　　　115
　　3) 통합교육 지원　　　　　　　　　　　　116

5장 지체장애의 이해　　　　　　　　　　　120

1. 개념 및 정의　　　　　　　　　　　　　　120
　　1) 개념　　　　　　　　　　　　　　　　　120
　　2) 정의　　　　　　　　　　　　　　　　　121

2. 원인 및 분류　　　　　　　　　　　　　　123
　　1) 원인　　　　　　　　　　　　　　　　　123
　　2) 분류　　　　　　　　　　　　　　　　　124

3. 진단평가	130
1) 선별 기준	130
2) 평가 방법	132
4. 특성	133
1) 신체적 특성	133
2) 인지 및 학업적 특성	133
3) 심리사회적 특성	133
4) 언어적 특성	134
5. 지원 방안	134
1) 유형별 교수방법	134
2) 자세 및 일상생활 지원	135

6장 정서·행동장애의 이해   142

1. 개념 및 정의	143
1) 개념	143
2) 정의	143
2. 원인과 기질	148
1) 원인	148
2) 기질	148

3. 특성　　　　　　　　　　　　　　　　　　149
　　1) 언어적 특성　　　　　　　　　　　　149
　　2) 인지 및 학업적 특성　　　　　　　　149
　　3) 심리사회적 특성　　　　　　　　　　149

4. DSM-5 분류　　　　　　　　　　　　　　151
　　1) 외현적 행동 특성별 분류　　　　　　151
　　2) 내재적 행동 특성별 분류　　　　　　156

5. 진단평가　　　　　　　　　　　　　　　157
　　1) 선별 기준　　　　　　　　　　　　　158
　　2) 진단평가　　　　　　　　　　　　　158
　　3) 영역별 판별도구　　　　　　　　　　159

6. 지원 방안　　　　　　　　　　　　　　　160
　　1) 긍정적 행동지원　　　　　　　　　　160
　　2) 인지적 접근지원　　　　　　　　　　161
　　3) 환경의 조성 및 관리　　　　　　　　162

7장 학습장애의 이해　　　　　　　　　　　166

1. 개념 및 정의　　　　　　　　　　　　　167
　　1) 개념　　　　　　　　　　　　　　　167

2) 정의	169
2. 원인	172
1) 생의학적 원인	172
2) 환경적 원인	173
3. 진단평가	174
1) 선별 검사	174
2) 진단평가	175
4. 특성	176
1) 인지 및 학업적 특성	176
2) 주의집중 및 신체 지각적 특성	181
3) 심리사회적 특성	182
5. 지원방안	183
1) 읽기 지원	183
2) 쓰기 지원	185
3) 수학 지원	186

8장 의사소통장애의 이해 190

1. 개념 및 정의	191
1) 개념	191

2) 정의 193
2. 분류 및 원인 194
　1) 말장애 194
　2) 언어장애 197
3. 진단평가 199
　1) 선별 기준 200
　2) 평가 방법 201
4. 특성 203
　1) 언어적 특성 203
　2) 인지 및 학업적 특성 205
　3) 심리사회적 특성 205
5. 지원 방안 206
　1) 유형별 교수방법 206
　2) 공학을 활용한 의사소통대체 전략 209

9장 청각장애의 이해 212

1. 개념 및 정의 213
　1) 개념 213
　2) 정의 216

2. 원인 및 분류 218
   1) 원인 218
   2) 분류 219

3. 진단평가 220
   1) 순음청력검사 220
   2) 어음청력검사 224
   3) 의료검사 기기를 이용한 청력검사 224

4. 특성 225
   1) 언어적 특성 225
   2) 인지 및 학업적 특성 226
   3) 심리사회적 특성 227
   4) 정체성 227

5. 지원 방안 228
   1) 음성언어 지원방안 228
   2) 수화언어 지원방안 231
   3) 기타 지원 방안 233
   4) 조기교육 235

10장 시각장애의 이해   238

  1. 개념 및 정의   239
    1) 개념   239
    2) 정의   240

  2. 원인   243
    1) 생의학적 원인   243
    2) 환경적 원인   248

  3. 진단평가   248
    1) 선별 기준   248
    2) 평가 방법   250

  4. 특성   252
    1) 운동 및 신체적 특성   252
    2) 인지 및 학업적 특성   253
    3) 심리사회적 특성   253

  5. 지원방안   255
    1) 시각적 지원   255
    2) 보조공학적 지원   258

11장 장애아동 교육방법 262

1. 특수교육 263
1) 특수교육의 개념 263
2) 특수교육 교육과정 263
3) 특수교육 관련서비스 268

2. 통합교육 269
1) 의미와 배경 269
2) 통합교육에서의 교육과정 270
3) 통합교육에 대한 논의 270

3. 장애아동 교수학습방법 271
1) 구성주의에 의한 교수학습이론 271
2) 장애아동을 위한 교수학습 전략 271

4. 개별화교육계획 개발 및 실행 275
1) 개별화교육계획의 정의 275
2) 개별화교육계획의 구성 요소 276
3) 개별화교육지원팀의 운영 276
4) 개별화교육계획의 작성 방법 277
5) 개별화교육계획의 작성 절차 279

5. 장애아동 직업교육 방법 279
   1) 진로와 직업 교육과정 내용체계 279
   2) 실제적인 직업교육 방법 283
   3) 장애아동의 미래 직업 환경 284

12장 긍정적 행동지원 288

1. 긍정적 행동지원의 개념 289
   1) 행동지원의 역사적 배경 289
   2) 긍정적 행동지원의 패러다임의 변화 290
2. 긍정적 행동지원의 특성과 절차 292
   1) 긍정적 행동지원의 특성 292
   2) 긍정적 행동지원의 절차 293
3. 긍정적 행동지원 전략 296
   1) 학교차원의 긍정적 행동지원 296
   2) 학급차원의 긍정적 행동지원 297
   3) 개별적 중재와 지원을 통한 행동지원 전략 300
4. 긍정적 행동지원을 위한 강화전략 303
   1) 바람직한 행동 증가시키는 기법 303
   2) 바람직하지 않은 행동 감소시키는 기법 304

3) 바람직한 행동 유지시키기　　306

　　4) 새로운 행동 가르치기　　307

13장 장애아동 지원 체계　　310

1. 사회서비스　　311

　　1) 발달재활서비스　　311

　　2) 장애아동가족 양육지원 사업　　316

　　3) 장애인활동지원 서비스　　320

2. 개인별지원계획　　324

　　1) 개인별지원계획의 정의　　324

　　2) 개인별지원계획 수립 원칙　　325

　　3) 개인별지원계획 수립 절차　　326

3. 협력적 팀 접근　　327

　　1) 정의　　327

　　2) 장점　　328

　　3) 모델　　329

14장 보조공학의 활용   332

  1. 보조공학의 이해   333

    1) 보조공학의 개념   333

    2) 장애인 보조공학기기 지원사업   335

  2. 보편적 설계의 이해와 활용   336

    1) 웹 접근성, 웹 사용성의 개념   336

    2) 보편적 설계의 개념   337

    3) 웹 인터페이스의 보편적 설계   340

  3. 장애아동의 컴퓨터 사용 지원을 위한 보조공학   340

    1) 컴퓨터 보조수업   340

    2) 컴퓨터 대체접근   341

    3) 대체 입력 기기   342

    4) 대체 출력 기기   346

  4. 보완대체의사소통 보조기기   351

  5. 보완대체의사소통 보조기기의 구성   352

    1) 상징   352

    2) 도구   352

    3) 활용기법   353

    4) 전략   353

1장 장애아동의 이해

학습목표

1. 장애에 대한 개념의 변화를 설명할 수 있다.
2. 장애의 분류체계 가운데 대상과 목적에 따른 장애유형을 구분할 수 있다.
3. 장애아동과 관련된 법과 제도를 이해할 수 있다.

일반적으로 장애라고 하면 무언가로부터의 제약이나 결함과 같은 부정적인 이미지를 떠올린다. 그러나 장애는 시대적 흐름과 사회적 배경에 따라 정의되어지고 분류함에 있어 차이를 나타낸다. 이러한 장애의 개념적 특성을 바탕으로 이 장에서는 장애아동을 이해하기 위하여 장애란 무엇인지 그리고 장애가 무엇에서 비롯되었는지 구체적인 정의를 통해 개념을 파악하고자 한다. 또한 장애를 극복하기 위해서는 어떠한 지원이 요구되는지 관련법과 제도 등을 바탕으로 살펴보고자 한다.

1. 장애의 개념

국립국어원 『표준국어대사전』에 의하면, 장애란 "「1」어떤 사물의 진행을 가로막아 거치적거리게 하거나 충분한 기능을 하지 못하게 함. 또는 그런 일. 「2」신체 기관이 본래의 제 기능을 하지 못하거나 정신 능력에 결함이 있는 상태."라고 정의하고 있다. 그러나 장애를 단순히 신체적 결함에 초점을 두어 이야기한다면 의학적 지원에 한정되어 법과 제도가 마련될 것이다.

장애인이 살아가며 다양한 사람들과 소통하고 교류하는 데 있어 의학적 지원만으로는 한계가 있다. 예를 들어 한 아동이 사고로 하반신이 마비가 되었다고 하자. 신경손상이 심하여 그 아동에게 수술을 통한 의료적 지원이 불가능하다면 더 이상 장애를 극복하지 못하고 평생 지체장애를 가지고 살아가야 한다. 이러한 의료적 결과에 따라 휠체어를 제공하도록 지원 제도가 마련된다면 그의 신체적 결함인 하반신의 문제에 대한 해결은 이루어진 듯 보인다. 하지만 이러한 지원이 그가 장애를 극복하였다고 판단하기에는 문제가 있다. 지하철을 타거나 계단을 오르거나 또는 학교생활에서 무용 수업에 참여하는 경우, 그는 또 다른 장애를 경험하게 된다.

개인은 각자의 삶을 살아가지만 사회 속에서 많은 사람들과 소통하고 생활시설을 공유하며 다양한 관계를 형성한다. 이러한 관계 형성에 제약을 받을 경우, 우리는 권리를 주장하며 법·제도의 개선을 요구한다. 즉 장애를 개인의 신체적 결함으로 바라볼 것이 아니라 이로 인해 겪게 되는 다양한 문제를 포함한 개념으로 접근하여야 하겠다.

1) 세계보건기구의 장애 개념

세계보건기구(WHO)의 ICIDH(International Classification of Impairment, Disability and Handicap)는 1980년 공인된 이래 오랫동안 국제사회에 장애에 대한 정의와 기준을 제시하였다. ICD(International Classification of Disease)에 의하면 장애를

질병으로 인식하고 있는데, ICIDH-1에서는 손상(Impairment), 장애(Disability), 불이익(Handicap)을 포함한 포괄적인 개념으로 접근하였다.

장애의 개념에 개인의 신체기능의 손상으로 인하여 발생되는 생활 속의 장애와 이러한 손상과 장애로 야기되는 불이익을 포함시킴으로서 국제사회의 장애 판단 기준 및 지원 정도에 결정적인 영향을 미치게 되었다.

그러나 이러한 개념에서 볼 때, 손상은 장애를 발생시키고, 장애는 사회적 불이익을 야기한다는 점에서 일방성을 나타내고 있으며, 이는 장애에 대한 부정적인 인식이 반영되어 있다. 또한 환경적 요인을 배제하여 정의함으로써 그 한계를 나타내고 있다.

이를 보완하기 위해 1997년 ICIDH-2에서 장애를 손상(Impairment), 활동(activity), 참여(participation)로 정의하였다. 즉 개인의 신체기능적 손상이 활동하는 데 얼마나 제약이 있는지, 그리고 이로 인하여 사회적 참여에 제한을 받는지를 기준으로 제시하게 된 것이다. 따라서 이 정의에서는 장애를 개인적 요인뿐만 아니라 환경적 요인을 고려한 입장에서 바라보고 있으며, ICIDH-1에서 나타내는 한계점인 신체기능적인 손상은 없으나 분명히 겪고 있는 활동의 제약이나 참여의 한계에 대하여 해결하고자 하였음을 알 수 있다.

그러나 Bolderson와 Mabbett(2002)는 ICIDH-2의 기준만으로는 제도 마련에 여전히 부족함을 제기하였다. 대표적으로 장애를 바라봄에 있어 그 자체의 문제보다 기능적 제약에 더 초점을 두어야 한다는 것이다. 질병으로 인해 신체기능상의 문제가 없음에도 일상적인 활동을 함에 있어 제약을 받는 경우도 있기에 기능적인 측면을 고려해야 한다. 두 번째로 장애를 무능력한 부정적 이미지에서 사회적 지원과 관리를 통해 극복될 수 있는 측면으로 바라보아야 한다. 마지막으로 장애를 특정 소수에 국한하는 것이 아닌 누구나 경험할 수 있는 측면으로 바라보아야 한다. 이러한 문제들을 바탕으로 장애를 신체적 측면에서 기능적 측면으로 바라보게 되었고, 장애를 더 이상 특별한 사람들의 문제가 아닌 보편적인 문제로 인식하게 되었다(황수경, 2004).

2001년 세계국제보건기구는 이러한 흐름을 바탕으로 ICF(International Classification of Functioning, Disability and Health)를 승인하게 되었다. [그림 1-1]과

같이 ICF는 ICIDH-2에서 제시한 장애의 사회적 측면과 철학을 계승했지만 분류체계와 용어를 사용함에 있어 보다 긍정적이고 환경적인 측면을 강조하였다.

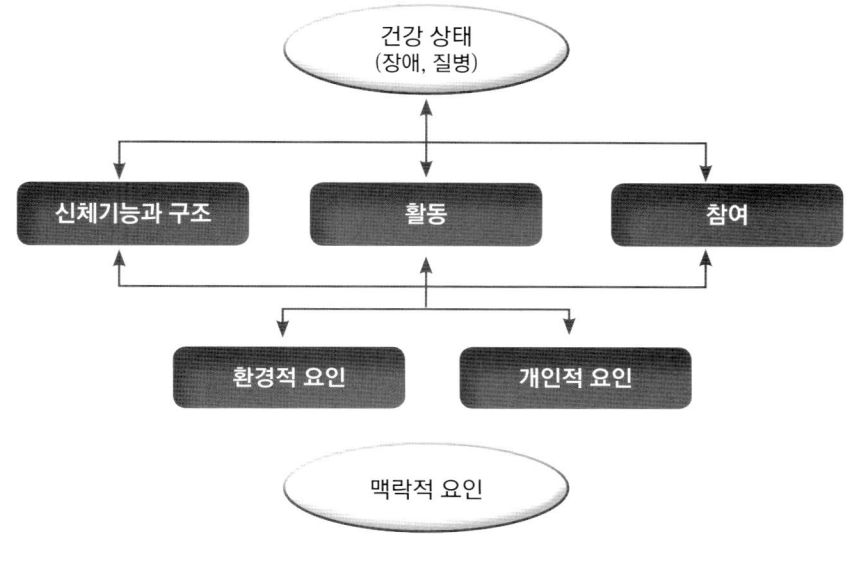

〔그림 1-1〕 ICF의 장애에 대한 개념

출처: Alan, M. J. (2006). Toward a common language for function, disability, and health. Physical Therapy, 86(5)

ICF의 주요 특징은 개인의 장애나 질병을 환경적 요인과 개별적 요인과의 상호작용에 의해 발생하는 것으로 바라본다. 이는 장애를 건강상태의 하나로서 장애상태를 다루고 있으며, 장애와 비장애를 구분지어 장애인을 특정 소수의 사람들로 한정짓는 것이 아니라 모든 사람들의 건강상태와 관련된 요소들로 보편적 적용이 가능한 개념(Universalistic Approach)으로 접근하고 있다.

2) 우리나라의 장애에 대한 정의

우리나라 「헌법」에는 장애인과 관련하여 제34조 제5항에 다음과 같이 제시되어 있다.

> **대한민국헌법 제34조**
> ① 모든 국민은 인간다운 생활을 할 권리를 가진다.
> ② 국가는 사회보장·사회복지의 증진에 노력할 의무를 진다.
> ③ 국가는 여자의 복지와 권익의 향상을 위하여 노력하여야 한다.
> ④ 국가는 노인과 청소년의 복지향상을 위한 정책을 실시할 의무를 진다.
> ⑤ 신체장애자 및 질병·노령 기타의 사유로 생활능력이 없는 국민은 법률이 정하는 바에 의하여 국가의 보호를 받는다.
> ⑥ 국가는 재해를 예방하고 그 위험으로부터 국민을 보호하기 위하여 노력하여야 한다.

위에 제시된 내용에서와 같이 헌법에서는 장애인에 대한 특별한 정의가 없으나 장애를 국가에서 보호할 대상으로 보고 있다. 장애인에 대한 구체적인 정의는 「장애인복지법」 제2조에 제시되어 있다.

> **장애인복지법 제2조(장애인의 정의 등)**
> ① "장애인"이란 신체적·정신적 장애로 오랫동안 일상생활이나 사회생활에서 상당한 제약을 받는 자를 말한다.
> ② 이 법을 적용받는 장애인은 제1항에 따른 장애인 중 다음 각 호의 어느 하나에 해당하는 장애가 있는 자로서 대통령령으로 정하는 장애의 종류 및 기준에 해당하는 자를 말한다.
>   1. "신체적 장애"란 주요 외부 신체 기능의 장애, 내부기관의 장애 등을 말한다.
>   2. "정신적 장애"란 발달장애 또는 정신 질환으로 발생하는 장애를 말한다.

「장애인차별금지 및 권리구제 등에 관한 법률」 제2조에서는 다음과 같이 장애인을 정의하고 있다.

제2조(장애와 장애인)

① 이 법에서 금지하는 차별행위의 사유가 되는 장애라 함은 신체적·정신적 손상 또는 기능상실이 장기간에 걸쳐 개인의 일상 또는 사회생활에 상당한 제약을 초래하는 상태를 말한다.
② 장애인이라 함은 제1항에 따른 장애가 있는 사람을 말한다.

『표준국어대사전』에서는 장애인을 다음과 같이 정의한다.

장애-인(障-人)

신체의 일부에 장애가 있거나 정신 능력이 원활하지 못해 일상생활이나 사회생활에서 어려움이 있는 사람. ≒장애자.

『특수교육학 용어사전』에서는 장애를 다음과 같이 정의하고 있다.

장애는 개인의 건강 조건과 환경적·개인적 요소로 이루어진 상황 맥락이 상호작용한 결과이다. 손상은 신체의 특정 부위나 기관의 기능이 손실되었거나 감소한 것을 의미하므로 의료적 지원이 필요하다. 기능 제약은 손상으로 특정 영역(예 읽기, 보기, 걷기, 듣기 등)에 능력 저하가 생기는 경우 교육·훈련적 지원이 필요하다. 사회적 불리는 기능 제약으로 사회 참여 등에서 불이익을 받는 것을 말한다. 그러나 손상 → 기능 제약 → 사회적 불리라는 장애에 대한 개념 모형은 2001년 이후 세계보건기구가 제시한 새로운 모델에 따라 개인의 건강 조건과 상황적 맥락이 상호작용한 결과로 보는 관점으로 바뀌었다.

이와 같이 우리나라 법률 및 사전에 제시된 장애인은 ICF의 개념과 같이 개인의 신체 기능적 장애와 더불어 사회적 상호작용의 제약 및 환경적 요인을 함께 고려하고 있음을 알 수 있다.

2. 장애의 분류체계

장애유형은 정도와 특성에 따라 분류할 수 있다. 그러나 이러한 유형은 그 목적에 따라 다르게 구분된다. 장애인에게 의료적 지원의 정도와 교육적 지원의 정도를 판단함에 있어 대상과 정도에 차이는 분명 다르게 나타난다. 따라서 우리나라에서도 장애유형의 기준을 목적에 따라 다르게 제시하고 있다.

1) 보건복지부

보건복지부에서는 「장애인복지법 시행규칙」 제2조에 장애등급의 판정 기준을 구체적으로 제시하고 있다.

> **제2조(장애인의 장애등급 등)**
> ① 「장애인복지법 시행령」(이하 "영"이라 한다) 제2조 제2항에 따른 장애 정도는 별표 1과 같다.
> ② 보건복지부장관은 제1항에 따른 장애 정도의 구체적인 판정기준을 정하여 고시할 수 있다.

[별표 1]에 의하면 장애인은 총 15가지로 분류하고 있으며, 구체적인 유형으로는 지체장애인, 뇌병변장애인, 시각장애인, 청각장애인, 언어장애인, 지적장애인, 자폐성장애인, 정신장애인, 신장장애인, 심장장애인, 호흡기장애인, 간장애인, 안면장애인, 장루·요루장애인, 뇌전증장애인이 있다. 모든 장애는 장애의 정도가 심한 장애인과 심하지 않은 장애인으로 나뉘지만, 자폐성장애인과 정신장애인은 예외적으로 정도가 심한 장애인에 해당된다.

2) 교육부

교육부에서는 「장애인 등에 대한 특수교육법」 제15조에 특수교육대상자로 장애유형을 다음과 같이 제시하였다.

제15조(특수교육대상자의 선정)

① 교육장 또는 교육감은 다음 각 호의 어느 하나에 해당하는 사람 중 특수교육을 필요로 하는 사람으로 진단·평가된 사람을 특수교육대상자로 선정한다.
  1. 시각장애
  2. 청각장애
  3. 지적장애
  4. 지체장애
  5. 정서·행동장애
  6. 자폐성장애(이와 관련된 장애를 포함한다)
  7. 의사소통장애
  8. 학습장애
  9. 건강장애
  10. 발달지체
  11. 그 밖에 대통령령으로 정하는 장애

② 교육장 또는 교육감이 제1항에 따라 특수교육대상자를 선정할 때에는 제16조제1항에 따른 진단·평가결과를 기초로 하여 고등학교 과정은 교육감이 시·도특수교육운영위원회의 심사를 거쳐, 중학교 과정 이하의 각급학교는 교육장이 시·군·구특수교육운영위원회의 심사를 거쳐 이를 결정한다.

특수교육대상자로의 선정을 위한 장애유형은 교육 지원에 목적을 두고 있으므로 「장애인복지법」과는 차이가 있으며, 이러한 분류는 아동들에게 진단 및 평가, 관련 서비스 지원 등에 있어 개별화된 지원이 가능하도록 한다.

3. 장애아동 관련법과 제도

법과 제도는 모든 사람들의 자유와 권리를 보장하며 특히 사회적 약자를 보호하는 역할을 지닌다. 따라서 법과 제도를 통해 우리는 다양한 권리를 보장받고자 주장하며, 차별을 방지하고자 개선해 나간다. 장애아동의 경우 장애인과 관련한 법·제도와 더불어 아동과 관련된 법·제도가 요구된다. 이러한 특별한 지원이 요구되는 장애아동을 위한 법과 제도는 우리나라뿐만 아니라 외국의 관련법과 제도에도 제시되어 있다.

1) 외국의 장애인법과 장애아동을 위한 교육법

국가마다 역사적 흐름과 시대적 요구를 반영하여 장애인법을 제정하여 시행하고 있다. 대부분의 국가에서는 장애인의 사회적 통합과 인권을 보장하기 위하여 제도적 기반을 마련하고 있으며, 이를 실현하기 위해 장애인차별금지법을 제정·시행하고 있다. 궁극적인 목표는 대부분의 국가가 유사하나, 그 정도에 있어서는 차이가 있다. 또한 이러한 법을 바탕으로 장애아동 교육법을 제정하여 시행하고 있는데, 장애아동을 위한 교육법은 특수교육 관련법으로 한정하여 제시하고자 한다.

(1) 독일

1953년 제정된 중증장애인법(Schwerbesch-ädigtegesetz)은 1974년 개정을 통해 중증장애인의 범위를 규정하고 있으며, 생업능력상실률(Minderung der Erwerbsfaehigkeit: MDE)을 기준으로 생업능력상실률이 30% 이상인 사람을 장애인이라 하고, 50% 이상인 사람을 중증장애인이라 하며, 80% 이상인 경우 최중도장애인이라 한다. 그러나 생업능력상실률은 직업수행능력의 저하를 의미하여 많은 혼란이 있었으며, 이를 보완하고자 1986년 개정되었다. 개정된 법에서는 생업능력상실률을 장애의 정도(Grad der BehimBehinderter: GdB)라는 개념으로 변경시키며, 이러한 개념은 장애나 신체적·정신적 결함으로 인한 결과로서의 정도를 의미한다.

이 법에서는 장애를 건강상의 문제로 인하여 기능상의 제약이 야기되고, 그 결과로 사회생활에 제약을 받게 되는 것이라고 한다. 즉 장애 발생의 원인보다는 현재 장애의 존재유무가 더 중요한 것이다.

1994년 독일의 주정부 교육문화장관협의체인 교육상임위원회(Kultusminister Konferenz: KMK)의 추천을 통해 특수교육대상자를 분류하였는데, 특수교육대상자는 교육, 발달, 학습능력의 손상으로 일반학교에서 특수교육적 지원 없이는 충분히 발달을 촉진시킬 수 없는 아동으로, 치료적 지원과 사회적 지원을 필요로 할 수 있다고 정의하고 있다. 또한 특수교육대상자에는 학습장애, 언어장애, 정서행동장애, 지적장애, 지체장애, 청각장애(난청 포함), 시각장애(약시 포함), 건강(심신)장애, 자폐장애로 구분하고 있다.

국제적으로 비교해보면 독일의 장애아동 특수학교 재학률이 평균 이상으로 높은 편인데, 이는 EU국가들 가운데 가장 높은 비율을 보이며, 동시에 통합교육 비율이 가장 낮은 것으로 나타났다. 그러나 최근 하노버에서 개최된 제55차 회의에서 장애아동 포용교육의 실행을 주장하며, 하노버성명을 통해 교육법에 관련 규정 마련, 교육기관에 인적·물적 자원 제공, 팀협력과 학교개발 계획 수립 및 시행을 위한 시간적 자원 지원, 장애가 있는 교육전문가를 모든 교육학 교수진에 확립, 모든 교사가 포용교육 세미나 필수 이수, 취학전교육, 학교교육, 직업교육을 위한 포용교육 인식 향상 및 캠페인 추진 등과 같은 내용을 실천할 것을 주장하였다.

(2) 미국

미국은 장애인에 대한 사회적 차별을 철폐하고자 1990년 ADA(Americans with Disabilities Act)를 제정하였다. 미국장애인복지법은 장애인차별금지법이라고도 불리며 고용이나 공공서비스에 대한 차별 금지 조항은 4장으로 구분하여 제시하고 있다. 제1장은 고용차별금지로 취업에 대한 차별을 금지하는 조항이며, 제2장은 공공서비스 차별금지로 정부나 지방자치단체에서 제공되는 공공서비스에 있어 장애인 차별을 금지하고 있다. 제3장은 접근성으로 건물 사용이나 교통 서비스를 이용함에 있어 장애인의 실제적인 이용이 가능하도록 의무화하고 있다. 마지막으로 제4장은 통신서비스로 시각장애, 청각장애, 언어장애, 중복장애 등으로 인해 전화통화에 어려움을 겪지 않도록 이들을 위한 통신 서비스를 개설할 것을 의무화하고 있다. 이 법은 세계 각국의 장애인차별금지 및 처우 개선에 많은 영향을 미쳤다.

미국의 ADA 제정은 1973년 장애인 차별을 금지하는 인권법인 미국재활법(The Rehabilitation Act)과 1974년 미국의 전장애아교육법(The Education for All

Handicapped Children Act: PL 094-142) 제정 등 70년대와 80년대의 완전통합을 위한 권리투쟁의 결과로 이루어졌다는 점에서 그 의의가 크다.

미국의 장애인교육법인 장애아동교육향상법(Individuals with Disabilities Education Improvement Act: IDEIA)은 2004년 개정되었는데 특수교육 및 관련서비스를 필요로 하는 자로 특정학습장애, 말·언어장애, 지적장애, 심각한 정서장애, 기타 건강장애, 중복장애, 자폐성장애, 지체장애, 청각장애(농 포함), 발달지체, 시각장애(맹 포함), 외상성뇌손상, 맹-농(중복장애) 가운데 각 장애를 지닌 자로 정의하고 있다.

미국은 조기중재서비스 및 특수교육서비스를 통해 가정, 지역사회 중심의 환경, 일반학급, 특수학교 등 다양한 환경에서 필요한 서비스를 제공하고 있으며, 학령기 특수교육 대상아동들은 대부분을 일반학급 내에서 서비스를 받고 있다.

(3) 영국

영국은 1995년 장애인차별금지법인 DDA(Disability Discrimination Act)를 제정하여 장애에 대한 정의와 기준을 제시하였다. 여기에서 말하는 장애는 일상생활을 함에 있어 개인의 능력에 지속적이고 장기적인 불리한 영향을 주는 신체적·정신적 손상으로 이동력, 손기능, 신체협응력, 지속력(들을 수 있는 능력, 일상의 사물을 이동하는 능력), 말하고 듣고 보는 능력, 기억력 또는 집중력/학습 또는 이해력, 신체적 위험에 대한 지각력 중 하나에 영향을 미치는 손상으로 정의하고 있다.

그러나 이 법은 2010년에 평등법(Equality Act)으로 통합되어 연령, 장애, 성전환, 혼인여부, 인종, 종교, 성, 성적 지향과 관계없이 공적, 사적 서비스 접근에 대한 평등한 대우를 요구하게 되었다. 특히 장애에 대한 평등에 있어서는 직접차별과 간적차별, 그리고 결합차별에 더하여 장애로부터 발생하는 차별과 합리적 조정의무의 불이행을 차별로 규정하였으며, 괴롭힘과 보복적 불이익도 차별의 유형으로 보고 금지행위로 규정하고 있다.

이 법에서의 장애인의 정의는 신체적 또는 정신적 장애가 장기간 지속되고 일상생활을 영위하는데 있어 심각한 장애를 가지고 있는 사람이다. 여기서 말하는 지속은 적어도 12개월 동안 이거나 평생 지속되는 것을 의미하고 심각한 장애는 일상생활에 영향을 줄 수 있을 정도를 말한다. 영국은 장애를 상위범주 4가지와 각각의 상위범주에 따른 하위범주를 두고 있다. 범주별 상위 및 하위장애는 첫째, 인지 및 학습장애(특정학습장애, 중도학습장애, 중증학습장애, 최중도 및 중복학습장애), 둘째, 행동·정서 및 사회적 발달능력 장애(우울증, 식욕장애, 행동장애, 과잉운동성장애, 주의력결핍과잉행동장애, 투렛증후군 등), 셋째, 의사소통 및 상호작용장애(말하기, 언어 및 의사소통장애, 자폐성장애), 넷째, 감각 및 신체장애(시각장애, 청각장애, 다중감각장애(농맹중복장애, 농맹 이외의 추가적 장애, 지체장애)로 구분된다.

기본적으로 통합교육이라는 주류교육을 추구하고 있으나, 특수교육대상자들은 일반학교 특수학급에서 교육을 받거나 지원 서비스만을 제공받기도 하며, 특수학교에서 교육을 받기도 한다. 이 가운데 특수학교에 재학 중인 공식적인 특수교육대상자들의 비율은 2014년에 40.5%였는데, 2018년에는 44.2%로 증가하였다.

(4) 일본

2013년 개정된 장애인기본법에서 장애인은 신체장애, 지적장애, 정신장애(발달장애 포함)로 심신의 기능에 장애가 있으며, 장애 및 사회적 장벽 때문에 지속적인 일상생활 또는 사회생활에 상당한 제약을 받고 있는 사람으로 정의하였다. 이 법은 모든 국민에게 장애 유무에 관계없이 동일하게 기본적인 인권을 향유할 수 있다는 이념을 지니고 있다. 이와 더불어 2006년 시행된 장애인자립지원법은 장애인기본법의 이념에 따라 장애인 및 장애아동의 일상생활 및 사회생활의 참여를 위한 복지서비스와 관련 요소를 지원하고 있다.

2006년 개정된 학교교육법에서는 특수교육대상장애를 시각장애, 청각장애, 지적장애, 지체장애, 병약 및 기타 교육상 특별한 지원을 필요로 하는 아동 및 유아로 규정하고 있으며, 학교교육법 시행규칙에서는 일반학급에서의 특별한 교육과정에 의한 지도가 어려운 아동과 학습장애, 주의력결핍과잉행동장애를 추가하여 특별지원교육 대상자로 포함하고 있다.

일반적으로 완전통합을 추구하고 있으나, 통급지도를 통해 특수교육대상아동들이 일반학교에 재적되어 있으면서 특수교육서비스를 제공받도록 하고 있으며 그 대상으로 자폐증, 정서장애, 학습장애, 주의력결핍과잉행동장애에 해당하는 아동으로 제시하고 있다. 특별지원학교는 대상이 되는 장애 정도를 법률로 정하고 있으며 시각장애, 청각장애, 지적장애, 지체장애, 병약자가 이에 해당된다.

(5) 프랑스

2005년 장애인법인 장애인의 기회와 권리의 평등·참여·시민성에 관한 법률(Loi pour l'égalité des droits et des chances, la participation et la citoyenneté des personnes handicapées)이 제정되었다. 이 법에서 장애는 신체, 감각, 정신, 인지, 심리적 기능 중 하나 혹은 둘 이상의 지속적 혹은 영구적이며 본질적인 결함 또는 손상, 중복장애, 건강상의 문제로 인하여 개인의 환경에서 일상적인 삶을 살아가는 데 제약 혹은 활동의 제한이 있는 경우로 정의하고 있다. 특히 이 장애인법은 장애인에 대한 포용적 가치와 인권 보장에 대한 철학을 내포하고 있다. 이 법에서 제시한 장애유형은 지적장애(발달장애[자폐]포함), 정서장애(성격장애, 품행장애), 말언어장애(학습장애를 대체하며, 실어증 실독증 등을 포함), 지체장애, 시각장애(실명, 시력의 손실, 시각의 이상[시야, 색맹, 시각추적] 등을 포함), 청각장애(청각과 연결된 신체 기관의 기능 장애 포함), 건강장애(심장질병, 암에 기인한 호흡기 질환, 학교교육의 조정이 요구되는 만성적 질병 포함), 중복장애, 중도의 지체장애를 동반한 중도지적장애이다.

최근 프랑스에서는 "특수교육 수요가 있는 학생들의 교육"이라는 개념이 발표되며, 다양한 학생을 특수교육 대상자에 포함시키게 되었는데 영재교육, 장애아동, 해외 입국학생, 학습장애, 학교 밖 학생, 원격교육 등이 특수교육 분야에 포함되어 지원되고 있다. 또한 장애 정도에 따라 일반학교에 취학할 수 없는 약 20% 정도의 중증학생들은 사회의료기관에서 교육을 받고 있으며, 사회의료기관과 지역 공동체의 협력을 통해 중증장애아동이 통합교육을 받을 수 있도록 지원하고 있다. 이와 같은 원칙과 사회적 인식을 기반으로 프랑스의 장애인 교육 정책은 통합교육을 최대화하는 방식으로 이루어지며, 일반학교 통합교육 지원을 위하여 각 권역별로 특수교사를 배치하고 있다. 특수교사는 대학에서 모두 일반교육을 전공하였기 때문에 일반교육 및 일반교사에 대한 이해를 바탕으로 통합교육을 지원하고 있으며, 중증장애아동들을 위해 의료기관(지역사회)과의 밀접한 행정체제를 유지하고 있다.

(6) 호주

호주의 장애와 관련된 법은 1986년 제정된 장애인서비스법 DSA(Disability Services Act)와 1992년 제정된 연방정부 차원의 장애인차별금지법인 DDA(The Federal Disability Discrimination Act)에 제시되어 있다. 그러나 2014년 장애인서비스법을 대체하여 장애인포용법(Disability Inclusion Act)을 시행하였다. 장애인서비스법은 장애인을 지능, 전신감각, 신체적 손상 등으로 의사소통, 학습 이동성 등에 지장이 있는 자로 정의하고 이들에게 고용 및 공공서비스를 지원해 주었다. 그러나 이 법은 장애인의 서비스 선택권 행사와 지역사회의 통합에 한계점이 있음을 지적하며, 장애인포용법에서는 크게 4가지의 주요 내용을 포함하고 있다. 첫째, 장애인들은 비장애인들과 동일한 인권을 보장받아야 한다. 둘째, 정부부처와 공공기관은 장애인들의 사회통합을 위한 장애인포용실행계획을 수립하여야 한다. 셋째, 장애인들의 서비스 선택권과 통제권 강화를 위해 개별재정지원을 한다. 넷째, 정부로부터 재정지원을 받는 서비스 제공 기관들은 장애인 서비스 접근권을 강화하고 이와 관련한 직원 고용 기준을 적용해야 한다.

일반적으로 호주에서 장애를 정의하고 판별할 때 장애인차별금지법을 적용한다. 이 법에서는 장애를 손상, 질병, 장애를 모두 포괄하여 광범위하게 규정하고 있다. 구체적으로 살펴보면 첫째, 신체의 부분 혹은 전체적 상실, 둘째, 질병(HIV AIDS)을 유발하거나 유발 가능성이 있는 유기체의 존재, 셋째, 신체일부의 역기능, 추형, 기형 등으로 제시하고 있다.

교육을 위한 장애표준법(Disability Standards for Education, 2005)에서는 장애를 과거의 발생과 현재의 존재, 그리고 미래의 가능성을 포함하여 규정하고 있다. 즉 사람의 신체적, 정신적 기능의 부분 혹은 전체를 상실한 상태, 신체 질병을 유발하고 있는 기관 또는 유발할 수 있는 조직의 존재, 신체 일부의 형태나 기능의 손상 또는 기형, 학습에 부정적 영향을 미치는 장애 또는 기능의 부재, 사고과정, 현실인지, 감정, 판단 혹은 문제행동을 야기할 수 있는 장애를 포함하고 있다. 호주는 주마다 기준이 다르지만 대표적으로 언어장애, 지체장애, 지적장애, 청각장애, 시각장애, 농맹장애, 정신건강문제, 자폐장애로 구분할 수 있다.

1992년 장애인차별금지법을 통해 통합교육에 대한 장애아동의 권리를 강조하기 시작하였고, 그 결과 많은 학생들이 통합학급에서 수업을 받고 있다.

2) 우리나라의 장애아동 관련법

우리나라 장애아동과 관련된 법은 의료적 지원과 교육적 지원으로 구분될 수 있다. 대표적인 것이 보건복지부의 장애인복지법과 교육부의 장애인 등에 대한 특수교육법이며, 이 외 복지지원을 위한 장애아동 복지지원법, 장애아동의 권리 보장을 위한 장애인차별금지 및 권리구제 등에 관한 법률과 발달장애인 권리보장 및 지원에 관한 법률 등이 있다. 이러한 법을 바탕으로 장애아동에게 실질적으로 필요한 제도와 서비스가 개설되고 제공될 수 있도록 관련 종사자들의 지속적인 노력이 필요하겠다.

(1) 장애인복지법

「장애인복지법」에 제시된 장애아동 관련 조항들은 의료적 지원뿐만 아니라 교육, 생활 전반에 있어서의 복지 지원을 규정하고 있다.

제18조(의료와 재활치료)

국가와 지방자치단체는 장애인이 생활기능을 익히거나 되찾을 수 있도록 필요한 기능치료와 심리치료 등 재활의료를 제공하고 장애인의 장애를 보완할 수 있는 장애인보조기구를 제공하는 등 필요한 정책을 강구하여야 한다.

제20조(교육)

① 국가와 지방자치단체는 사회통합의 이념에 따라 장애인이 연령·능력·장애의 종류 및 정도에 따라 충분히 교육받을 수 있도록 교육 내용과 방법을 개선하는 등 필요한 정책을 강구하여야 한다.
② 국가와 지방자치단체는 장애인의 교육에 관한 조사·연구를 촉진하여야 한다.
③ 국가와 지방자치단체는 장애인에게 전문 진로교육을 실시하는 제도를 강구하여야 한다.
④ 각급 학교의 장은 교육을 필요로 하는 장애인이 그 학교에 입학하려는 경우 장애를 이유로 입학 지원을 거부하거나 입학시험 합격자의 입학을 거부하는 등의 불리한 조치를 하여서는 아니 된다.
⑤ 모든 교육기관은 교육 대상인 장애인의 입학과 수학(修學) 등에 편리하도록 장애의 종류와 정도에 맞추어 시설을 정비하거나 그 밖에 필요한 조치를 강구하여야 한다.

제38조(자녀교육비 지급)

① 장애인복지실시기관은 경제적 부담능력 등을 고려하여 장애인이 부양하는 자녀 또는 장애인인 자녀의 교육비를 지급할 수 있다.
② 제1항에 따른 교육비 지급 대상·기준 및 방법 등에 관하여 필요한 사항은 보건복지부령으로 정한다.

제50조(장애아동수당과 보호수당)

① 국가와 지방자치단체는 장애아동에게 보호자의 경제적 생활수준 및 장애아동의 장애 정도를 고려하여 장애로 인한 추가적 비용을 보전하게 하기 위하여 장애아동수당을 지급할 수 있다.
② 국가와 지방자치단체는 장애인을 보호하는 보호자에게 그의 경제적 수준과 장애인의 장애 정도를 고려하여 장애로 인한 추가적 비용을 보전하게 하기 위하여 보호수당을 지급할 수 있다.

> ③ 제1항과 제2항에 따른 장애아동수당과 보호수당의 지급 대상·기준 및 방법 등에 관하여 필요한 사항은 대통령령으로 정한다.

(2) 장애인 등에 대한 특수교육법

1977년 제정된 「특수교육진흥법」은 우리나라 특수교육 발전을 견인하였고, 특수교육의 공적 보장의 기틀을 마련하였다. 제정 이후 9차례에 걸친 개정이 이루어졌으며, 이후 더욱 내실 있는 특수교육정책의 안착을 위해 2007년 「장애인 등에 대한 특수교육법」이 새로이 제정되었다. 이 법에서는 장애아동 교육에 대한 국가의 책무성을 강화하고, 장애아동의 학습권 보장을 위한 구체적인 지원 방법을 제시하였다.

> **제3조(의무교육 등)**
> ① 특수교육대상자에 대하여는 「교육기본법」 제8조에도 불구하고 유치원·초등학교·중학교 및 고등학교 과정의 교육은 의무교육으로 하고, 제24조에 따른 전공과와 만 3세 미만의 장애영아교육은 무상으로 한다.
> ② 만 3세부터 만 17세까지의 특수교육대상자는 제1항에 따른 의무교육을 받을 권리를 가진다. 다만, 출석일수의 부족 등으로 인하여 진급 또는 졸업을 하지 못하거나, 제19조 제3항에 따라 취학의무를 유예하거나 면제받은 자가 다시 취학할 때의 그 학년이 취학의무를 면제 또는 유예받지 아니하고 계속 취학하였을 때의 학년과 차이가 있는 경우에는 그 해당 연수(年數)를 더한 연령까지 의무교육을 받을 권리를 가진다.
> ③ 제1항에 따른 의무교육 및 무상교육에 드는 비용은 대통령령으로 정하는 바에 따라 국가 또는 지방자치단체가 부담한다.
>
> **제5조(국가 및 지방자치단체의 임무)**
> ① 국가 및 지방자치단체는 특수교육대상자에게 적절한 교육을 제공하기 위하여 다음 각 호의 업무를 수행하여야 한다.

1. 장애인에 대한 특수교육종합계획의 수립
2. 특수교육대상자의 조기발견
3. 특수교육대상자의 취학지도
4. 특수교육의 내용, 방법 및 지원체제의 연구·개선
5. 특수교육교원의 양성 및 연수
6. 특수교육기관 배치계획의 수립
7. 특수교육기관의 설치·운영 및 시설·설비의 확충·정비
8. 특수교육에 필요한 교재·교구의 연구·개발 및 보급
9. 특수교육대상자에 대한 진로 및 직업교육 방안의 강구
10. 장애인에 대한 고등교육 방안의 강구
11. 특수교육대상자에 대한 특수교육 관련서비스 지원방안의 강구
12. 그 밖에 특수교육의 발전을 위하여 필요하다고 인정하는 사항

② 국가 및 지방자치단체는 제1항의 업무를 수행하는데 드는 경비를 예산의 범위 안에서 우선적으로 지급하여야 한다.
③ 국가는 제1항의 업무 추진이 부진하거나 제2항의 예산조치가 부족하다고 인정되는 지방자치단체에 대하여는 예산의 확충 등 필요한 조치를 하도록 권고하여야 한다.
④ 교육부장관은 제1항의 업무를 효율적으로 수행하기 위하여 문화체육관광부장관·보건복지부장관·고용노동부장관·여성가족부장관 등 관계 중앙행정기관 간에 협조체제를 구축하여야 한다.

제14조(장애의 조기발견 등)

① 교육장 또는 교육감은 영유아의 장애 및 장애 가능성을 조기에 발견하기 위하여 지역주민과 관련 기관을 대상으로 홍보를 실시하고, 해당 지역 내 보건소와 병원 또는 의원(醫院)에서 선별검사를 무상으로 실시하여야 한다.
② 교육장 또는 교육감은 제1항에 따른 선별검사를 효율적으로 실시하기 위하여 지방자치단체 및 보건소와 병·의원 간에 긴밀한 협조체제를 구축하여야 한다.
③ 보호자 또는 각급학교의 장은 제15조 제1항 각 호에 따른 장애를 가지고 있거나 장애를 가지고 있다고 의심되는 영유아 및 학생을 발견한 때에는 교육장 또는 교육감에게 진단·평가를 의뢰하여야 한다. 다만, 각급학교의 장이 진단·평가를 의뢰하는 경우에는 보호자의 사전 동의를 받아야 한다.

④ 교육장 또는 교육감은 제3항에 따라 진단·평가를 의뢰받은 경우 즉시 특수교육지원센터에 회부하여 진단·평가를 실시하고, 그 진단·평가의 결과를 해당 영유아 및 학생의 보호자에게 통보하여야 한다.
⑤ 제1항의 선별검사의 절차와 내용, 그 밖에 검사에 필요한 사항과 제3항의 사전 동의 절차 및 제4항에 따른 통보 절차에 필요한 사항은 대통령령으로 정한다.

제21조(통합교육)

① 각급학교의 장은 교육에 관한 각종 시책을 시행함에 있어서 통합교육의 이념을 실현하기 위하여 노력하여야 한다.
② 제17조에 따라 특수교육대상자를 배치받은 일반학교의 장은 교육과정의 조정, 보조인력의 지원, 학습보조 기기의 지원, 교원연수 등을 포함한 통합교육계획을 수립·시행하여야 한다.
③ 일반학교의 장은 제2항에 따라 통합교육을 실시하는 경우에는 제27조의 기준에 따라 특수학급을 설치·운영하고, 대통령령으로 정하는 시설·설비 및 교재·교구를 갖추어야 한다.

제28조(특수교육 관련서비스)

① 교육감은 특수교육대상자와 그 가족에 대하여 가족상담 등 가족지원을 제공하여야 한다.
② 교육감은 특수교육대상자가 필요로 하는 경우에는 물리치료, 작업치료 등 치료지원을 제공하여야 한다.
③ 각급학교의 장은 특수교육대상자를 위하여 보조인력을 제공하여야 한다.
④ 각급학교의 장은 특수교육대상자의 교육을 위하여 필요한 장애인용 각종 교구, 각종 학습보조기, 보조공학기기 등의 설비를 제공하여야 한다.
⑤ 각급학교의 장은 특수교육대상자의 취학 편의를 위하여 통학차량 지원, 통학비 지원, 통학 보조인력의 지원 등 통학 지원 대책을 마련하여야 한다.
⑥ 각급학교의 장은 특수교육대상자의 생활지도 및 보호를 위하여 기숙사를 설치·운영할 수 있다. 기숙사를 설치·운영하는 특수학교에는 특수교육대상자의 생활지도 및 보호를 위하여 교육부령으로 정하는 자격이 있는 생활지도원을 두는 외에 간호사 또는 간호조무사를 두어야 한다.

⑦ 제6항의 생활지도원과 간호사 또는 간호조무사의 배치기준은 국립학교의 경우 교육부령으로, 공립 및 사립 학교의 경우에는 시·도 교육규칙으로 각각 정한다.
⑧ 각급학교의 장은 각급학교에서 제공하는 각종 정보(교육기관에서 운영하는 인터넷 홈페이지를 포함한다)를 특수교육대상자에게 제공하는 경우 특수교육대상자의 장애유형에 적합한 방식으로 제공하여야 한다.
⑨ 제1항부터 제8항까지의 규정에 따른 특수교육 관련서비스의 제공을 위하여 필요한 사항은 대통령령으로 정한다.

제31조(편의제공 등)

① 대학의 장은 해당 학교에 재학 중인 장애학생의 교육활동의 편의를 위하여 다음 각 호의 수단을 적극적으로 강구하고 제공하여야 한다.
  1. 각종 학습보조 기기 및 보조공학기기 등의 물적 지원
  2. 교육보조인력 배치 등의 인적 지원
  3. 취학편의 지원
  4. 정보접근 지원
  5. 「장애인·노인·임산부 등의 편의증진보장에 관한 법률」 제2조 제2호에 따른 편의시설 설치 지원
② 대학의 장은 해당 학교의 입학전형절차에서 장애수험생의 수험의 편의를 위하여 「장애인차별금지 및 권리구제 등에 관한 법률」 제14조 제1항 각 호의 수단 중 수험편의에 필요한 수단을 적극적으로 강구하고 제공하여야 한다.
③ 국가 및 지방자치단체는 제1항 및 제2항에 따라 필요한 경비를 예산의 범위 안에서 지원하여야 한다.

(3) 장애아동 복지지원법

「장애아동 복지지원법」은 장애아동의 사회통합을 위한 제도적 기틀을 마련하고, 장애아동뿐만 아니라 장애아동의 가족을 지원함으로써 장애아동에 대한 국가의 책임과 역할을 이야기하고 있다. 이 법은 제1장 총칙, 제2장 국가와 지방자치단체의 임무, 제3장 복지지원 대상자 선정 및 복지지원 제공의 절차, 제4장 복지지원의 내용, 제5장 복지지원 제공기관 등, 제6장 보칙, 제7장 벌칙으로 총 7장으로 이루어져 있다.

제1조(목적)

이 법은 국가와 지방자치단체가 장애아동의 특별한 복지적 욕구에 적합한 지원을 통합적으로 제공함으로써 장애아동이 안정된 가정생활 속에서 건강하게 성장하고 사회에 활발하게 참여할 수 있도록 하며, 장애아동 가족의 부담을 줄이는 데 이바지함을 목적으로 한다.

제2조(정의)

이 법에서 사용하는 용어의 뜻은 다음과 같다.
1. "장애아동"이란 18세 미만의 사람 중 「장애인복지법」 제32조에 따라 등록한 장애인을 말한다. 다만, 6세 미만의 아동으로서 장애가 있다고 보건복지부장관이 별도로 인정하는 사람을 포함한다.
2. "장애아동 보호자"(이하 "보호자"라 한다)란 친권자, 후견인, 장애아동을 보호·양육·교육하거나 그 의무가 있는 자 또는 업무·고용 등의 관계로 사실상 장애아동을 보호·감독하는 자를 말한다.
3. "장애아동 복지지원"(이하 "복지지원"이라 한다)이란 국가와 지방자치단체가 장애아동의 특별한 복지적 욕구에 따라 의료비지원, 보육지원, 가족지원 및 장애아동의 발달에 필요한 지원 등 다양한 인적·물적 자원을 제공하는 것을 말한다.
4. "복지지원 대상자"란 이 법에 따라 복지지원을 받는 사람을 말한다.
5. "장애아동 복지지원 이용권"(이하 "복지지원 이용권"이라 한다)이란 그 명칭 또는 형태와 상관없이 이용자가 제공자에게 제시하여 일정한 복지지원을 받을 수 있도록 복지지원의 수량 또는 그에 상응하는 금액이 기재(전자적 또는 자기적 방법에 따른 기록을 포함한다)된 증표를 말한다. 다만, 제22조 제1항에 따른 보육료 지원의 경우에는 「영유아보육법」 제34조의 3에 따른 보육서비스 이용권으로 대체한다.

(4) 장애인차별금지 및 권리구제 등에 관한 법률

2007년 제정된 「장애인차별금지 및 권리구제 등에 관한 법률」은 16차례 개정이 이루어졌으며 모든 생활 속에서 장애로 인한 차별을 법적으로 금지하고 이를 통해 장애인의 완전한 사회참여와 인간으로서의 존엄과 가치를 구현하고자 제정되었다.

제35조(장애아동에 대한 차별금지)

① 누구든지 장애를 가진 아동임을 이유로 모든 생활 영역에서 차별을 하여서는 아니 된다.
② 누구든지 장애아동에 대하여 교육, 훈련, 건강보호서비스, 재활서비스, 취업준비, 레크리에이션 등을 제공받을 기회를 박탈하여서는 아니 된다.
③ 누구든지 장애아동을 의무교육으로부터 배제하여서는 아니 된다.
④ 누구든지 장애를 이유로 장애아동에 대한 유기, 학대, 착취, 감금, 폭행 등의 부당한 대우를 하여서는 아니 되며, 장애아동의 인권을 무시하고 강제로 시설 수용 및 무리한 재활 치료 또는 훈련을 시켜서는 아니 된다.

제36조(장애아동에 대한 차별금지를 위한 국가 및 지방자치단체의 의무)

① 국가 및 지방자치단체는 장애아동이 장애를 이유로 한 어떠한 종류의 차별도 없이 다른 아동과 동등한 권리와 자유를 누릴 수 있도록 필요한 조치를 다하여야 한다.
② 국가 및 지방자치단체는 장애아동의 성별, 장애의 유형 및 정도, 특성에 알맞은 서비스를 조기에 제공할 수 있도록 조치하여야 하고, 이를 위하여 장애아동을 보호하는 친권자 및 양육책임자에 대한 지원책을 마련하여야 한다.

「장애인차별금지 및 권리구제 등에 관한 법률 시행령」

제10조(장애학생지원부서 및 담당자)

① 교육책임자는 법 제14조 제3항에 따라 해당 교육기관에 재학 중인 장애인의 교육활동에 불이익이 없도록 다음 각 호에서 정하는 바에 따라 장애학생지원부서 또는 담당자를 두어야 한다.
　1. 「초·중등교육법」 및 「고등교육법」에 따른 학교의 경우: 독립된 장애학생지원부서 또는 담당자를 두어야 한다.
　2. 「영유아보육법」에 따른 보육시설과 「유아교육법」에 따른 유치원의 경우: 장애아동을 위한 담당자를 두어야 한다.
　3. 「평생교육법」에 따른 평생교육시설, 「학점인정 등에 관한 법률」에 따른 교육훈련기관, 「직업교육훈련 촉진법」에 따른 직업교육훈련기관 및 제4조에 따른 교육기관의 경우: 장애학생을 위한 담당자를 두어야 한다.
② 교육책임자는 제1항에 따른 장애학생지원부서 또는 담당자의 활동 내용 및 장애인의 이용 실태를 정기적으로 점검하여야 한다.

(5) 발달장애인 권리보장 및 지원에 관한 법률

「발달장애인 권리보장 및 지원에 관한 법률」은 자신의 의사를 원활하게 표현하는데 제한이 있는 발달장애인들을 위한 권리보장 및 국가적 보호의 책무성을 내포하고 있으며, 이들의 생애주기에 따른 지원을 통해 사회참여를 촉진하고자 하였다.

제2조(정의)

이 법에서 사용하는 용어의 뜻은 다음과 같다.
1. "발달장애인"이란 「장애인복지법」 제2조 제1항의 장애인으로서 다음 각 목의 장애인을 말한다.
   가. 지적장애인: 정신 발육이 항구적으로 지체되어 지적능력의 발달이 불충분하거나 불완전하여 자신의 일을 처리하는 것과 사회생활에 적응하는 것이 상당히 곤란한 사람
   나. 자폐성장애인: 소아기 자폐증, 비전형적 자폐증에 따른 언어·신체표현·자기조절·사회적응 기능 및 능력의 장애로 인하여 일상생활이나 사회생활에 상당한 제약을 받아 다른 사람의 도움이 필요한 사람
   다. 그 밖에 통상적인 발달이 나타나지 아니하거나 크게 지연되어 일상생활이나 사회생활에 상당한 제약을 받는 사람으로서 대통령령으로 정하는 사람
2. "보호자"란 다음 각 목의 어느 하나에 해당하는 사람을 말한다.
   가. 「아동복지법」 제3조 제3호의 보호자(발달장애인이 미성년자인 경우에 한정한다)
   나. 성년인 발달장애인의 후견인
   다. 성년인 발달장애인의 후견인이 아닌 사람 중 「민법」 제779조에 따른 가족 또는 같은 법 제974조에 따른 부양의무자로서 사실상 해당 발달장애인을 보호하는 사람
   라. 성년인 발달장애인 중 나목 및 다목의 보호자가 없는 경우 지방자치단체의 장이 발달장애인의 보호자로 지명하는 사람(나목에 따른 후견인을 선임하기 전까지로 한정한다)

제10조(의사소통지원)

① 국가와 지방자치단체는 발달장애인의 권리와 의무에 중대한 영향을 미치는 법령과 각종 복지지원 등 중요한 정책정보를 발달장애인이 이해하기 쉬운 형태로 작성하여 배포하여야 한다.
② 교육부장관은 발달장애인이 자신의 의사를 원활하게 표현할 수 있도록 학습에 필요한 의사소통도구를 개발하고 의사소통지원 전문인력을 양성하여 발달장애인에게 도움이 될 수 있도록 「초·중등교육법」 제2조 각 호의 학교와 「평생교육법」 제2조 제2호의 평생교육기관 등을 통하여 필요한 교육을 실시하여야 한다.
③ 행정안전부장관은 국가와 지방자치단체의 민원담당 직원이 발달장애인과 효과적으로 의사소통할 수 있도록 의사소통 지침을 개발하고 필요한 교육을 실시하여야 한다.
④ 제1항부터 제3항까지에 따른 정책정보의 작성 및 배포, 의사소통도구의 개발·교육 및 전문인력 양성, 민원담당 직원에 대한 의사소통 지침 개발 및 교육 등에 필요한 사항은 대통령령으로 정한다.

제23조(조기진단 및 개입)

① 국가와 지방자치단체는 발달장애인의 장애를 조기에 발견하기 위하여 검사도구의 개발, 영유아를 둔 부모에 대한 정보제공 및 홍보 등 필요한 정책을 적극적으로 강구하여야 한다.
② 보건복지부장관은 발달장애가 의심되는 영유아에 대하여 발달장애 정밀진단 비용을 지원할 수 있다.
③ 제2항에 따른 지원 대상, 지원의 내용 등에 필요한 사항은 보건복지부령으로 정한다.

이 장에서 살펴보았듯이 장애아동을 위한 법과 제도는 시대적 흐름을 반영하여 개정되고 있으며, 장애아동 인권 존중을 바탕으로 한 접근성 보장과 사회통합을 위한 복지 지원 강화를 추구하고 있다. 따라서 법에 기초하여 보육과 교육 그리고 관련 치료서비스의 제공 방법 및 프로그램을 개발해 나가며, 장애아동이 사회 구성원으로 바르게 성장할 수 있도록 국가와 관련 종사자들 모두가 함께 협력해야 하겠다.

학습평가

1. 세계보건기구의 장애에 대한 개념의 변화를 바탕으로 우리나라의 장애에 대한 정의를 설명할 수 있는가?
2. 「장애인복지법」과 「장애인 등에 대한 특수교육법」의 장애유형의 차이를 설명할 수 있는가?
3. 장애아동과 관련된 법과 제도의 의미를 설명할 수 있는가?

참고 문헌

국립특수교육원(2011). 특수교육 실태 국제동향. 국립특수교육원.

국립특수교육원(2018). 특수교육학 용어사전. 국립특수교육원.

보건복지부(2012). 주요 선진국 장애판정제도 현황 및 정책적 시사점 연구. 보건복지부.

이정언(2007). 독일 정부의 장애인 고용촉진정책. 국제노동브리프, 5(10), 34-41.

한국교육개발원(2012). 각국의 교육행정기관 분석 및 시사점. 세계정책네트워크, 12.

황수경(2004). WHO의 새로운 국제장애분류(ICF)에 대한 이해와 기능적 장애 개념의 필요성. 노동정책연구, 4(2), 127-148.

Alan, M. J. (2006). Toward a Common Language for Function, Disability, and Health. *Physical Therapy, 86*(5), 726-734.

Bolderson, H., Mabbett, D.(2002). *Definitions of disability in Europe: a comparative analysis.* TS Social and Behavioral Sciences, Brunel University.

http://edpolicy.kedi.re.kr. 2019. 교육정책네트워크 정보센터 국가별 교육동향.

http://stdweb2.korean.go.kr. 2019. 국립국어원 표준국어대사전.

http://law.go.kr. 2019. 국가법령정보센터.

2장
장애와 인권

학습목표

1. 인권의 개념과 의미에 대하여 설명할 수 있다.
2. 인권교육이 필요한 이유를 알 수 있다.
3. 유엔장애인권리협약과 우리나라 장애인차별금지법의 관계에 대하여 이해할 수 있다.

사람의 삶은 주관적과 객관적 가치로 접근할 수 있다. 객관적 삶도 중요하지만, 주관적 삶에 대한 가치 기준은 당사자 입장에서 판단되어야 한다는 점에서 중요성이 부각된다. 이 정도의 지원이면 충분할 것 같다는 생각보다는 당사자 입장에서의 만족이 우선적으로 고려되어야 한다. 이 장에서는 인권의 개념이 제공하고 있는 사람의 삶에 대한 이야기를 사회공동체라는 인식에서 접근하고자 한다. 국제사회 및 우리나라는 장애의 유무 등과 관계없이 모든 사람을 위한 건강한 사회를 만들기 위하여 노력하고 있다.

1. 인권의 개념과 이해

1) 인권의 개념

인권은 모든 사람이 출생과 함께 저절로 부여받는 기본권이다. 저절로 부여된다는 점에서 천부인권이라고도 한다. 천부인권은 국가 및 법률에 앞서 사람의 출생과 동시에 저절로 가지게 되는 권리이다. 따라서 사람의 권리, 즉 인권은 인종, 성별, 장애, 종교, 그리고 정치 등의 이유로 편견과 차별이 존재해서는 안 된다는 보편적 개념에 기초한 불가침 권리이다.

오늘날 인권은 기본권 및 자연권 등과 함께 동의어로 사용된다. 기본권은 헌법이 정하는 권리보다 포괄적이며 우선된다. 자연권은 1789년 프랑스 대혁명과 함께 공포되었던 프랑스 인권선언문이 시효이다. 민주주의와 함께 발달한 자연권은 시대적 변화와 요청에 의해 자유와 평등권 등을 내포한 천부인권 개념을 함께 도입하고 있다. 그래서 오늘날 인권의 자연권과 천부인권은 동의어로 이해된다. 국제연합 유엔은 1948년 세계인권선언을 세계에 공포하였다.

인권에 대한 개념을 간략하게 정리하면 다음과 같다.

첫째, 인권은 사람의 출생과 함께 저절로 부여받는 자연권이다.

둘째, 인권은 사람의 기본적 권리이다.

셋째, 인권은 헌법에서 정하는 권리보다 포괄적이고 우선된다.

넷째, 국가 또는 권력이 함부로 침해할 수 없는 불가침 권리이다.

장애아동의 보육, 교육, 그리고 치료지원 등에서 인권의 개념이 중요하게 대두되는 이유는 인권의 포괄적 개념에 보육, 교육, 그리고 치료지원 등이 포함되기 때문이다. 장애아동의 보육, 교육, 그리고 치료지원 등은 인권에 기초하여 접근할 수 있으며, 인권에 기초한 개념은 장애유무와 관계없이 보편적이며 불가침 권리이다.

2) 인권의 이해

인권에 대한 필요성 부각은 두 번의 세계대전과 관련된다. 전쟁에서 많은 사람의 죽음과 인권침해는 사람의 기본적인 권리가 존중되어야 하다는 사회적 인식이 확산되면서 1948년 12월 10일 제3회 유엔총회에서 세계인권선언을 채택하게 되었다. 인권의 이해를 돕기 위하여 세계인권선언, 인권교육의 중요성, 그리고 인권교육의 연구동향 등에 대하여 설명하고자 한다.

(1) 세계인권선언

1946년 12월 10일 당시 유엔의 가입국 58개 국가 중에서 50개 국가의 찬성으로 채택된 세계인권선언은 1950년 12월 10일 제5차 총회에서 이를 기념하기 위하여 12월 10일을 인권의 날로 선포하였다. 2018년은 세계인권선언이 채택된 지 70주년이 되던 해였다. 우리나라 우정사업본부에서는 이를 기념하기 위하여 우표를 발행하였다.

세계인권선언은 모두 30개 조항으로 구성되어 있으며, 모든 사람과 국가가 추구하고 달성해야 하는 공통의 기준을 제시하고 있는데, 제1조에서 20조까지는 민주적 자유권의 권리, 제21조에서는 정치적 권리, 제22조에서 27조까지는 경제적, 사회적, 문화적 권리 등을 각각 규정하고 있다. 세계인권선언문의 전문은 https://ko.wikipedia.org/w/undefined?action=edit&section=13에서 다음과 같이 찾아볼 수 있다.

인류 가족 모든 구성원의 타고난 존엄성과 평등하고도 양도할 수 없는 권리를 인정하는 것이 전 세계의 자유와 정의와 평화의 기초이며, 인권에 대한 무시와 경멸이 인류의 양심을 짓밟는 야만적 행위로 귀착되었으며, 인류가 언론의 자유와 신념의 자유를 누리고 공포와 궁핍으로부터 자유로운 세상은 보통 사람의 지고한 열망으로 천명되었고, 인간이 폭정과 억압에 대항하는 마지막 수단으로서 반란에 호소하도록 강요받지 않으려면, 인권이 법에 의한 통치에 의해서 보호되어야 함이 필수적이며, 나라 사이의 우호관계의 발전을 촉진하는 것이 반드시 필요하며, 유엔의 여러 국민들은 그 헌장에서 기본적 인권과, 인간의 존엄성과 가치, 남녀의 동등한 권리에 대한 신념을 재확인하였으며, 더 폭넓은 자유 속에서 사회적 진보와 생활수준의 개선을 촉진할 것을 다짐하였고, 회원국은 유엔과 협력하여 인권과 기본적 자유에 대한 보편적 존중과 준수의 신장을 성취할 것을 서약하였으며, 이러한 권리와 자유에 대한 공통의 이해가 이 서약의 이행을 위해 가장 중요하기에, 그리하여 이제 유엔총회는 모든 개인과 사회의 각 기관은 이 선언을 항상 마음속에 간직한 채, 교육과 학업을 통하여 이러한 권리와 자유에 대한 존중을 신장시키기 위해 노력하고, 점진적인 국내적 및 국제적 조치를 통하여 회원국 관할권 아래에 있는 영토의 국민들 양자 모두에게 권리와 자유의 보편적이고 효과적인 인정과 준수를 보장하기 위해 힘쓰도록, 모든 국민들과 나라들이 성취해야 할 공통의 기준으로서 본 세계인권선언을 선포한다.

30개 조항으로 구성된 세계인권선언에는 다음과 같은 내용들을 명시하고 있다(http://100.daum.net/encyclopedia/view/24XXXXX70497).

제1조 우리는 모두 형제자매이다.
제2조 누구든지 차별받지 않아야 한다.
제7조 법은 누구에게나 평등하게 적용된다.
제8조 억울할 때에는 법에 도움을 청해야 한다.
제19조 생각하고 표현하는 것은 자유이다.
제22조 사회보장제도를 누릴 수 있다.
제23조 내가 원하는 일을 자유롭게 할 수 있다.
제24조 휴식과 여가의 권리가 있다.
제28조 인권이 실현되는 세상에서 살 권리가 있다.

제29조 인권이 보장되는 사회를 만들 의무가 있다.

제30조 나의 권리를 보장받기 위해 타인의 권리를 짓밟을 권리는 없다.

오늘날 세계인권선언은 국제관습법으로 인정받고 있다. 국제관습법은 세계의 모든 국가에서 법률적으로 효력을 인정하는 경우가 많다. 직접적인 법적 구속력을 가지지 않지만, 각 국가는 헌법과 기본법에 세계인권선언의 내용을 명시하고 있다는 점에서 실효성이 인정된다. 세계적으로 법적 구속력을 가지는 최초의 인권 국제법은 1966년 국제인권규약이다. 그러나 세계인권선언은 도덕적, 법률적, 정치적 중요성에서 '대헌장', '프랑스혁명선언문', 그리고 미국독립선언문'과 함께 사람의 자유와 존엄성을 위한 투쟁의 이정표로 의미를 부여하기도 한다. 또한 1948년 세계인권선언은 1946년의 인권장전 초안 및 1966년의 국제인권규약과 함께 국제인권장전으로 불린다(https://ko.wikipedia.org/wiki/%EC%84%B8%EA%B3%84_%EC%9D%B8%EA%B6%8C_%EC%84%A0%EC%96%B8).

(2) 인권교육의 중요성

최근에 사회적으로 주목받는 주제에 인권이 있다. 인권에 대한 이해를 높이기 위하여 국가와 사회는 다양한 노력을 기울이고 있다. 제7차 교육과정부터 초등학교에서는 인권과 유엔의 역할, 그리고 세계인권선언에 대한 내용을 지도하고 있으며, 중학교에서 인권의 의미와 인권보장의 필요성 등이 강조되고 있다. 또한 고등학교에서는 세계의 인권과 공리주의적 인식, 그리고 국가와 권력의 관계 등에 대하여 교육하고 있다.

예비교사, 유아교사, 초등 및 중등교사, 그리고 치료사 등에 이르기까지 다양한 연령과 계층을 위한 인권교육이 강조되고 있다. 인권교육이 강조되는 이유는 인권의 이해가 통합적 관점에서 접근되기 때문이다. 인권의 개념, 인권의 가치, 인권의 지식과 기능, 그리고 평등과 기본권에 대한 태도, 그리고 인권의 실행력 등이 상호적으로 연계되어 있다. 인권에 대한 복합적 내용을 사회구성원이 모두 내면적으로 구성하고 실행할 수 있는 실천력을 보장할 수 있을 때, 민주시민 역량이 강화되었다고 할 수 있다. 따라서 인권교육은 시민교육의 중심이 된다고 할 수 있다. 또한 인권교육의 필요성은 아동의 시민교육 지원이라는 차원에서 중요성이 강조된다.

사회는 함께 할 수 없는 가치체제가 공존하는 구조이다. 지구촌의 세계화라는 시대적 변화는 공존의 가능성을 배가하기 위한 노력의 필요성이 절실히 요구된다. 정치·경제·문화 또는 종교와 가치관 등의 차이로 인한 다양성이 틀림이 아닌 다름으로 이해되고 인정되어야 하지만, 때로는 갈등의 원인으로 작용하기도 한다. 공존의 한계 또는 관계 양립의 한계 등을 극복하기 위해서는 사회 구성원의 공통된 기준과 원칙이 요구되고, 이를 상호적으로 수용하기 위한 노력이 필요하다. 이와 같은 목표를 달성하기 위한 사회 공동체의 노력이 시민교육이다. 시민교육은 지구촌의 가족 구성원에 대한 광범위한 인식, 공공에 대한 인식과 참여의식 함양, 시민의 의무와 정의감, 타인에 대한 이해와 배려, 그리고 사회문제 해결을 위한 노력과 희생 등을 반영할 수 있어야 한다. 따라서 시민교육과 인권교육은 공통된 속성을 내포하고 있음을 알 수 있다. 인권교육은 시민교육의 핵심임을 대변하는 것이다. 특히 유엔2030의제는 인권 등을 포함한 모든 사람이 인식하고 도달해야할 지구촌 가족의 공통된 과제이다. 지구에 존재하는 사람만이 아니라, 모든 생명체를 위한 노력이 포괄적이고 광범위하게 적용되어야 한다는 현실과 의무를 제안하고 있다. 우리의 인권에 대한 인식이 장애유무 등과 같은 미시적 관점에서 벗어나야 하는 당위성으로 수용하기에 충분함을 알 수 있다(최성규, 2018).

인권교육은 인권의 가치에 대한 인지적 차원의 '인권에 대한 교육', 인권교육의 당위성에 대한 맥락적 가치가 강조되는 '인권을 통한 교육', 그리고 인권을 위한 노력으로 실현되는 '인권을 위한 교육'으로 구분할 수 있다. 또한 인권교육 모델은 가치인식 모델, 책임 모델, 변형 모델로 구분하면서 가치인식 모델에서 책임 모델을 통하여 변형 모델로 상향식 접근의 필요성을 제안하고 있다.

가치인식 모델은 인권의 가치를 인식하는 것이다. 책임 모델은 인권과 밀접한 관련을 가지는 전문성 및 인권보호를 위한 전략개발이 요구된다. 변형 모델은 인권에 대한 선언문 개발 등에서 탈피하여 개인의 역량 강화와 변화를 위한 행동의 실행력을 강조한다(이지혜, 2018).

이지혜(2018)는 선행연구를 참고하여 인권교육을 다음과 같은 나선구조로 제안하고 있다. ① 학습자의 경험에 기초한 인권교육, ② 학습자의 인권 유형 탐구, ③ 정보와 이론의 결합, ④ 새로운 전략과 행동계획 시행, 그리고 ⑤ 행동의 실행 등과 같은 5개 요인은 순차적 과정으로 교육해야 하지만, 결과적으로 5개 요인이 상호적으로 연관성을 가지면서 발달한다. 5개 요인에 대한 설명은 다음과 같다.

① 학습자의 경험에 기초한 인권교육

출발점 행동으로 이해되는 학습자의 인권에 대한 경험은 인권교육을 위한 중요 자료이다. 인권에 대한 일상적 개념이 체계적이고 실증적인 과학적 개념으로 변화하는 과정이다. 특히 인권에 대한 보편적 개념과 특수한 개념에 대한 차이와 이를 수용해야 하는 공유의 필요성을 교육할 수 있는 중요 자료로 활용하게 된다.

② 학습자의 인권 유형 탐구

학습자에게 공동체 참여를 제공하여 자신의 경험 또는 복잡하고 혼란스러운 개념이 쉽게 이해되고 문제해결능력을 신장시킬 수 있는 계기를 제공한다. 학습자는 공동체 참여를 통하여 인권문제에 대한 인식을 다면적 시각으로 접근할 수 있는 능력을 가지게 되면서 타인의 권리와 차이를 공유할 수 있게 된다. 특히 인권교육에서 공동체 참여는 필수 과정이다.

③ 정보와 이론의 결합

학습자가 공동체 참여를 통해 인식한 인권에 대한 정보와 이론을 심화시키고 구체화시키는 과정이다. 전문가의 도움 등을 통하여 학습자는 학습한 내용을 실천해 볼 수 있으며, 새로운 아이디어와 전략을 계획하고 행동으로 실천할 수 있는 계기가 된다.

④ 새로운 전략과 행동계획 시행

학습한 내용을 실제로 적용하는 과정이다. 인권교육의 참여에서 공동체의 사회적 문제에 대하여 능동적으로 참여하고 의사결정을 제안할 수 있는 과정이다. 인권문제를 해결하기 위한 행동계획은 보편적이면서 적절한 방법의 범위 등을 결정한다.

⑤ 행동의 실행

인권문제를 해결하기 위한 행동계획 시행은 행동의 실행으로 연계된다. 그러나 행동의 실행은 바람직한 방법을 전제한다. 인권문제 해결을 위한 행동실행은 인권교육의 주요 목표이면서 또한 학습자의 역량 강화와 관련된다는 점에서 중요성이 강조된다.

5개 요인을 교육하는 일련의 과정은 인권에 대한 추상성 개념을 개인의 경험과 지식과 실행력에 기초한 변화와 발전적 궤적으로 구체화시킨다. 학습자는 인권교육을 통하여 사회의 맥락적 구조에 대한 성찰, 문화의 이해를 통한 타인 및 상이한 관점에 대한 차이 및 이해의 폭을 확장시킬 수 있는 사고과정에 몰입할 수 있으며, 자신의 역량 강화를 촉진시켜야 하는 책무성과 당위성을 알게 된다.

(3) 인권교육 관련 기관

우리나라에서도 국가차원의 장애아동 인권보호를 위한 실태조사 및 자료 개발을 실시하고 있다. 교육부 국립특수교육원(2019)은 장애학생 인권보호를 위해 2019년 1월 29일부터 장애아동 온라인 인권보호 지원센터를 개설·운영하고 있다. 인권관련 교육기관을 안내하면 〈표 2-1〉과 같다.

〈표 2-1〉 인권교육 관련 기관

기관명(홈페이지)	내용	대표전화
장애인권침해예방센터 (http://15775364.or.kr)	장애인권 관련자료 탑재 장애 인권상담 및 인권교육 (교육신청가능)	1577-5364
장애와 인권 발바닥 행동 (http://footact.jinbo.net)	장애인권 관련자료 탑재 장애 후원 및 교육 (교육신청가능)	02-794-0395
나야 장애인권교육센터 (http://cafe.naver.com/nayahr)	장애인권 관련자료 탑재 인권교육 (교육신청가능)	02-2677-0420
국가인권위원회 인권교육센터 (http://edu.humanrights.go.kr)	인권 관련자료 탑재 인권 교육 수강 가능	02-2125-9894
인권교육센터 들 (http://www.hrecenter-dl.org)	인권 관련자료 탑재 인권관련 후원 및 교육 (교육신청가능)	02-365-5412
인권교육센터 메아리 (http://hre.or.kr)	인권소식 및 칼럼 탑재 인권교육 (교육신청가능)	053-428-2113

출처: 국립특수교육원〉에듀에이블〉특수교육콘텐츠〉인권교육〉연구개발자료

(4) 인권교육에 대한 연구동향

인권교육에 대한 연구동향은 연구자의 관점에 따라 다소 차이가 있다. 먼저 인권교육에 대한 실험연구 16편을 분석한 연구에서 연구대상은 초등학생 8편, 유아 4편, 중학생 3편, 가출 청소년 1편으로 나타났다. 초등학생을 대상으로 적용하는 연구가 가장 많았으며 학년은 4학년에서 6학년에 해당되었다. 실험환경은 교실 14편, 청소년 쉼터 1편, 자원봉사센터 1편으로 나타났다. 실험설계는 13편이 전후검사 통제집단 설계였으며, 나머지 3편은 전후검사 단일집단 설계로 분석되었다. 인권교육에 대한 독립변인은 인권교육프로그램이 가장 많았으며, 종속변인은 인권감수성 향상이 대부분이었다(이성용, 2016).

유아를 대상으로 적용한 인권교육에 대한 연구동향을 분석하기 위하여 2000년부터 2016년까지 발표된 66편의 학술지를 분석하였다(장원주, 이화도, 2017). 유아의 인권과 관련된 연구는 2008년 이후 지속적으로 증가하고 있다. 연구대상은 교사를 대상으로 적

용한 연구가 주를 이루고 있으며, 유아교사가 가장 많았고(14편), 보육교사(8편)와 예비유아교사(7편)의 순으로 나타났다. 부모 4편, 유아 12편, 그리고 기타가 19편으로 나타났다. 연구주제는 유아인권 교육의식(25편), 유아인권 교육방법(21편), 유아인권 교육과정(11편), 유아인권교육총론(8편), 그리고 기타(1편)로 분석되었다. 유아인권 교육의식에 대한 하위 범주는 인권 판단력(1편), 인권 감수성(3편), 인권 태도(4편), 인권 의식 발달(17편) 등으로 구성되었다.

유아를 대상으로 하는 인권교육과 관련된 연구는 양적으로 매우 부족한 실정임을 알 수 있다. 유아인권교육에 대한 연구의 실증을 검증하기 위한 노력이 요구된다. 특히 인권교육 관련 프로그램 개발에 대한 연구의 필요성이 강조되며, 인권교육은 단일 교과의 특성이 아니므로 유아의 실생활과 교육과정에서의 지원 방안 등이 요구되며, 그리고 인권교육 지원을 위한 매뉴얼 개발이 절실하다(박계신, 2017).

인권에 교육권이 포함된다. 따라서 장애아동의 이해와 교육을 위하여 인권에 대한 이해가 선행되어야 한다. 장애아동의 이해와 교육은 인권의 기본권에 해당하는 주제이므로 인권교육의 중요성이 강조된다.

(5) 인권교육 프로그램

국가인권위원회, 보건복지부, 법무부, 그리고 교육부 등에서는 인권교육을 위하여 다양한 프로그램을 개발하고 있다. 국립특수교육원(2019)에서는 아동의 학년 등을 고려하여 장애인권교육을 위한 웹툰 등과 같은 다양한 자료를 탑재하고 있다. 중도·중복장애아동의 인권역량 강화 프로그램은 교사와 아동이 활용할 수 있는 활동지이며, 장애아동 및 가족의 자기보호 역량 강화를 위한 교육 자료는 성폭력, 학교폭력, 가정폭력과 관련된 자기역량 강화 교육 자료인데, 장애영역별로 5종이 개발되었다. 인권과 관련된 각 부처에서는 다양한 프로그램을 개발·탑재하고 있다.

2. 장애인차별금지법의 이해

장애인차별금지법은 장애를 이유로 한 모든 차별을 금지하고, 그러한 차별과 관련된 사람의 권리를 회복시킴으로써 장애인과 비장애인의 구별 없이 모든 사람에게 평등권을 실현하려는 법이다. 2000년부터 법조계 및 다양한 사회단체의 노력으로 2007년 4월 10일 제정되고 2008년 4월 11일부터 시행되었다. 정식 명칭은 「장애인 차별금지 및 권리구제 등에 관한 법률」이며 일부개정(2017.12.19.)되어 시행(2018.06.20.)되고 있다. 이 법에는 장애인의 권익을 구제할 방법을 명시하고 있다(http://100.daum.net/encyclopedia/view/v140ha710a31).

미국의 경우 1990년에 제정된 미국장애인복지법이 있는데, 장애인차별금지법으로 알려져 있다. 장애 또는 질병으로 사회 참여에 제한이 있는 사람을 위한 권리 보장을 목적으로 하고 있으며, 정부나 기업은 장애인의 사회활동에서 지장이 없도록 제도와 시설을 지원하도록 규정하고 있다. 미국장애인복지법은 모든 사람에게 동등한 기회를 제공해야 한다는 것을 기본 이념으로 명시하고 있으며, 4장으로 구분하여 고용과 공공 서비스에 관한 차별금지조항을 규정하고 있다. 1986년 미국장애인평의회의 발표에 의하면 한 가지 이상의 장애 또는 질병을 가지고 있는 사람은 전체 인구의 약 18%에 해당하는 약 4,300만 명이나 된다고 하였다. 미래의 고령화 사회에서 예상되는 장애 또는 질병을 가진 인구는 증가할 것으로 예상된다(http://100.daum.net/encyclopedia/view/rts02m076).

우리나라의 경우도 장애인차별금지법이 제정되기 전에 유엔으로부터 '차별금지법' 제정 권고를 여러 차례 받았다. 법무부에서 2007년 입법예고하였고, 2008년 폐기되었다가 2012년 유엔인권이사회의 권고로 2012년과 2013년에 차별금지법을 발의하였으나, 재계와 종교계의 반발로 2014년 철회되었다. 다행히 「장애인차별금지 및 권리구제에 대한 법률」은 시행되고 있다(http://100.daum.net/encyclopedia/view/47XXXXXXb465). 장애인차별금지법은 모두 6장(50조)으로 구성되어 있다. 각 장의 내용을 요약하면 〈표 2-2〉와 같다.

<표 2-2> 장애인차별금지법 각 장의 내용

장	내용
1	**총칙**: 각종 용어(21개)의 정의, 금지되는 차별의 종류 및 차별판단의 방법 등
2	**차별 금지**: 고용, 교육, 재화 및 용역, 사법·행정절차 및 서비스와 참정권, 모·부성권 및 성 등, 가족·가정·복지시설 및 건강권 등
3	**이중적 약자에 대한 차별**: 장애여성 및 장애아동을 위한 특별한 규정
4	**권리 구제 등**: 국가인권위원회와 법무부의 역할과 관계에 대한 설명
5	**손해배상 및 입증책임**: 장애인차별사건에 있어서 차별받는 사람의 권리강화
6	**벌칙**: 장애인 차별행위 및 과태료

장애인차별금지법에 기초한 시정명령과 법원의 구제조치가 실질적 실효성으로 나타나기 위해서는 무엇보다 장애인차별금지법에 대한 홍보와 교육이 중요하다(김종일, 2017). 장애인차별금지법을 장애아동에 적용할 때, 장애아동은 장애유형과 정도 등에 관계없이 출생과 함께 인권을 보장받고 존중되어야 하지만, 인권의 보편적 개념과 불가침 권리가 때로는 사회적 특성에 의해 달리 접근되기도 한다. 자신의 인권과 타인의 인권에 대한 수용과 괴리가 사회적 특성 또는 시대정신에 의해 달리 이해될 수 있다.

인권에 대한 이해는 장애아동의 보육, 교육, 그리고 치료 지원체제 등에 결정적 영향을 미친다. 장애아동에 대한 인권의 당위성과 중요성은 보육, 교육, 그리고 치료 지원체제의 필요성 등에서 설명력을 제공한다. 인권의식의 향상은 인권감수성으로 설명된다. 특히 장애아동에 대한 인권감수성 향상을 위한 다양한 노력이 실행되고 있다. 장애아동에 대한 이해와 인권 함양을 위하여 국가 및 사회단체에서의 다양한 노력은 여전히 강조된다. 장애아동의 인권에 보편적 개념을 현실화하기 위한 노력은 다음과 같이 정리된다.

1) 국가의 노력과 법적 지원

국가인권위원회 등이 중심이 되어 장애인차별금지법의 실효성을 지원하기 위하여 장애인차별금지법 판결 분석, 개정을 위한 토론회 개최, 개정방향을 위한 공청회 등이 계속해서 분석·개최되고 있다. 보건복지가족부 등에서도 홍보 자료를 제작하여 공공기관 및 병원 등에 부착하고 있다. 그러나 우리나라는 장애인차별금지법 및 시정제도에 대한 인식에서 선결해야 할 사안이 많다. 우리나라의 장애인차별금지법의 실효성에 대하여 유엔에서 계속해서 권고사항을 제안하고 있는 현실이 이를 입증하고 있다. 장애인차별금지법의 실효성을 보장하기 위한 국가의 노력과 법적 지원에 대하여 김종일(2017)은 다음과 같이 제안하고 있다.

첫째, 국가는 비장애인을 포함한 장애인 당사자에게도 장애인차별금지법에 대하여 적극적인 홍보와 교육을 지속적으로 실시해야 한다.

둘째, 장애인차별금지법과 관련된 유관기관의 유기적 협력체제가 요구된다. ① 국가인권위원회(시정권고 주체), ② 보건복지부(법령소관부처), 그리고 ③ 법무부(장애인차별시정 업무 담당부처) 등의 적극적 협력이 전제될 때 문제해결의 가능성이 보장된다.

셋째, 장애인과 관련한 '헌법조항의 개정'이 요구된다. 우리나라 헌법 제34조 제5항에 제시된 장애인에 '정신장애인'을 포함해야 한다. 국가의 보호가 필요한 장애인에 장애유형이 아닌, 모든 장애인이 포함되어야 한다.

넷째, 장애인 등의 기본권을 보장하기 위하여 '국가목표조항의 신설' 등이 헌법에서 검토되어야 한다.

2) 사회적 지지

장애인차별금지법 3장에는 이중적 약자에 대한 차별금지 조항이 있다. 이중적 약자, 즉 장애여성 및 장애아동을 위한 규정이다. 대중적 약자에 대한 사회적 지지는 장애인 삶에 변화를 제공하는 원동력이라는 점에서 사회적 지지는 매우 중요한 요인이다.

사회적 지지의 중요성에 대한 연구가 장애아동이 아닌, 장애여성을 대상으로 수행되었지만, 사회적 지지의 중요성은 모든 장애인에게 공통적으로 적용되는 사안이다. 김경란과 이미우(2018)는 장애여성을 대상으로 질적 연구방법으로 주제어를 추출하였다. 특히 장애여성의 삶에서 자기관리의 중요성을 경험할 수 있는 원동력을 추출했다는 점에서 연구의 의미가 크다고 할 수 있다. 사람의 삶에서 회복탄력성(resilience)은 '어려움'을 '자신의 발전'을 위한 계기로 인식하고 불행과 시련을 극복하는 힘으로 정의된다. 사회부적응에 해당하는 고위험군 중에서 회복탄력성을 보이는 사람의 공통된 특성에는 사회적 지지가 있었다는 점이다. 불행과 시련을 극복하고 제자리로 돌아갈 수 있는 힘으로 설명되는 회복탄력성과 사회적 지지는 상관관계를 보인다.

사회적 지지는 개인을 둘러싸고 있는 타인의 도움으로 이해되지만, 사람은 사회적 동물이므로 사회적 환경에서 타인과 지속적으로 상호작용하면서 기본적인 욕구를 충족시킬 수 있다. 따라서 장애인에 대한 사회적 지지는 복지차원의 소극적 자원이 아닌, 장애인 스스로의 삶에 대한 가치를 인식하고 나아가 사회에 기여할 수 있는 역량 강화를 촉진할 수 있다는 점에서 사회적 지원과는 다른 의미로 해석되어야 한다.

사회적 지지는 장애인만을 위한 변인이 아니다. 사회적 지지는 장애인을 포함한 장애아동의 부모, 유아 및 특수교사, 간호사 및 요양기관 근무자, 초·중등학교 학생, 독거노인 등과 같은 모든 사람에게 요구되는 주요 지원체제로 이해된다. 결과적으로 장애아동 및 장애여성을 포함한 모든 장애인을 위한 사회적 지지는 회복탄력성에 긍정적 영향을 미친다. 김경란과 이미우(2018)가 제안한 사회적 지지의 중요성은 다음과 같다.

첫째, 장애인이 삶의 의미를 구성 또는 재구성하려는 노력이 나타날 때, 사회적 지지는 이를 촉진한다. 사회적 지지는 장애인의 사회에 대한 실망과 분노 등과 같은 부정적 궤적을 긍정적으로 수정하는 계기가 된다.

둘째, 자신의 발전을 위한 노력에 사회적 지지는 자존감 향상에 도움을 제공하여 삶의 만족을 경험하는 계기가 된다. 자신의 삶에 만족하는 장애인은 다른 장애인의 삶에 긍정적 의미를 제공하는 귀감이 될 수 있다.

셋째, 가족의 도움도 주요 사회적 지지에 해당된다. 따라서 장애인 지원체제에 가족이 포함될 수 있도록 프로그램을 개발하고 운용해야 한다.

넷째, 사회적 지지망을 확충시키기 위한 노력이 지속적으로 요구된다. 지역사회의 단위별로 사회적 지지 기반을 확충하여 점진적으로 지역사회 규모를 확대할 수 있어야 한다.

3) 장애아동 인권교육과 인권감수성 유형별 지원

장애아동을 위한 인권교육의 중요성은 국가 및 사회차원에서 광범위하게 함의하고 있다. 여기에서 서술하는 장애아동 인권교육과 인권감수성은 프로그램 개발 및 적용에 기초하여 서술하고자 한다.

인권감수성은 사회체제, 교사의 인구통계적 특성, 교직경력 등에 따라서 다양하다. 또한 개인에 따라 인권감수성에서 차이가 날 수 있다. 장애아동의 인권문제의 정의, 현상, 해결방안 등을 제안하기에 앞서 장애아동 인권에 대한 정서적 느낌, 상황에 대한 인식의 차이, 행동 및 실행의 유무 및 방법, 그리고 장애인권에 대한 인식의 유형별 차이 등을 분석할 필요가 있다. 인권교육을 이수하는 피교육자의 특성에 따라서 인권교육 프로그램을 개발하고 적용할 수 있다는 점에서 효율적인 교육효과가 보장된다. 장애인권에 대한 피교육자의 인식 유형은 다음과 같이 크게 4가지로 구분할 수 있다(심태은, 이송이, 2018).

- 1유형(보편적인 사회윤리형): 장애아동의 인권에 대한 이상적 개념 및 도덕적 판단을 우선하지만, 현실성이 결여될 수 있으므로 현실에 기초한 이상적 방안을 제안할 수 있는 교육내용이 필요한 유형
- 2유형(실리적 현실형): 인권지원의 필요성에 대한 현실성은 높으나, 보편적 권리에 대한 이해가 부족하므로 인권의 보편적 개념에 대한 교육의 필요성을 부각시킬 수 있는 교육내용이 필요한 유형
- 3유형(사회체제 유지형): 1유형과 2유형의 특성이 함께 나타나지만, 인권문제 해결에 대한 사회구조에 대한 한계를 인식하므로 인권문제 해결을 위한 적극성 고취를 위한 성공사례 중심의 교육이 필요한 유형
- 4유형(개인권리 보호의 사회계약형): 2유형과 3유형과는 달리 사회적 규범보다 개인의 가치가 존중되어야 한다고 인식하므로 모든 사람을 위한 인권의 필요성에 대한 교육이 필요한 유형

피교육자의 4가지 유형에 따른 인권교육 프로그램 운영은 바람직한 결과를 도출할 수

있는 가능성을 배가시킬 수 있다. 동일한 주제와 방법으로 적용하는 인권교육 프로그램 운영보다 차별성 및 경제성이 보장된다는 점에서 인권교육의 효율성이 높다고 할 수 있다.

4) 교사의 책무성

보육교사 또는 초등학교 교사의 장애아동 인권에 대한 긍정적 인식은 통합교육 및 사회통합에 바람직한 영향을 미치는 주요 요인이다. 교사의 장애아동 인권에 대한 인식은 단순히 교사와 장애학생의 상호작용에 한정하는 것이 아니라, 교사의 교수환경에 공존하는 대상에게도 영향을 미친다. 교사의 장애아동에 대한 이해와 지원은 일차적으로 장애아동의 심리·정서적 및 교육적 지원에 영향을 미치지만, 또래와 비장애아동의 부모에게도 영향을 미치게 된다. 그래서 인권에 대한 인식, 즉 인권의식의 향상은 인간의 권리라는 차원에서 주요 화두가 되고 있다.

교사의 책무성, 즉 모든 아동은 동등한 권리를 가진다는 인식에 기초한 전문성 신장은 교사 자신의 효능감 향상과 함께 지도하는 학급의 비장애아동에게도 긍정적 영향을 제공하고, 나아가 차별 없는 사회를 형성하는 원동력으로 작용한다.

교사의 장애아동에 대한 인식과 전문성에는 괴리가 있다. 보육교사 또는 초·중등학교 교사의 장애아동 인권과 권리, 그리고 교육적 요구에 대한 인식은 긍정적이지만, 장애유형과 장애정도를 고려한 교육적 지원에서는 어려움을 느낀다. 비록 인식과 전문성에서 괴리가 존재한다고 하지만, 인식은 전문성 함양에 결정적 영향을 미치는 요인이다.

특히 장애아동의 통합교육에 대한 성패에 영향을 미치는 주요 변인은 모든 교사의 장애아동에 대한 긍정적 인식이다. 교사의 장애아동에 대한 긍정적 인식은 통합교육의 효율성을 대변한다. "통합교육! 성공할 수 있다!"라는 명제는 교사의 장애아동 권리에 대한 긍정적 인식과 직결된다. 반면, "통합교육! 가능할까?" 등과 같은 교사의 의문 또는 부정적 인식은 장애아동 권리에 대한 부정적 요인으로 작용한다. 생각의 차이가 행동의 차이로 나타나며, 결과는 달라진다는 것을 알 수 있다.

3. 유엔장애인권리협약

유엔장애인권리협약(Convention on the Rights of Persons with Disabilities: CRPD)은 장애인의 권리에 관한 협약으로 신체장애, 정신장애, 그리고 지적장애를 포함한 모든 장애인의 존엄성과 권리를 보장하기 위하여 제61차 유엔 총회(2006년 12월 13일)에서 채택되었고, 2008년 5월 3일에 발효되었다. 유엔장애인권리협약의 전문과 본문 50개 조항의 내용을 요약하면 〈표 2-3〉과 같다.

〈표 2-3〉 유엔장애인권리협약의 전문과 본문 50개 조항 내용

조문	내용
1-4조	목적, 정의, 일반원칙, 일반의무
5-34조	평등과 차별금지, 장애아동, 인식제고, 접근성, 생명권, 위험상황 및 인도적 차원의 위급상황, 법 앞에서의 평등, 사법적 접근권, 개인의 자유와 안전, 고문으로부터 자유, 학대로부터 자유, 개인의 존엄성 보호, 이주 및 국적의 자유, 자립생활과 사회통합, 개인의 이동, 의사표현의 자유, 사생활 존중, 가정과 가족 존중, 교육, 건강, 재활, 근로, 적정한 삶, 정치와 공직생활 참여, 문화·스포츠 참여, 통계 수집, 국제협력, 모니터링, 장애인권리위원회 등
35-50조	당사국 보고, 보고서 심사, 당사국과 위원회와 관계, 위원회 보고서, 당사국 회의, 기탁, 서명, 지역통합기구, 발효, 유보, 개정, 협약의 폐기 등

유엔장애인권리협약의 전문과 본문 외에 선택의정서가 있다. 우리나라는 선택의정서 채택을 유보하고 있으며, 사회의 장애인 단체 및 법조계 등에서 조속한 비준을 촉구하고 있다. 선택의정서는 18개조로 구성되어 있으며, 협약 규정 위반으로 피해를 입었다고 주장하는 개인 및 집단이 유엔장애인권리위원회에 진정 시 당사국에 대한 직권조사 및 조사절차 등의 내용이 포함되어 있다(보건복지부 장애인인권증진과 2009.01.09. 보도자료). 우리나라의 유엔장애인권리협약에 대한 비준 배경은 다음과 같이 정리된다.

2008년 12월 2일 국회의 비준 동의를 거쳐 2009년 1월 10일부터 협약이 국내법과 동일한 효력을 가지게 되었다. 우리나라 헌법보다 국제법인 유엔장애인권리협약은 하위법이지만 법률적으로 동일한 효력을 가지고 있다. 그러나 유엔장애인권리협약(전문과 본문

50개 조항)에 대한 유보조항을 둔 채 비준하였으며, 선택의정서에는 서명하지 않았다. 그래서 유엔장애인권리협약 비준국가 목록에 우리나라는 포함되어 있지 않으며, 다음과 같은 문구를 찾아볼 수 있다.

 Republic of Korea(대한민국)
 Reservation(유보):
 "..... with a reservation on the provision regarding life insurance in the paragraph (e) of the Article 25."
 ("..... 제25조 (마)항의 생명 보험 조항에 대한 준비로 유보")

'건강보험 및 생명보험 제공시 장애인 차별 금지'를 규정한 조항(25조 마)이 유엔장애인권리협약과 상충되므로 국회에 상법 개정안을 제출했지만 아직까지 계류 중에 있다. 우리나라 상법 제732조에서는 심신상실자 또는 심신박약자의 사망을 보험사고로 한 보험계약은 무효라고 규정하고 있다. 이는 생명보험계약에서 장애인의 피보험자 자격을 박탈할 수 있으므로 장애인차별이라는 논란이 끊임없이 제기되고 있다. 참고로 우리나라 헌법 제6조 제1항에는 '헌법에 의하여 체결·공포된 조약과 일반적으로 승인된 국제법규는 국내법과 같은 효력을 가진다.'고 명시하고 있다. 따라서 유엔장애인권리협약 의정서에 서명을 하기 전에 상법 제732조 등과 같은 사안을 선결해야 한다.

우리나라는 유엔장애인권리위원회에 2011년에 최초보고서를 제출하여 2014년 10월 3일에 결과를 회신 받았다. 수정 권고 사항을 요약하면 다음과 같다(한국장애포럼 유엔장애인권리협약 위원회, 2014.10.23. 보도자료).

- 장애인 관련법과 판정 및 등급제를 의료적 관점에서 개인의 요구와 상황 반영
- 장애인차별금지 및 권리구제 등에 관한 법률의 실효성 강화
- 장애여성의 전문적 정책 부재
- 장애인에 대한 인식 제고를 위한 홍보 강화
- 대중교통 및 건축물에 대한 접근권 보장

- 장애인 안전 보장
- 장애인의 의사결정을 대체할 수 있는 성년후견제도의 의사결정 지원 제도 개선
- 자유를 강제적으로 박탈할 수 있는 정신보건법 개선
- 장애여성의 강제 불임에 대한 조사권 발동
- 시설 수용 장애인에 대한 지역사회 기반의 탈시설화 정책 강화
- 수화언어를 공식 언어로 인정
- 상법 제732조 폐지
- 장애인의 높은 실업률 해결과 최저임금제 보장 등이 있다.

이와 같은 권고사항 중에서 한국수화언어법의 제정 등으로 이미 해결된 사안도 있지만, 여전히 문제해결을 위한 적극적 노력이 요구된다. 우리나라는 이행사항 등을 포함한 보고서를 유엔장애인권리위원회에 재차 제출해야 한다. 북한도 유엔에 장애인권리협약 보고서를 2019년에 처음으로 제출했다.

유엔장애인권리협약은 국내 장애아동 관련법의 기준 또는 준거가 되고 있으며, 선응적 접근이라는 점에서 의미가 있다(이동영, 이상철, 2010). 그리고 유엔장애인권리협약의 이행에 대한 보고서는 국내 장애아동의 보육 및 교육 등의 지원에 대한 성실한 이행과 실효성을 입증하기 위한 노력의 자체 평가라는 의미도 또한 제공하고 있다.

4. 유엔아동권리협약

유엔아동권리협약(United Nations Convention on the Rights of the Child: UNCRC)은 아동이 누려야할 기본적인 권리에 대한 협약(아동의 권리에 관한 협약)으로 1989년 11월 20일에 채택되어 1990년 9월 2일에 발효되었다. 만 18세 미만 아동과 청소년의 기본적인 권리를 보장하는 이 협약은 아동 및 청소년을 보호의 대상에서 인간의 권

리를 가진 주체로 규정하고 있다. 조문은 전문 및 54조로 구성되어 있으며 2015년 현재 미국을 제외한 유엔 가입 국가 196개국이 전부 비준하였다.

다음(Daum)의 백과사전에 제시된 우리나라의 참여 현황 등에 대한 인용은 다음과 같다. 우리나라는 1991년 11월 20일에 유엔아동권리협약에 비준했다. 정부 및 민간단체는 협약에 관한 이행보고서를 매 5년마다 주기적으로 작성해 국제연합 소속의 인권 기구인 유엔아동권리위원회에 제출해야 한다. 이행보고서에는 협약 이행을 위한 일반조치를 포함하여 가정환경 및 대안 양육, 기초보건 및 복지, 교육과 문화 활동 등의 주제가 포함된다. 유엔아동권리위원회는 이행보고서를 기반으로 협약 이행상황을 평가한 다음에 권고사항을 우리 정부에 전달한다.

우리나라는 2004년 9월 24일에 아동권리협약 선택의정서 중 「아동의 무력 충돌 참여에 관한 아동권리협약 선택의정서」와 「아동의 매매·성매매 및 아동 음란물에 관한 아동권리협약 선택의정서」 2개를 비준했다. 그러나 「아동청원권에 관한 제3선택의정서」는 미가입 상태다(http://100.daum.net/encyclopedia/view/47XXXXXd1130).

유엔아동권리협약은 크게 4대 기본원칙, 즉 ① 아동 무차별·평등의 원칙, ② 아동이익 최우선 원칙, ③ 아동의 생존·보호·발달의 권리보장 원칙, 그리고 ④ 아동 의견존중의 원칙 등이다. 우리나라가 매 5년마다 심의를 받고 있는 주요 내용은 ① 아동의 부모 면접교섭권, ② 입양허가제, ③ 상소권 보장, ④ 아동권리협약의 국민옹호 및 모니터링 기구 설치문제, ⑤ 장애아동, 혼외출생아동, 탈북자 및 이주노동자 자녀 차별문제, ⑥ 가정, 사회 학교에서의 아동 참여 여부, ⑦ 아동학대, 성매매문제, 그리고 ⑧ 아동교육의 목표와 가치, 교육비용 등이다. 그러나 아동권리에 대한 인식부족과 어른의 이기심적 개입 등으로 아동이 기본적인 권리 및 욕구를 보장하고 지원하는데 한계가 있다고 변길희(2018)는 지적하고 있다. 이에 대한 해결방안으로 국가의 홍보 및 교육 강화, 특수한 환경의 아동을 적극적으로 보호하기 위한 관련법 제정, 그리고 제3자에 의한 고발문화의 보편적 확립 등을 제안하고 있다. 유엔아동권리협약은 장애아동의 보육 및 교육적 지원의 지침이라는 점에서 의미가 크다고 할 수 있다.

5. 유엔2030의제

2000년은 새로운 1000년의 시작이라는 점에서 유엔은 새천년 개발 목표(Millennium Development Goals: MDGs)를 제안하였다. 세계 빈곤과 기아 퇴치, 질병 예방, 양성 평등, 그리고 학교교육 지원 확대 등을 위한 8가지 목표를 설정하였다. 2015년까지의 장기계획을 수립·시행하여 많은 진전을 보았으나, MDGs를 대체할 새로운 목표를 설정하기 위한 노력이 유엔2030의제이다.

유엔2030의제는 2016년 1월 1일 발효되었으며, 2030년까지 시행된다. 특히 MDGs와는 달리, 2030의제의 11개 조항에서 장애인 인권이 명시되어 있다. 2030의제는 지구촌이라는 관점에서 지구 보호와 삶의 질 향상을 목적으로 5개 영역(전문, 선언, 17개의 지속 가능한 개발 목표, 169개의 세부 목표(방향), 시행방법 및 글로벌 파트너십, 후속 조치 및 검토)을 명시하고 있다. 유엔2030의제는 법적 구속력이 없으며, 정책 시행에 대하여 국가마다 해석이 다를 수 있다는 포괄적 수용을 제안하고 있다. 장애인에 대한 조항은 3개의 전문과 17개 목표 중에서 5개에 포함된다. 3개 전문은 인간의 권리, 취약 집단, 그리고 교육과 관련된다. 5개 목표는 교육, 고용, 차별, 참정, 그리고 구현 수단이다. 그리고 17개 목표는 지구의 모든 생명체를 위한 지원방안으로 확대 해석된다.

특정 국가의 행위가 그 국가의 문제로 국한되던 시대는 지났다. 유엔의 장애인 등을 위한 협약 등은 모든 사람이 공동체 의식을 가지고 '하나'라는 인식의 지배적 확산을 권고하는 것이다. 나의 문제가 아닌 우리의 문제이며, 우리의 문제를 해결하기 위한 노력이 나의 미래를 위한 보장이라는 인식이 유엔의 기본정신으로 이해된다.

학습평가

1. 인권의 개념과 의미에 대하여 설명할 수 있는가?
2. 인권교육이 필요한 이유에 대하여 설명할 수 있는가?
3. 유엔장애인권리협약과 우리나라 장애인차별금지법의 관계에 대하여 설명할 수 있는가?

참고 문헌

국립특수교육원(2019). 장애인권 교육자료. 국립특수교육원.

김경란, 이미우(2018). 해석학적 근거이론에 기반한 여성장애인의 레질리언스 경험에 관한 연구. 지체중복건강장애연구, 61(3), 91-119.

김종일(2017). 장애인권리협약의 국내 이행에 관한 고찰: 장애인차별금지법의 한계와 개선 방향을 중심으로. 입법학연구, 14(1), 145-168.

박계신(2017). 유아 인권교육 연구 동향 분석과 장애 유아 인권교육 방향성 탐색. 유아특수교육연구, 17(2), 171-198.

변길희(2018). 아동의 인권에 대한 인식과 실천에 따른 정책 방향 모색: 유엔아동권리협약을 중심으로. 사회적경제와 정책연구, 8(3), 1-34.

보건복지부(2009). 장애인인권증진과 2009.01.09. 보도자료.

심태은, 이송이(2018). 대학생의 인권감수성 수준과 인권인식 유형에 관한 연구. 한국산학기술학회논문지, 19(10), 352-360.

이동영, 이상철(2010). 장애아동 관련 국제협약과 국내법 분석을 통한 발전방안 연구: 국제장애인권리협약과 국내 장애아동 관련법 분석을 중심으로. 사회보장연구. 26(2), 223-252.

이미나, 김영춘(2016). 보육교사가 인지하는 장애아동의 인권인식과 사회통합에 대한 연구. 한국콘텐츠학회논문지, 16(4), 387-398.

이성용(2016). 인권교육에 대한 실험연구 동향 분석. 성신여자대학교 교육연구, 65, 71-93.

이지혜(2018). 통합적 관점에서 인권교육 교재 분석. 법과인권교육연구, 11(1), 51-69.

장원주, 이화도(2017). 유아인권교육관련 연구동향 분석: 2000년부터 2016년까지 학회지 논문을 중심으로. 아동교육, 26(2), 327-347.

최성규(2018). 한국 특수교육 2030 전망과 비전: 청각장애교육의 쟁점과 과제. 한국특수교육학회 추계 학술대회. 한국특수교육학회.

한국장애포럼 유엔장애인권리협약 위원회(2014). 2014.10.23. 보도자료.

http://100.daum.net/encyclopedia/view/24XXXXX70497

http://100.daum.net/encyclopedia/view/47XXXXXd1130

https://ko.wikipedia.org/w/undefined?action=edit&section=13

https://ko.wikipedia.org/wiki/%EC%84%B8%EA%B3%84_%EC%9D%B8%EA%B6%8C_%EC%84%A0%EC%96%B8

3장 지적장애의 이해

학습목표

1. 지적장애의 개념과 정의에 대하여 이해할 수 있다.
2. 지적장애의 원인과 진단평가에 대하여 알 수 있다.
3. 지적장애아동의 특성과 지원방안에 대하여 이해하고 적용할 수 있다.

특수교육대상자 중에서 지적장애아동이 차지하는 비율은 전체 90,780명 중에서 48,747명으로 50%를 초과하고 있다. 지적장애아동을 위한 특수학교도 175개교 중에서 121개교로 전체의 약 70%나 된다(교육부, 2018). 지적장애는 선천적 또는 후천적 원인으로 지능의 발달이 뒤처지고 적응행동기술에서 어려움을 보이는 경우가 많다. 이 장에서는 지적장애의 개념에서 지능지수와 적응행동기술에 대한 내용을 제시하고, 정의에서는 다양한 법적 조항과 미국의 학회 및 협회의 차이점 등을 서술하였다. 지적장애의 개념과 정의에 대한 이해가 전제되면 특성 및 지원방안 등에 대한 이해가 수월할 것이다.

1. 개념 및 정의

1) 개념

지적장애는 전통적으로 지능지수에 근거하여 설명되었다. IQ(intelligence quotient)로 불리는 지능지수는 개인의 상대적인 지능 수준을 의미하는 수치이다. 오늘날 사용하는 지능검사는 집단용보다 개인용 지능검사로 성인용, 아동용, 유아용 등이 있는데, WISC(Wechsler Intelligence Scale for Children) 검사와 K-ABC(Kaufman Assessment Battery for Children) 검사 등이 보편적으로 사용되고 있다.

지능지수의 평균은 100이고, 표준편차(standard deviation: SD)는 15이다. 정상분포곡선을 기준으로 지능지수가 100에서 ±1 표준편차에 해당하는 IQ85-IQ115에 해당하는 사람의 분포는 (34.13% + 34.13% = 68.26%)에 해당한다. 그래서 정상분포 곡선에서 지능지수가 평균에 해당하는 사람은 약 70%이다. [그림 3-1]에서 보는 바와 같이 오른쪽으로 갈수록, 즉 +2SD 또는 +3SD에 해당하는 경우는 지능지수가 평균에 비하여 매우 높음을 의미하는 것이다. 반면 정상분포 곡선에서 IQ100의 왼쪽으로 갈수록 -2SD와 -3SD 이하의 경우는 지적장애로 진단될 가능성이 높다.

지능지수에 근거할 경우에 IQ100-IQ85는 정상, IQ85-IQ70은 학습지진, IQ70(75) 이하는 지적장애에 해당된다. 한편 표준편차와 함께 표준오차의 개념이 최근에 도입되었다. 표준오차는 4.95인데, 반올림하여 5로 환산한다. 그래서 지적장애를 IQ70 또는 IQ75 이하부터 해당된다고 할 수 있다.

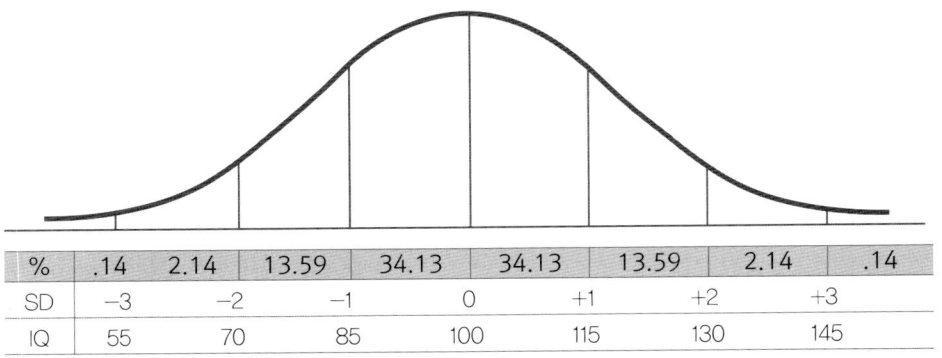

〔그림 3-1〕 정상분포 곡선과 지능지수

출처: http://dorahouse.tistory.com/171

오늘날 지적장애에 대한 정의는 지능지수에 한정하지 않는다. 지적능력과 함께 적응행동기술을 함께 고려한다. 적응행동기술은 10개 영역으로 구분하고 있다. 의사소통 기술, 자조 기술, 가정생활 기술, 사회적 기술, 지역사회활용 기술, 자기관리 기술, 건강과 안전 기술, 실용학문 기술, 여가 기술, 직업 기술 등과 같은 10개 영역이다. 적응행동기술의 10개 영역 중에서 두 가지 이상의 영역에서 한계가 있는 경우도 함께 고려된다. 즉 지능지수와 함께 적응행동기술도 지적장애를 진단·평가하는 데 고려되어야 하는 준거가 된다.

지적장애의 개념에 지적능력과 함께 적응행동기술이 포함된 배경에는 지적능력의 결함 정도보다 개인의 욕구와 흥미 및 관심 등과 같은 자기선택 및 자기결정의 중요성이 고려되었다는 점이다. 따라서 오늘날 지적장애의 정의에서는 지능지수와 적응행동기술 등과 같은 능력이 함께 고려되고 있음을 알 수 있다.

2) 정의

(1) 「장애인복지법」의 지적장애

「장애인복지법 시행령」〔별표 1〕에서는 지적장애인을 "정신 발육이 항구적으로 지체되어 지적능력의 발달이 불충분하거나 불완전하고 자신의 일을 처리하는 것과 사회생활에 적응하는 것이 상당히 곤란한 사람"이라고 명시하고 있다.

지적장애의 판정 절차는 지능지수와 사회성숙도검사를 참조하여 결정한다. 사회성숙도검사는 적응행동검사와 유사한 개념이다. 단, 특수교육법과는 달리 성인의 경우, 노인성 치매를 제외하고, 뇌손상 및 뇌질환 등의 원인으로 지적장애의 기준에 적합한 경우는 지적장애로 판정한다.

「장애인복지법 시행규칙」에서는 지적장애인의 장애 정도에 대해 장애의 정도가 심한 장애인으로 구분하며, 지능지수가 70이하인 사람으로서 교육을 통한 사회적·직업적 재활이 가능한 사람으로 정의한다.

(2)「장애인 등에 대한 특수교육법」의 지적장애

「장애인 등에 대한 특수교육법」에서의 지적장애는 "지적기능과 적응행동상의 어려움이 함께 존재하여 교육적 성취에 어려움이 있는 사람"으로 명시하고 있다. 지능지수라는 IQ를 측정한다는 것은 「장애인복지법」과 「장애인 등에 대한 특수교육법」에서 동일하게 적용하고 있지만, 「장애인 등에 대한 특수교육법」에서는 사회성숙도검사가 아닌 적응행동검사를 적용하도록 규정하고 있다.

(3) 미국 AAIDD의 지적장애

정신박약, 정신지체, 그리고 지적장애로 용어가 변경되는 배경에는 미국의 AAIDD(American Association on Intellectual·Developmental Disability: AAIDD)가 있다. AAIDD에서는 2010년 11번째 편람에서 지적장애라는 용어의 사용을 공식화하였다. 사실 AAIDD는 AAMR의 개명된 동일 기관이다.

미국정신지체협회, 즉 AAMR(American Association on Mental Retardation)은 2007년 1월부터 명칭을 미국 지적 및 발달장애협회(AAIDD)로 바꾸면서 정신지체를 지적장애로 사용하게 되었다. 그러나 AAMR에 지적장애만이 아니라, 지적장애와 관련된 다양한 장애를 가진 학부모 및 전문가 등이 함께 관련되어 있으므로 '지적'과 '발달장애'라는 명칭을 함께 사용하게 되었다. AAMR의 1992년과 2002년, 그리고 2010년의 정의를 살펴보면 다음과 같다.

정신지체라는 용어를 사용하던 AAMR의 1992년 9번째 편람의 정의에서 처음으로 평균 이하의 지적능력과 10가지 적응행동기술 영역 중에서 2가지 이상의 적응적 제한을 언급하였다. 그리고 18세 이전에 나타나며 항구적이라는 설명을 제안하고 있다.

AAMR의 1961년 6번째 편람에서 구분하던 경계선급 정신지체, 경도, 중도, 중증, 최중도와 같은 5분류체제에서 1973년 7번째 편람에서 정신지체는 경도, 중도, 중증, 최중도의 4분류체제로 변경되었다. 그러나 1992년 9번째 편람에서는 분류체제를 사용하지 않고, 지원의 종류와 강도로 규정하였다. 지금까지 사용되고 있는 지원의 종류와 강도에 대한 설명은 다음과 같다.

- **간헐적 지원**: 필요에 따라서 단기간의 지원이 필요하지만, 지원의 강도는 필요에 따라 조정할 수 있다. 필요에 따른 한정적 지원이라는 특성이 있다.
- **제한적 지원**: 정해진 기간 동안 일관된 지원이 요구된다. 시간제한이라는 특성이 있다.
- **확장적 지원**: 필요에 따른 몇 환경에서 시간제한 없는 정기적 지원이다(예 매일의 장기적인 가정생활 지도). 시간제한이 없다는 특성이 있다.
- **전반적인 지원**: 생애 전반에 걸쳐 모든 환경에서의 강도 높은 지원이다. 연속성과 장애아동의 모든 환경이라는 특성이 있다.

AAMR의 2002년 10번째 편람의 정의에서는 지적기능의 제한과 함께 개념적, 사회적, 실질적 적응기술에서 상당한 제한이 있는 경우로 정의하고 있다. 물론 18세 이전은 동일하게 유지되었다. 2002년 정의의 이론적 모델을 정리하면 다음과 같다.

- 차원 I: 지적능력
- 차원 II: 적응능력(개념적, 실질적, 사회적)
- 차원 III: 참여, 상호작용, 사회적 역할

- 차원 IV: 건강(신체적 건강, 정신 건강, 원인론)
- 차원 V: 주변 상황(환경, 문화, 기회)

AAIDD의 2010년 11차 정의에서 지적장애를 공식적으로 사용하였지만, 과거의 정신지체 판정 준거인 장애종류, 장애유형, 발생기간 등은 동일하며, 과거의 정신지체로 판정되었던 사람은 이에 포함된다. 다만, 생태학적 접근과 인간의 기능성 재고라는 차원이 지적장애라는 용어의 사용에 영향을 미쳤다. 따라서 지적장애라는 용어는 생태학적이고 인간기능성의 다차원적 관점으로 접근하고 있음을 알 수 있다(박승희 외, 2011; 박정식, 2010; 백은희, 2010; 이영철, 2010). 이상의 결과를 요약하면 다음과 같다.

첫째, 미국의 지적장애 관련 협회 명칭의 변경은 지적장애 용어의 변화와 관련된다.

둘째, 장애를 개인의 결함이라는 인식에서 생태학적과 다차원적 관점에서 재정립하였다.

셋째, 개인내의 조건에서 개인이 기능할 수 있는 상태로 진단평가의 기준이 바뀌었다.

(4) DSM-5의 지적장애

DSM-5에서는 지적장애를 신경발달장애(neurodevelopmental disorder)의 하위체제로 분류하고 있다. 신경발달장애는 지적장애, 전반적 발달 지연, 달리 세분되지 않는 지적장애로 구분하고 있다. 한편 DSM-5는 지적장애와 ICD-11에서 명시한 지적발달장애(Intellectual Developmental Disorder)는 동의어임을 밝히고 있다. DSM-5에서 명시한 지적장애, 전반적 발달 지연, 달리 세분되지 않는 지적장애의 정의에 대한 설명이다.

① 지적장애

지적장애(지적발달장애)는 개념(학습)적, 사회적, 실행적 영역에서 지적기능 및 적응기능의 결함이 발달기에 발병하는 장애로 다음 3가지 기준을 충족시켜야 한다.

A. 추리, 문제해결, 계획, 추상적 사고, 판단, 학업 및 경험 학습 등과 같은 지적기능의

결함은 임상적 평가와 개별화된 표준화 지능검사 모두에서 확인되어야 한다.
B. 적응기능의 결함은 개인 독립성 및 사회적 책임에 대한 발달적 및 사회문화적 기준을 충족시키지 못하는 결함으로 나타난다. 적응기능 결함은 지속적 지원이 보장되지 않으며 가정, 학교, 직장, 지역사회 등과 같은 여러 환경에서 의사소통, 사회참여, 독립생활과 같은 일상생활 활동 중에서 1가지 이상에 한계가 있다.
C. 지적기능과 적응 결함이 발달기에 발생한다.

지적장애는 장애정도를 경도(mild), 중도(moderate), 중증(severe), 최중도(profound)로 구분한다. 기준은 다음과 같다.

- 지능지수가 평균에서 -2SD 점수: IQ70(65-75)
- 기준은 IQ 점수가 아니라 요구되는 지원수준에 따른 적응기능에 기초하여 결정함
- 지적장애의 적응기능은 개념(학습)적, 사회적, 실행적 영역을 경도, 중도, 중증, 최중도 등과 같이 4가지로 구분하고 있다. DSM-5에서는 지적장애의 적응기능을 심각도 수준으로 설명하고 있다.

② 전반적 발달지연(Global Developmental Delay)

- 이 진단은 만 5세 미만의 유아기에 해당하며 임상적으로 확실한 평가를 담보할 수 없는 경우에 내려진다.
- 이 범주의 장애유형은 몇 가지 지적기능 영역에서 기대되는 발달 단계에 충족되지 못할 때 진단된다. 또한 너무 어려서 표준화 검사를 실시할 수 없는 아동을 포함하여 지적기능을 체계적으로 평가할 수 없는 아동에게 적용된다.
- 이 범주에 해당하는 장애유형은 일정 기간 후에 재평가를 필요로 한다.

③ 달리 세분되지 않는 지적장애

- 이 범주의 장애유형은 만 5세 미만의 아동에게 해당된다.
- 지적 장애 평가가 다른 장애에 의해 방해받거나 또는 연관되어 있다고 판단될 경우

에 이 범주의 장애유형으로 진단된다. 다른 장애란 감각 또는 신체적 장애, 심각한 문제행동, 정신장애 등과 관련된다.
- 이 범주에 해당하는 장애유형은 일정 기간 후에 재평가를 필요로 한다.

2. 원인

의학이 발달함에 따라 지적장애의 원인에 대해서도 더 많은 정보를 알게 되었다. 현재까지 알려져 있는 지적장애의 주된 원인은 크게 생의학적 원인과 환경적 원인이 있는데 이 두 원인을 다음과 같이 나누어 살펴보자.

1) 생의학적 원인

지적장애의 원인은 여전히 밝히지 못한 부분이 많다. 휴먼 게놈 프로젝트에 의한 인간 유전자 코드 지도에서 많은 정보를 알게 되었지만, 지적장애의 원인이 유전에 의한 결과라고 단정할 수 없다는 것이 오늘날 의학의 상식이다(장혜성 외, 2014).

지금까지 밝혀진 대표적인 원인으로는 지방질 신진대사장애로 진행성 및 퇴행성을 내포하는 타이삭스증, 아미노산 신진대사장애로 인한 대표적인 유전적 장애는 페닐케토뇨증, 탄수화물 대사 장애인 갈락토스혈증 등이 있다. 그리고 염색체 이상으로 볼 수 있는 다운증후군이 있다(김일명 외, 2013). 다운증후군은 생물학적 장애로 출현율 인구 800명당 1명이며 지적장애인들 중 약 5~6%를 차지한다.

다운증후군의 외형상 특징은 동양인이나 서양인 모두 유사한 외모를 가지고 있다. 그래서 외형상 눈에 잘 띈다. 사람은 정상적으로 23쌍의 염색체를 가지고 있는 것에 반해, 다운증후군을 가진 사람의 95%가 21번 염색체 3개로 47개의 염색체를 가지고 있다는 것이 대표적인 특징이다. 또한 염색체의 쌍 중에서 손상을 입게 되면서 염색체 이상으로 나타나는 경우도 있다.

그 외 클라이네펠터 증후군, 터너 증후군이 있으며, 풍진(Rubella/German measles), 매독(Syphilis), 에이즈(ADIS), 어머니와 태아의 혈액 부적합(Rh인자)과 같은 모체의 감염 등이 원인이 될 수 있다. 여기서 모체의 풍진 감염은 지적장애, 심장질환, 맹, 농이 발생하며, 특히 중도·중복장애의 원인이 될 수 있다. 산모의 음주, 흡연, 약물 복용과 같은 유해물질에 노출된 경우도 하나의 원인으로 보고 있다.

2) 환경적 원인

환경적 원인은 심리사회적 영향으로 인해 나타나는 다양한 위험요인으로 빈곤, 부모의 양육 거부, 가정폭력, 부적절한 특수교육서비스 등을 말한다. 이는 세부적으로 사회적, 행동적, 교육적 위험요인 등으로 나눈다.

사회적 위험요인은 환경과 관련된 다양한 상호작용에 의해서 나타나는 것으로 빈곤, 가정폭력, 그리고 시설 수용 등에 해당된다. 다양한 원인들 중에서 빈곤은 지적장애를 발생하게 하는 중요한 요인이다. 빈곤한 가정에서 태어난 아동일수록 산모의 부적절한 영양 섭취, 폭력 등의 문화적 박탈을 경험하여 이는 지적장애가 발생할 수 있다.

행동적 위험요인은 부모나 아동의 부적절한 행동으로 인해 나타나는 것으로 부모의 음주나 흡연, 아동학대 등이 있다. 엄마에 의해 발생하는 태아알코올증후군은 안면기형, 성장장애, 중추신경계 장애를 가진 아동의 출산 원인이 된다.

교육적 위험요인은 서비스나 교육적 지원 부족으로 나타나는 것으로 부적절한 양육, 부적절한 조기중재서비스, 부적절한 특수교육서비스 등이 해당된다. 교육적 위험요인에 있어서 '부적절함'에 대한 일차적 책임은 지적장애아동이 아닌 부모에게 있을 가능성이 높다. 만약 조기중재서비스와 특수교육서비스에 대한 부적절함이 있다면 적법한 절차를 통해 시정을 요구할 수 있다. 한편 미세먼지특별법(2019.02.15.)이 생겨날 정도로 미세먼지는 이제 우리의 생활화가 되어가고 있다. 미세먼지의 피해 범위도 다양하게 나타날 것이다. 임산부가 높은 농도의 미세먼지에 노출되면 장애아동의 출산에 영향을 미칠 수 있다(장임석 외, 2017). 미세먼지로 인하여 신생아의 저산소증, 조산, 난산, 모체의 체중과다, 모성 당뇨 등의 원인이 될 수 있으며, 지적장애에 영향을 미치는 소두증이나 뇌수종 같은 기형이 나타날 가능성도 배제할 수 없다.

3. 진단평가

1) 지능검사

지능은 육안으로 관찰할 수 없는 내재적 특성이므로 관찰되는 외적 특성에 기초하여 예견하고 있다. 지능은 유전적 경향이 강하며, 과거의 경험이 현재의 학습으로 표현되므로 미래의 가능성을 예견하는 것이며, 또한 환경과의 관계에서 동화와 조절 능력으로 이해되기도 한다. 그러나 지능과 학습능력은 상관성이 높다는 명제에 동의하면서 교육자 및 심리학자는 학습자의 지능지수에 관심을 가지게 되었다. 장애아동의 학습능력을 알아보기 위한 지능검사는 지적장애의 진단평가를 위하여 널리 활용되고 있다. 이 장에서는 지적장애아동의 진단평가에서 가장 일반적으로 사용되고 있는 표준화 지능검사 WISC와 K-ABC, 그리고 인물화 검사에 대하여 서술하고자 한다. 표준화된 지능검사는 IQ40 미만은 산출이 불가능한 관계로 많은 지적장애아동의 진단평가에서 검사 불능으로 기재하는 경우가 많다. 인물화 검사는 표준화되지 않은 검사지만, 표준화 지능검사 도구로 지능지수 산출에 한계가 있는 경우에 출발점 행동을 산출하는데 효과적이다. 또한 지능검사를 통해 산출하는 정신연령의 중요성과 함께 언어연령 산출 도표에 대하여 설명하고자 한다.

(1) Wechsler 지능검사

Wechsler 지능검사는 유아용 WPPSI(Wechsler Preschool and Primary Scale of Intelligence), 아동용 WISC(Wechsler Intelligence Scale of Children), 그리고 성인용 WAIS(Wechsler Adult Intelligence Scale)가 있다. Wechsler 지능검사에서 유아용은 만 2세 반에서 7세 7개월까지, 아동용은 만 6세에서 만 16세까지 사용이 가능하다. 아동용은 KEDI-WISC-IV로 널리 사용되었으나, 2014년에 KEDI-WISC-V가 새롭게 개발되었다. KEDI-WISC는 Korean Educational Development Institute-Wechsler Intelligence Scale for Children가 원어이다. Wechsler 지능검사를 한국교육개발원에서 표준화하여 사용하고 있다. KEDI-WISC-IV는 6개의 언어성 및 6개의 동작성 하위검사로 구성되어 있다.

WISC-V는 만 6세에서 만 16세 아동을 대상으로 적용하는 개인용 지능검사이다. 이 검사에서 나온 점수는 영재, 지적장애 및 학습장애, 그리고 주의력결핍 과잉행동장애(ADHD)를 진단하기 위한 임상 도구로 사용될 수도 있다.

WISC-V 사용방법은 WISC-IV와 매우 유사하다. 두 검사 모두 정량적 추론, 작업 기억, 비언어, 인지능력, 일반적인 능력 등을 측정하는 도구이다. WISC-V에서는 WISC-IV에 있는 두 개의 하위 검사가 제거되었다. WISC-IV와 WISC-V는 모두 동일한 방법으로 측정하며, 두 검사도구의 점수는 상호 연관성이 높으므로 어느 검사를 적용해도 괜찮다. WISC-V를 사용하여 심리학자가 개인용 검사를 실시하여 완료하는 데 소요되는 시간은 약 65-80분이다(http://www.mercerpublishing.com/wisc-v/?msclkid=4975201dae751875e0137c40b58acf11).

읽기, 수학, 작문에서 학업성취에 대한 중요한 인지 과정을 평가하기 위하여 5개의 새로운 보완 검사가 추가되었다. WISC-V의 검사항목은 다음과 같다.

기본 검사는 5개로 음성언어 이해력 지수(Verbal Comprehension Index: VCI), 시공간 지수(Visual Spatial Index: VSI), 작업 기억 지수(Working Memory Index: WMI), 액체 추론 검사(Fluid Reasoning Index: FRI), 처리 속도 지수(Processing Speed Index:

PSI)이다.

보조 검사는 4개로 정량적 추론 지수(Quantitative Reasoning Index: QRI), 청각 작업 기억 지수(Auditory Working Memory Index: AWMI), 일반 능력 지수(General Ability Index: GAI), 인지 능력 지수(Cognitive Proficiency Index: CPI)가 포함된다.

보완검사로는 3개로 명명 속도 지수(Naming Speed Index: NSI), 기호 변환 지수(Symbol Translation Index: STI), 그리고 저장 및 인출 지수(Storage and Retrieval Index: SRI)가 있다(http://www.myschoolpsychology.com/test-tools/wisc-5/).

(2) K-ABC 검사

K-ABC(Kaufman Assessment Battery for Children)는 1984년 Kaufman에 의해 아동의 지능과 습득도를 진단평가하기 위해 개발되었다. K-ABC는 '순차처리척도', '동시처리척도', '인지처리과정척도', 그리고 '습득도척도'의 4개의 하위척도로 편성되어 있으며, 모두 16개의 소검사로 구성되어 있다. 각 하위척도는 평균 100, 표준편차 15의 표준점수에 기초하고 있다. 검사를 위해 소요되는 시간은 취학전 아동은 약 30분, 초등학교 취학 아동은 약 60분 정도이다(문수백, 변창진, 2002).

K-ABC는 2018년에 K-ABC-II로 개발되었다. K-ABC-II에서는 K-ABC의 적용연령이 만 2세에서 만 12세까지라는 단점을 보완하여 만 3세에서 만18세까지 적용할 수 있도록 하였다. 또한 4개의 하위척도에 '계획력'과 '지식'을 추가하였다. 특히 K-ABC 또는 K-ABC-II의 장점은 다음과 같다.

첫째, '순차처리' 및 '동시처리' 과정을 분석하여 정보처리과정에서 장애아동의 정보처리가 우뇌 또는 좌뇌 중심임을 알 수 있다. 이와 같은 정보는 장애아동 지도에 결정적 단서로 작용한다.

둘째, '습득도'는 현재 K-ABC-II에서 '학습력'으로 설명되고 있는데, 인지능력과 관계없이 학습이 가능한 영역을 알 수 있으므로 수업계획에 주요 요인으로 작용한다.

셋째, '계획력'의 형태추리와 이야기 완성, 그리고 '지식'의 표현어휘, 수수께끼, 언어지식은 프로젝트 수업의 문제해결중심학습(Problem Based Learning: PBL)의 특성을 가지고 있으므로 장애아동의 성격상 자신의 의사표현에 소극적인 경우에 효과적으로 적용할 수 있는 학습도구로 활용할 수 있다.

(3) 인물화 검사

인물화 검사(Draw-A-Person)는 미국의 미술교육학자 Goodenough에 의해 개발된 검사이다. 남성과 여성의 전신상을 그리게 하여 성격과 심리를 검사하는 투사법이지만, 오늘날 인물화 검사는 아동의 지능과 높은 상관관계를 가진다는 것을 검증하면서 지능검사로도 활용하기 위한 지능 측정 척도가 개발되었다. 인물화의 묘사와 IQ의 상관관계는 다음과 같은 이론에 기초한다. 첫째, 아동은 보는 것만 그리는 것이 아니라, 인지한 것을 표현한다. 둘째, 아동은 지적능력에 따라 표현의 구체성이 달라진다.

장애아동의 지능지수를 측정하기 위하여 많이 사용되고 있다. 만 3세에서 만 12까지 사용이 가능하며, 아동에게 남자상과 여자상을 그리게 하는 방법으로 시작한다. 집단 또는 개인적으로 검사를 실시할 수 있으며, 제한시간은 없지만, 일반적으로 30분을 초과하지 않는다. 채점방법은 채점 기준에 기초하여 그림을 보면서 기준에 통과하는 문항의 수를 점수로 환산한다. 남자와 여자 척도는 모두 동일하게 60점으로 되어 있다. 개인적으로 검사를 실시할 경우에 모호한 부분은 아동에게 직접 질문하여 메모를 한 다음에 채점하는 방법을 적용하기도 한다.

검사방법은 다음과 같다. 첫째, 연필로 그려야 한다. 둘째, 그림을 보고 그려서는 안 된다. 셋째, 시간제한이 없다. 넷째, 지우개를 사용해도 된다. 이와 같은 사실을 인지시키고 그림을 그리게 한다. 지적장애아동의 인물화 검사에서는 그림을 그리는 방법에 대하여 보다 구체적으로 지시해 준다. 예를 들면 "이 종이에는 아빠 그림을 그려 보세요!" 등과 같다. 채점은 채점 기준에 기초하여 표준채점표를 사용하면 된다. 표준채점표는 정확한 채점이 용이하고, 또한 채점 검토에 도움이 된다. 지적장애아동 및 유아를 위한 인물화 검사는 시중에서 서적으로 쉽게 구입할 수 있다.

(4) 정신연령과 생활연령 산출

사람의 지능지수는 현재의 수행능력과 관련된다. 또한 연령은 생물학적 생활연령(chronical age: CA)과 학습능력 등을 예견하는 정신연령(mental age: MA)으로 구분할 수 있다. 지능지수가 100인 보통의 경우에 해당하는 사람(IQ100±1SD)의 생활연령은 정신연령과 동일하지만, 지능지수가 낮아질수록 생활연령과 정신연령의 괴리는 심화될 것이다. 지능 또는 인지발달이 지체되는 지적장애아동의 정신연령 산출은 보육 및 교육 등에서 중요한 요인으로 인식된다.

지적장애아동의 학습과 사회적응능력 등과 같은 수행능력은 생활연령보다 정신연령으로 추론될 수 있다. 과거 Stern(1912)에 의해 제안된 IQ = {정신연령(MA)/생활연령(CA)} × 100 공식은 오늘날 재고되어야 한다. 이와 같은 공식은 정상분포곡선의 정상에 해당하는 IQ100에서 ±1SD에 한정하므로 지적장애아동에게 적용하기에 한계가 있다. 이 공식이 지적장애아동의 정신연령 산출에는 해당되지 않음을 Stern(1921)도 알고 있었다. 그럼에도 불구하고 이 공식이 지적장애아동의 정신연령 산출에 여전히 사용되고 있다.

이 공식은 선형구조이므로 논리적으로 모순이다. 생활연령이 증가하면 자연히 정신연령은 비례적으로 증가한다. 지능지수는 연령의 증가에 비례하지 않는다. 지능지수는 연령과는 관계없이 일정하다. 그러나 이 공식은 생활연령의 증가로 인하여 정신연령이 비례적으로 증가하는 모순임을 알 수 있다. 지적장애아동의 생활연령과 지능지수에 기초한 정신연령의 환산표는 〈표 3-1〉과 같다.

〈표 3-1〉 지능지수와 생활연령에 기초한 정신연령 환산표

지능지수 생활연령	40~49	50~59	60~69	70~79	80~89
3	1.4	1.5	1.6	1.8	1.9
4	1.6	1.7	1.9	2.1	2.2
5	1.8	2.0	2.3	2.6	2.7
6	2.1	2.3	2.7	3.1	3.3
7	2.3	2.7	3.2	3.7	3.9
8	2.6	3.1	3.8	4.4	4.7
9	3.0	3.5	4.4	5.2	5.5
10	3.4	4.0	5.1	6.1	6.4
11	3.8	4.5	5.9	7.0	7.4
12	4.2	5.1	6.7	8.1	8.5
13	4.7	5.8	7.6	9.1	9.6
14	5.2	6.4	8.5	10.2	10.7
15	5.8	7.2	9.5	11.3	11.8

출처: 최성규, 황석윤(2009). 정신지체아동의 지능지수와 어휘연령의 상관관계 및 어휘연령에 기초한 정신연령 산출 방안 연구. 특수교육재활과학연구, 48(4), 149-167.

2) 적응행동검사 및 사회성숙도검사

(1) 적응행동검사

적응행동검사의 진단평가로 사용하는 SIB-R(Scales of Independent Behavior-Revised)은 1996년 미네소타 대학의 '장애아동 지역사회 통합을 위한 연구소'에서 Robert Bruininks 등의 학자들에 의해 제작되었다. K-SIB-R은 정신지체아동의 진단과 분류를 위해 2007년 백은희, 이병인, 조수제에 의해 한국판으로 표준화되었다. K-SIB-R은 가정, 학교, 직장, 지역사회에서의 기능적 독립성과 적응 기능을 측정하기 위해 고안되었다. 총 14개의 하위척도로 나누어져 있고, 총 259개의 독립적 적응행동과 문제행동 문항으로 이루어져 있다. 총 14개의 하위척도는 AAMR(1992)에서 제시한 10가지 적응행동을 모두 포함하고 있어서 보다 구체적인 적응행동을 측정할 수 있다.

K-SIB-R에서 적응행동 영역의 전체 신뢰도는 .991이고, 문제행동 영역의 전체 신뢰도는 .890이다. 그리고 K-SIB-R 전체 신뢰도는 .990으로 매우 높다. K-SIB-R의 내용타당도

에 있어서는 검사 내용에 기초한 근거가 주관적 판단에 의한 것이므로 타당도에 대하여 수치로 나타나는 객관적 정보를 제공하지 않고 있다. 구인타당도에 있어서는 적응행동의 각 영역간의 상관을 살펴보기 위해 요인 분석을 실시한 결과 .590에서 .960까지 비교적 높게 나타났다. 준거타당도는 K-SIB-R이 사회성숙도검사와 상관이 높으며, 두 검사의 하위 영역 간의 상관도 높은 것으로 나타났다. 또한 K-SIB-R의 하위척도는 교육과정과 밀접한 관계가 있다(백은희, 이병인, 조수제, 2007).

(2) 바인랜드 사회성숙도검사

특수교육법에서는 지적장애아동의 진단평가를 위하여 적응행동검사를 사용하도록 규정하고 있지만, 장애인복지법에서는 사회성숙도검사를 사용하도록 명시하고 있다. 보편적으로 사용되는 도구는 바인랜드 사회성숙도검사로, 미국의 Doll에 의해 1965년에 개발된 Vineland Social Maturity이다. 우리나라에서는 1985년에 표준화하였다.

바인랜드 사회성숙도검사가 우리나라에서 표준화 된 지 30여 년이 지났다. 최근에 바인랜드 적응행동척도 2판이 출판되었다. 바인랜드 사회성숙도검사와 동일하게 모든 연령(0세에서 90세)에 적용이 가능하며, 자조, 이동, 작업, 의사소통, 자기관리, 사회와 등가 같은 6개 하위영역으로 구성되어 있다. 검사 소요시간은 면담형 20~60분, 그리고 보호자 평정형은 30~60분이 소요된다.

바인랜드 사회성숙도검사는 지적장애의 평가와 진단 등 다양한 장애의 임상적 진단을 위하여 사용되고 있으며, 발달적 평가로 어린 아동의 발달 측정이 가능하다. 또한 검사결과에 기초하여 교육, 훈련, 치료지원을 위한 프로그램 개발이 용이하다는 장점이 있다.

4. 특성

1) 언어적 특성

언어 능력과 지적능력은 밀접한 관계가 있으므로 지적장애아동의 언어적 결함은 어쩌면 당연한 문제일 수 있다. 특히 부정확한 발음으로 인해 조음장애로 진단되는 것은 매우 흔한 일이다. 황보명과 김경신(2010)은 지적장애아동의 언어적 특성을 언어의 구성요소에 따라 나누어 밝혔다. 먼저 형식면에서 일반아동과 동일한 문장 발달은 보이나 주어를 정교화 하거나 비교하는 절이 적고 짧으며, 단어 관계보다 단어 순서를 우선시 하는 특성을 보인다. 의미면에서 어휘 증가량이 적으며, 다양한 의미론적 단위를 잘 사용하지 못하고, 좀 더 구체적인 의미 단어를 사용한다. 그러나 다운증후군 아동은 문맥 의존에 따라 단어 의미를 학습할 수 있다. 마지막으로 사용(화용)면에서 요구하기가 지체되어 있고, 대화 역할이 주도적이지 않지만 명료화 기술이나 제스처 및 의도 양상은 일반아동과 유사하다고 밝혔다. 또한 언어와 자기조절 능력과의 관계성에 따라 언어 능력의 지체는 자기조절 실패로 연결되어 행동적 문제로 직결될 수도 있다.

2) 인지 및 학업적 특성

일반적으로 지적장애아동은 인지 결함으로 인해 정보 처리 과정에서 많은 문제를 보인다. 정보 처리를 위해 요구되는 집중에서 한계를 보인다. 즉 짧은 집중 시간(주의집중 유지), 좁은 범위의 집중(주의집중 범위), 그리고 자신에게 필요한 정보의 선택(선택적 주의집중)에 까지 어려움을 보인다. 주의집중은 학습을 위한 주요 능력이다. 이러한 능력의 결함은 결국 정보를 받아들이고 처리하고 저장하는 부호화 과정에 부정적인 영향을 미친다. 따라서 지적장애아동의 효율적인 학습을 위해서는 주의집중이나 부호화, 계획하기 기능 등의 인지적 기초 능력을 중심으로 개인의 인지적 특성에 맞는 과제를 제시하고 학습시켜 주어야 한다. 지적장애아동들의 단기기억 능력 부족은 익히 잘 알려진 사실이다.

단기기억을 거쳐 장기기억으로 가는 인지과정을 생각해볼 때 단기기억의 결함은 기억저장의 비효율성을 초래할 것이며 정보처리 과정에 어려움을 제공한다. 따라서 단기기억을 위한 학습전략은 무엇보다도 중요하다. 가능한 작은 단위로 된 과제를 나누어 제시하되 아동이 할 수 있는 단계로 시작하여 성공 경험을 하게 해야 하며, 반복적인 학습으로 효율성을 증가시켜야 한다. 시연이나 초인지 전략을 이용한 자기관리 방법의 접근도 권하고 있는 실정이다.

3) 심리사회적 특성

지적장애는 지적능력뿐만 아니라 적응행동이 진단평가의 동일 요소로 포함된다. 이는 사회적 기술이 이들을 정의하는 데 중요한 요소가 된다는 것이다. 다시 말해 사회적 기술 결함은 지적장애아동의 특성이라 할 수 있는데 많은 학자들이 이들의 제한된 사회성 기술을 증진시키기 위한 다양한 연구들에서 그 중요성을 입증하고 있다.

지적장애아동들은 반복되는 실패로 인해 위축된 심리와 낮은 자존감, 그리고 부정적인 자아개념 또한 심리적 특성으로 분류된다. 이는 선천적이라기보다 경험의 실패에서 오는 것이기 때문에 적절하고 충분한 지원이 필요하다. 사회적 기술을 증진시키기 위하여 통합교육의 중요성이 강조되고 있다. 또래와의 상호작용 경험이 다양할수록 사회적 기술이 향상되는 것은 자명한 사실이다. 결과적으로 지적장애아동의 심리사회적 특성을 지원하기 위한 방안에 사회적 기술 향상이 있으며, 또래와의 상호작용이 효율성을 보장한다는 것은 많은 시사점을 제공하고 있다.

5. 지원 방안

1) 인지교수법

(1) 초인지 전략

지적장애아동의 인지능력을 극대화할 수 있는 방법에 초인지 전략이 있다. /가/라는 글자를 알고 있으면 가로와 세로를 지도할 수 있다. /가/라는 글자에서 모음의 /ㅏ/를 가로로 길게 쓸 수 있다. 이를 활용하여 가로를 지도할 수 있다. /종적/ 및 /횡적/ 지도에서도 종(bell)의 추를 연상시키는 초인지 전략을 활용하면 종적과 횡적을 지도하는데 용이하다. 초인지 전략은 지적장애아동만이 아니라, 모든 아동에게 적용할 수 있다. 교사는 지적장애아동의 조그마한 능력을 활용하여 학습목표 도달을 용이하게 만들 수 있다. 이를 통하여 지적장애아동은 학습의 무기력 등에서 벗어날 수 있다.

(2) 주의집중

지적장애아동의 주의집중을 개선할 수 있는 전략의 예는 다음과 같다.

예 일상생활에서 흥미를 보이는 물건과 신체 부위 등을 활용하여 중요성 인식시키기

- 일상생활에서 흥미를 보이는 물건과 신체 부위 등을 활용하여 중요성을 인지시키기 위하여 원인과 이유를 자극과 반응으로 이해시키기
- 자극('팔'이라고 교사가 이야기할 때)에 따른 반응(아동은 '팔을 들어올리기')에 강화하기
- 학습의 과제 수 및 난이도 조절하기
- 흥미를 보이는 내용에 대하여 조건을 제시하지 않기(**예** 운전에 흥미를 보일 경우에 운전면허증이 필요하다든지 또는 운전면허증 발급을 위해 한글공부를 열심히 해야 하는 당위성을 조건으로 제시하지 않기)

• 자신의 생각을 표현할 수 있는 기회 제공하기

2) 적응행동기술 지원

(1) 낮은 자존감

자존감은 자신을 존중하고 사랑하는 주관적 느낌이다. 지적장애아동의 특성 중에서 낮은 자존감이 있다. 그러나 자존감은 살아있는 구조이므로 언제든지 변할 수 있다. 긍정적 자존감 또는 높은 자존감을 가질 수 있는 지원이 중요하다. 자존감이 높은 사람은 계속해서 바람직한 행동을 지속시키는 특성을 보인다. 따라서 지적장애아동도 자신의 자존감을 높이는 계기를 경험하게 되면 계속해서 자신의 자존감 향상을 위해 노력할 수 있다는 것이다.

지적장애아동은 교실 수업보다 다양한 체험활동을 좋아한다. 지적장애아동의 현장체험활동은 자아 인식에 긍정적 영향을 미친다는 연구결과가 많다. 실제상황에서 직접 체험하고 느끼고 생각하는 기회는 지적장애아동의 자존감 향상에 도움을 제공하는 역할 요인으로 분석되었다.

여러 환경과 상황에서 지적장애아동이 자존감을 느낄 수 있는 외적 도움은 결과적으로 칭찬이다. 현장체험활동 등에서 지적장애아동이 경험한 내용에 대하여 만족해 할 때, 또는 만족할 수 있도록 강화할 수 있는 방법이 칭찬이다.

(2) 사회성 발달

사회적 기술은 적응행동기술의 중요 영역이다. 그리고 사회성은 사회에 적응하는 사람의 능력과 대인관계 기술 등을 포함한다. 따라서 사회성 기술은 사회성 발달의 주요 요인임을 알 수 있다. 지적장애아동의 사회성 발달을 위한 많은 연구들을 분석해 보면, 태권도 등과 같은 스포츠 활동, 무용, 그리고 협동학습 및 활동 등과 같이 집단에서의 활동 중심 경험이 주요 독립변인으로 작용하고 있다. 지적장애아동의 사회성 발달을 위한 프로그램 구성에 참고할 수 있을 것이다.

(3) 자기결정기술

자기결정기술은 외부의 간섭이나 영향 없이 자신의 삶의 질에 대한 선택과 결정을 주체적으로 할 수 있는 능력이다. 그러나 자기결정기술을 함양시키기 위해서는 단위 시간의 수업과 가정생활의 결과로 나타난다는 점에 주목해야 한다. 교실수업에서의 자기결정기술 향상 방안을 제시하면 다음과 같다.

중증 지적장애아동의 미술수업을 가정한다. 교사는 칠판에 다섯 가지의 그림을 붙여 놓았다. "가영아! 어느 그림을 그리고 싶니?"라고 물으면서 첫 번째의 "토끼?" 두 번째의 "피노키오?" 세 번째의 "하마?" 네 번째의 "호랑이?" 다섯 번째의 "백설 공주?" 등을 가리키면서 지적장애아동과 상호작용한다. 비록 음성으로 표현하는데 어려움이 있지만, 교사는 아동의 의사를 알 수 있다. 아동이 선택한 그림을 교사가 직접 그려준다. 아동이 그림을 그릴 수 없기 때문이다. 교사가 그려주는 그림을 보는 것으로도 교육이 된다. 또한 교사가 그려준 그림에 색깔을 입히는 노력에서 열정을 발견할 수 있다. 교사는 아동의 그림을 게시판 또는 교실의 공간에 부착하는 배려도 요구된다. 이와 같은 과정을 통하여 지적장애아동은 자신의 의사를 표현하게 되고, 결과적으로 게시된 그림을 보면서 자기결정기술을 향상시킬 수 있다.

(4) 언어지도

언어는 계급구조이다. 음운-어휘-구문-의미-화용론의 순서로 발달한다. 음운에 문제가 되면, 어휘를 발성할 때 어려움은 지속된다. 따라서 지적장애아동의 언어지도 중에서 발성과 관련되는 조음지도가 주요 과제가 된다. 지적장애아동의 80% 정도가 조음장애를 보인다. 말장애 중에서 조음장애는 지적장애아동에게 가장 높은 발생 비율을 보인다. 그래서 조음장애를 가진 지적장애아동의 조음지도 방법에 대하여 설명하고자 한다.

짝자극 기법을 활용하면 좋은 효과를 볼 수 있다. /곰/과 /공/을 짝으로 설명하고자 한다. 지적장애아동이 /공/을 /곰/이라고 발성한다. 그러면 /곰/으로 발성을 하도록 한다. 아기 곰, 엄마 곰, 아빠 곰 등과 같이 /곰/으로 발성을 계속하게 한다. 처음부터 /곰/ 발성에 문제가 없었으므로 지도에 어려움은 없다. 다음에 /곰/과 /공/을 구분하는 변별단계로 진행한다. 변별단계에서 지적장애아동은 /공/을 쉽게 인지하고 발성할 수 있다. 장점을 활용하는 방법이다.

언어는 계급구조이므로 일반적으로 화용론에 문제가 있는 지적장애아동의 대부분은 IQ70 이하이다. IQ60 이하의 경우는 화용론과 의미론 지도에 어려움을 보이는 경우가 많다. IQ50 이하의 경우는 화용론, 의미론, 그리고 구문론 지도에 한계가 있으며, IQ40 이하의 경우는 어휘지도에 많은 시간을 할애해야 한다. IQ30 이하의 지적장애아동은 발성지도에 어려움을 보이는 경우가 많다. 그러나 연령의 증가에 따라서 언어지도의 가능성은 점차 높아진다. 따라서 언어발달의 구조와 지적장애아동의 특성을 고려하여 언어지도의 효율성을 보장할 수 있어야 할 것이다.

3) 생태학적 지원

지적장애아동의 생태학적 접근은 아동과 환경간의 상호관계에 초점을 두고 아동을 둘러싼 다양한 환경을 고려해 교육과정을 개발하는 과정이다. 아동의 현재와 가까운 미래 상황에서 환경에 적응해 살아갈 수 있도록 기능적이고 의미 있는 기술을 가르치는 것이다. 생태학적 접근은 상황 속에서 개인의 다양한 변화 가능성을 제시함으로써 지적장애아동 지원에 대한 당위성을 제공한다. 또한 생태학적 접근을 통한 지원 체계는 지적장애아동과 그들이 처한 환경과의 상호작용에 중점을 두고 다양한 차원을 고려한 체계적인 지원에 대한 이론적 근거를 제공한다(Gargiulo & Kilgo, 2000). 생태학적 접근은 또한 장애의 정도 등을 초월하여 장애에 대한 자신 및 사회의 인식변화를 견인할 수 있다. 지역사회 환경에서 지적장애아동이 생활하면서 목적지에 맞는 버스의 승하차, 좋아하는 식당에서의 음식 주문, 그리고 주민센터에서의 민원처리 등과 같은 기능적 접근은 자신의 지역사회 생활에 대한 어려움을 해소할 수 있으며, 나아가 지역사회 사람들의 긍정적 이해를 견인하는 역할을 담당할 수 있다.

> **학습평가**
>
> 1. 지적장애의 개념과 정의에 대하여 설명할 수 있는가?
> 2. 지적장애의 원인과 진단평가에 대하여 설명할 수 있는가?
> 3. 지적장애아동의 특성과 지원방안에 대하여 이해하고 적용할 수 있는가?

참고 문헌

교육부(2018). 특수교육연차보고서. 교육부.

김일명, 김원경, 조홍중, 허승준, 추연구, 윤치연, 박중휘, 이필상, 문장원, 서은정, 유은정, 김자경, 이근민, 김미숙, 김종인, 이신동(2013). 최신특수교육학. 서울: 학지사.

문수백, 변창진(2002). K-ABC. 서울: 학지사.

박승희, 김수연, 장혜성, 나수현 (역)(2011). 지적장애: 정의, 분류 및 지원체계 : AAIDD 정의 매뉴얼 11판 (미국지적장애및발달장애학회 용어와 분류 특별위원회). 파주: 교육과학사.

박정식(2010). AAIDD 11차 지적장애 정의와 분류 체제의 함의. 지적장애연구, 12(4), 1-19.

백은희(2010). 정신지체: 이해와 교육. 파주: 교육과학사.

백은희, 이병인, 조수제(2007). 한국판 적응행동검사. 서울: 학지사.

이영철(2010). '지적장애' 용어의 변화와 최근 동향. 지적장애연구, 12(3), 1-24.

장혜성, 김수진, 김호연, 최승숙, 최윤희(공역)(2014). 특별한 학습자를 위한 특수교육. 서울: 학지사.

장임석, 이재범, 서인석(2017). 생활 속으로 들어간 미세먼지. 한국방재학회지,17(3), 6-12.

최성규, 황석윤(2009). 정신지체아동의 지능지수와 어휘연령의 상관관계 및 어휘연령에 기초한 정신연령 산출 방안 연구. 특수교육재활과학연구, 48(4), 149-167.

황보명, 김경신(2010). 지적장애아동 언어치료. 서울: 학지사.

황석윤, 최성규(2011). 정신지체아동의 지능지수에 근거한 어휘 발달 특성 연구. 특수교육재활과학연구, 50(3), 333-350.

Gargiulo, R. M., & Kilgo, J. (2000). *Young children with special needs: An introduction to early childhood special education*. Alvany, NY: Delmar.

http://www.mercerpublishing.com/wisc-v/?msclkid=4975201dae751875e0137c40b58acf11

http://www.myschoolpsychology.com/test-tools/wisc-5/

4장 자폐범주성장애의 이해

> **학습목표**
>
> 1. 자폐범주성장애의 정의와 원인을 설명할 수 있다.
> 2. 자폐범주성장애의 특징을 설명할 수 있다.
> 3. 자폐범주성장애의 원인과 지원방안에 대해 설명할 수 있다.

    1943년 Leo Kanner는 다른 장애아동에게서는 나타나지 않는 특징을 보이는 11명의 아동을 선별한 후 그들을 유아 자폐증(infantile autism)이라고 명명하였다. 유아 자폐증은 사회적 환경에 대해서는 결코 관심을 보이지 않는 반면, 생명이 없는 환경(inanimate environment)에 대해서는 극도의 관심을 보이는 특성이 있었다. 그러나 자폐증 아동을 위한 교육과 치료를 통해 그들은 희망과 가능성을 찾을 수 있었다. 그래서 자폐증 또는 자폐성장애라는 명칭을 오늘날 자폐범주성장애(autism spectrum disorders)라는 용어로 변경하게 되었다. 4장에서는 자폐성장애와 자폐범주성장애를 동의어로 설명하는 경우가 많다.

1. 개념 및 정의

1) 개념

자폐증(autism)은 자폐성(autistic)과 구별된다. 자폐증은 자폐를 의미하지만, 자폐성은 자폐성향이 있는 것이다. 또한 자폐성은 지적장애, 청각장애, 지체장애 등과 같은 다른 장애유형의 아동에게도 수반될 수 있다. 그래서 오늘날 자폐범주성장애로 명칭을 결정하였다. 과거 우리나라는 미국 또는 유럽과는 달리 자폐 또는 자폐범주성장애를 정서장애에 포함시켰다. 그러나 「장애인 등에 대한 특수교육법」의 제정과 함께 자폐 또는 자폐범주성장애를 정서·행동장애아동과 구분하여 분류하고 있다.

자폐범주성장애의 특성에는 의사소통의 일방성 또는 상호작용의 한계, 사회적 상호작용의 어려움, 그리고 관심을 보이는 영역과 활동 등에서 동일 발달단계의 또래와 차별성을 보인다. 〔그림 4-1〕은 자폐범주성장애의 특징을 벤다이어그램으로 설명하고 있다. 의사소통, 사회적 상호작용, 그리고 관심과 활동 영역에서 한두 가지 또는 모든 영역에서의 행동 특성이 또래와 차별성을 보인다.

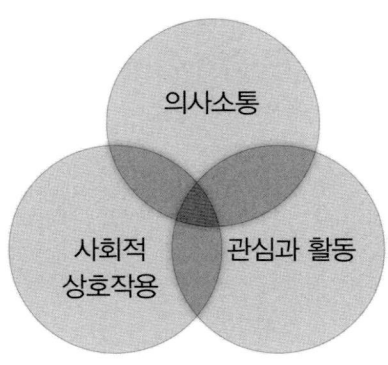

〔그림 4-1〕 **자폐범주성장애의 특징**

자폐범주성장애아동은 발달단계에서 요구되는 행동, 기술, 선호, 기능, 수행, 학습 등에서 매우 다양한(이질적인) 특성을 보인다. 자폐범주성장애를 진단평가하려는 노력은 어떤 한 개인의 특징을 적절하게 기술하는 수준이 아닌, 장애의 특성을 일반화시킬 수 있는 개념을 정립하기 위함이다. 그 결과 자폐범주성장애아동의 보편성을 나타내는 세 가지 영역에서의 특성은 다음과 같이 설명되고 있다(신현기 외, 2008).

(1) 의사소통(communcation)

① 구어 발달의 전무 및 지체
② 몸짓과 같은 의사소통 대체양식 사용의 결함
③ 사람을 '도구'로 사용
④ 반향어(즉시성 또는 지연성 반향어)
⑤ 대명사 대체 사용의 어려움
⑥ 비문자적 언어 이해의 어려움
⑦ 비언어적 의사소통의 결함

(2) 사회적 상호작용(socialization)

① 다른 사람들의 존재를 의식하지 않음
② 사회적 관습을 무시하는 것처럼 보임
③ 다른 사람의 음성에 반응을 보이지 않음
④ 공동주의집중과 사회적 수용 기준의 결여를 보임
⑤ 좋아하는 주제에 관한 단순한 사실에 대해서만 다른 사람과 공유하는 것을 선호함
⑥ 상호적으로 우애적 관계 형성에 어려움을 보임

(3) 관심과 활동(interests and activities)

① 하나의 사물 또는 형상에 지속적이고 독특한 흥미를 보임
② 사물의 특정 부분이나 개별적인 사실에 대하여 흥미를 보임

③ 선호하는 활동에 대하여 몰입함

④ 동일성에 대한 집착을 보임

⑤ 자기자극 행동이나 상동행동 등의 반복적 신체 움직임을 보임

⑥ 감각자극에 대한 비정상적 반응을 보임

2) 정의

(1) 장애인복지법

「장애인복지법」은 장애인과 관련된 대한민국의 법으로 장애인복지에 관해 필요한 사항을 정하고 있다. 1981년 6월 「심신장애자복지법」이라는 이름으로 제정되었으며, 1989년 12월에 「장애인복지법」으로 개정되었다. 2019년 6월 개정된 「장애인복지법 시행규칙」에 의거하여 설명하고자 한다. 발달장애는 자폐성장애로 용어가 변경되었다. 「장애인복지법 시행규칙」에서는 자폐성장애인을 〈표 4-1〉과 같이 명시하고 있다.

〈표 4-1〉 「장애인복지법 시행규칙」의 자폐성장애인

자폐성장애인(장애의 정도가 심한 장애인에 해당함)
제10차 국제질병사인분류(International Classification of Diseases, 10th Version)의 진단기준에 따른 전반성발달장애(자폐증)로 정상발달의 단계가 나타나지 않고, 기능 및 능력 장애로 일상생활이나 사회생활에 간헐적인 도움이 필요한 사람

(2) 장애인 등에 대한 특수교육법

「장애인 등에 대한 특수교육법」에 따르면 자폐범주성장애 특수교육대상자는 사회적 상호작용과 의사소통에 결함이 있고, 제한적이고 반복적인 관심과 활동을 보임으로써 교육적 성취 및 일상생활 적응에 도움이 필요한 사람을 말한다.

(3) 기타 정의

미국의 장애인교육법(Individuals with Disabilities Education Act: IDEA) (U.S.Department of Education, 2004)은 자폐증(autism)의 정의를 〈표 4-2〉와 같이 제시하고 있다. 〈표 4-2〉의 세 번째 항목에서 알 수 있듯이 장애인교육법의 자폐증 정의는 늦은 출현연령 때문에 자폐장애의 준거에 맞지 않는 경우인 '비전형 자폐증'도 포함하고 있다.

〈표 4-2〉 미국 장애인교육법의 자폐증 정의

(i) 자폐증은 일반적으로 3세 이전에 나타나며, 구어 및 비구어 의사소통과 사회적 상호작용에 심각한 영향을 미침으로써 아동의 교육적 수행에 부정적인 영향을 미치는 발달장애를 의미한다. 자폐증은 흔히 동반되는 다른 특성들로는 반복적인 활동 및 상동적 동작, 환경적인 변화나 일과의 변화에 대한 저항, 감각적 경험에 대한 비정상적인 반응 등이 있다.

(ii) 자폐증은 아동의 교육적 수행이 일차적으로 정서장애 때문에 부정적인 영향을 받게 되는 경우에는 적용되지 않는다.

(iii) 3세 이후에 자폐증의 특성을 보이는 아동도 앞서 기술된 (i)의 준거를 만족시킨다면 자폐증을 지닌 것으로 판단될 수 있다.

미국 정신학회에서의 자폐범주성장애의 정의는 신경 발달장애군으로 사회적 의사소통과 상호작용에서의 지속적인 결핍, 행동과 흥미의 제한적으로 반복적인 형태가 특징인 장애유형으로 정의하고 있다.

3) DSM-IV에 기술된 전반적 발달장애 분류

자폐범주성장애의 다섯 가지 하위유형은 자폐성장애, 아스퍼거장애, 레트장애, 소아기 붕괴성장애, 비전형 전반적 발달장애가 있다. 다섯 가지 유형에 대한 설명은 다음과 같다.

(1) 자폐성장애

자폐성장애(autistic disorder)는 극도의 사회적 위축, 인지적 결함, 언어장애, 상동행동으로 행동지어지는 전반적 발달장애로 30개월 이전에 발생한다.

(2) 아스퍼거장애

아스퍼거장애는 언어발달과 의사소통에서 결함은 관찰되지 않으나, 또래의 연령에 적합한 언어 사용과 기술에서 지체를 보인다. 운동기능의 발달에 있어서 지체를 보일 수 있으며 정서적·사회적 발달에서 결함을 보이는 특성이 있다.

(3) 레트장애

레트장애는 최소한 5개월 정도까지는 정상적인 발달을 보이다가 4세까지 두뇌 성장속도가 느려지면서 심리운동 기술의 상실과 심각한 표현 언어 및 수용 언어의 손상이 나타나며 일반적으로 지적 장애를 동반하는 특징을 보인다.

(4) 소아기 붕괴성장애

2세부터 10세까지의 정상적인 발달을 보인 후에 이미 습득했던 사회적 기술, 언어, 자조기술 또는 놀이 기술을 상실하게 되며, 결과적으로 사회적 상호작용이나 의사소통에 있어서의 질적인 결함과 상동행동을 보인다.

(5) 비전형 전반적 발달장애

매너리즘, 부적절한 사회적 행동, 상황에 맞지 않는 지체된 말과 언어발달, 그리고 비정상적인 사회적 관계 등의 특징을 보이는 심각한 발달장애로 설명된다. 비전형 자폐증(atypical autism)이라고도 하며, 전반적 발달장애의 하위 유형의 특성을 보이지 않거나 경도의 증후를 보일 때 비전형 전반적 발달장애로 진단되기도 한다.

4) DSM-IV와 DSM-5의 차이점

① DSM-5에서는 전반적 발달장애라는 용어 대신 '자폐범주성장애'를 공식진단명으로 사용함.
② DSM-IV에서 제시되었던 하위유형 중 '레트장애'를 ASD에서 분리하고, 다른 하위유형의 진단명을 삭제하고 통합함.
③ DSM-IV에서 범주적 접근에서 차원의 틀로 변화된 자폐범주성장애 증후에 대한 지속적 측정을 통해 개인의 결함 및 능력수준을 중점적으로 기술하고자 함.
④ 두 가지 핵심준거의 수행결함 정도에 따라 수준을 제시함(1수준: 지원 요구, 2수준: 실질적인 지원 요구, 3수준: 매우 실질적인 지원 요구)
⑤ DSM-IV에서 전형적인 자폐성장애, 아스퍼거장애, 소아기 붕괴성장애, 비전형 전반적 발달장애의 기준에 부합하여 진단을 받은 경우에서 DSM-5의 자폐범주성장애로 진단을 통합함.
⑥ DSM-5에서 사회적 의사소통 및 상호작용에서 현저한 결함을 가지고 있다 하더라도 자폐범주성장애 진단 준거에 부합하지 않는다면 사회적(화용적) 의사소통장애로 평가됨.

5) DSM-5의 자폐범주성장애 진단 기준

> A. 다양한 맥락에서 사회적 의사소통과 상호작용의 지속적인 결함을 보이며, 이는 다음의 세 가지 모두가 지속적으로 나타난다.

(1) 사회 및 정서적 상호성에서의 결함

① 비정상적인 사회적 접근과 주고받는 일반적인 대화의 실패
② 관심, 정서, 애정 등의 공유에 제한적
③ 사회적 상호작용에 반응하는 데 어려움

(2) 사회적 상호작용을 위해 사용하는 비언어적 의사소통 행동에서의 결함

① 언어 및 비언어적 의사소통을 통합적으로 사용하는 데 어려움
② 눈맞춤, 몸짓과 같은 비언어적 행동에서의 비정상성
③ 몸짓의 이해 및 사용의 결함, 얼굴 표정과 비언어적 의사소통에서의 전반적 결함 등

(3) 사회적 관계 형성과 유지, 이해의 결함

① 다양한 사회적 맥락에 맞게 행동하는 데 어려움
② 상상놀이를 공유하거나 친구를 만드는 데 어려움
③ 또래에 대한 관심이 없음

B. 제한적이고 반복적인 동작, 사물 또는 말의 사용

(1) 상동적이거나 반복적인 동작, 사물 또는 말의 사용

① 단순한 상동적인 동작
② 장난감을 길게 줄 세우기
③ 사물 흔들기
④ 반향어 사용, 특이한 어구의 사용 등

(2) 동일성에 대한 고집, 판에 박힌 일과에 집착, 언어 또는 비언어적 행동의 의례적 패턴

① 작은 변화에 과도한 불안증세
② 전이의 어려움, 경직된 사고 패턴
③ 판에 박힌 인사하기 일과

④ 매일 동일한 일과 또는 동일한 음식 섭취에 대한 요구

(3) 정도나 초점이 비정상적인 매우 제한적이고 한정적인 흥미

① 특이한 사물에 대한 분명한 무감각
② 특정 소리나 감각에 대한 혐오적 반응
③ 과도하게 냄새를 맡거나 사물을 만짐
④ 빛이나 움직임에 대한 과도한 시각적 흥미

> C. 증후가 초기 발달 시기에 나타나야만 한다.
> D. 증후가 사회적·직업적 또는 현재 기능 수행의 다른 중요한 영역에서 임상적으로 유의미한 결함을 유발한다.
> E. 이러한 어려움이 지적장애로 설명이 되어서는 안 된다. 지적장애와 자폐범주성장애는 자주 공존한다. 자폐범주성장애와 지적장애로 동시에 진단이 되려면 사회적 의사소통이 일반적인 발달에서 기대되는 수준보다 낮아야 한다.

2. 원인

1) 생의학적 요인

자폐범주성장애에 유전적 요인이 작용하는 것으로 알려져 있다. 유전가능성 추정치는 쌍생아 일치율을 근거로 했을 때 37%부터 90% 이상까지 나타나고 있다. 현재 자폐범주성장애 사례의 15% 정도는 알려진 유전적 돌연변이와 관련되어 있는 것으로 보이는데, 이러한 유전적 돌연변이에는 다양한 신규 복제수변이(de novo copy number variant)

또는 특정 유전자의 신규 돌연변이(de novo mutation)가 있다. 하지만 알려진 유전적 돌연변이와 관련된 경우라도 그 유전적 돌연변이가 완전히 침투한(full penetrant)것으로는 보이지 않는다. 나머지 사례들과 관련된 위험은 다인자적 요인으로 설명된다(APA, 2013).

2) 환경적 요인

자폐범주성장애의 원인과 관련하여 심리학적 요인이 지배적인 이론이었다. 애정결핍은 심한 심리적 스트레스를 제공하게 되어 아동은 주의를 자신의 내부로 돌리게 되고 외부세계로부터 고립되고 외부세계에 반응하지 않게 된다. 자폐범주성장애의 근본적인 원인을 애정결핍을 제공하는 환경에 있다고 주장하면서 '냉장고 엄마'라는 용어가 조어되기도 하였다.

3. 진단평가

1) 선별 기준

자폐범주성장애는 2대 주요 증상을 보이는데 하나는 사회적 의사소통과 사회적 상호작용의 지속적인 결함이고, 다른 하나는 제한적이고 반복적인 행동, 관심, 또는 활동 패턴이다. 〈표 4-3〉은 DSM-5에 제시된 자폐범주성장애의 진단기준으로써 A의 3개 항목 중에서 3개 전체, 그리고 B에서 4개 항목 중 2개 이상으로 평가되고, 이러한 증상들이 발달기 초기에 나타나야 한다. 특히 유의할 점은 다른 장애에 의한 영향의 유무에 대한 판단이다.

자폐범주성장애가 다른 장애와 중복될 경우도 있다. 특히 지적장애와 자폐범주성장애는 동시에 나타날 가능성이 높다. 자폐성장애, 아스퍼거장애, 소아기 붕괴성 장애, 비전형 전반적 발달장애로 확진이 된 경우는 자폐범주성장애로 진단을 내려야 한다. 자폐범주성장애로 확정하지 못하는 경우는 다른 장애의 영향을 알아보기 위하여 사회적 의사소통장애에 대한 진단평가가 요구된다. 그래서 DSM-5의 자폐범주성장애 진단준거에서는 지적 손상 및 언어 손상의 동반 여부를 구분하도록 규정하고 있다. 만약 알려진 의학적 또는 유전적 조건이나 환경적 요인과 연관되어 있거나 다른 신경 발달적, 정신적 또는 행동적 장애와 연관되었을 경우에는 그러한 조건, 요인, 장애가 명시되어야 한다.

〈표 4-3〉 DSM-5의 자폐범주성장애 진단준거

A. 다양한 맥락에서의 사회적 의사소통과 사회적 상호작용의 지속적인 결함

다음 세 가지가 현재 나타나고 있거나 나타난 내력이 있다.

사회적-정서적 상호성에서의 결함
사회적 상호작용을 위해 사용되는 비언어적 의사소통 행동에서의 결함
관계의 형성, 유지, 이해에서의 결함

B. 제한적이고 반복적인 행동, 관심, 또는 활동 유형

다음 중 적어도 두 가지가 현재 나타나고 있거나 나타난 내력이 있다.

상동적이거나 반복적인 동작성 움직임, 물건 사용, 또는 말
동일성 고집, 일상 활동에 대한 완고한 집착, 의식화된 언어적 혹은 비언어적 행동 유형
강도나 초점이 비정상적인 매우 제한적이고 고착된 관심
감각적 입력에 대한 과대반응 혹은 과소반응, 환경의 감각적 측면에 대한 이례적인 관심

C. 증상들은 발달기 초기에 나타나야 한다.

D. 증상들은 현재 기능의 사회적, 직업적, 또는 기타 중요한 영역에 임상적으로 유의미한 손상을 야기한다.

E. 이러한 특성이 지적장애(지적 발달장애) 또는 전반적 발달지체가 우선적으로 나타나는 것으로 설명되지는 않는다. 지적장애와 자폐범주성장애는 흔히 동시에 발생한다. 자폐범주성장애와 지적장애의 공존진단을 내리려면 사회적 의사소통이 일반적 발달수준에서 기대되는 바에 미치지 못해야 한다.

- 주의사항: DSM-IV에 의해 자폐장애, 아스퍼거장애, 또는 불특정 전반적 발달장애로 확진된 개인들에게는 자폐범주성장애 진단을 내려야 한다. 사회적 의사소통에 현저한 결함은 가지고 있으나 자폐범주성장애의 준거를 만족시키지 못하는 개인은 사회적 의사소통장애에 대한 평가를 받아야한다.

- 다음 사항들을 명시
    - 지적 손상의 동반 여부
    - 언어 손상의 동반 여부
    - 의학적 또는 유전적 조건이나 환경적 요인
    - 연관된 다른 신경발달적, 정신적, 또는 행동적 장애
    - 긴장증 동반 여부

2) 평가 방법

(1) 적응행동검사

적응행동은 개인이 주어진 사회적 환경에 효율적으로 대처할 수 있는 능력을 말한다. 특히 중증 발달장애아동이나 신체장애아동들이 소속된 사회적 집단 속에서 어느 정도 독립적으로 일상생활을 유지하며 주위 환경에서 요구하고 있는 기대수준에 부응할 수 있는지를 나타낸다. 적응행동은 발달 단계에 따라 다음의 영역으로 세분화 될 수 있다. 즉 유아기와 아동 초기에는 감각-운동기술, 의사전달기술, 자조기술, 사회화 등의 영역으로 나타나며, 아동기와 청년 초기에는 기본적인 학문을 일상생활에 적용하는 기술, 적절한 추리력과 판단력을 적용하여 환경에 대처하는 기술, 사회적 기술 등의 영역으로 나타나고, 청년후기와 성인기에는 직업생활과 사회적 책임의 수행으로 나타난다. 따라서 "적응행동"이란 동일 연령이나 문화를 가진 집단에서 기대되는 사회적 책임감, 개인적 독립, 학습과 성숙의 적정 수준에 효과적으로 대처하는 개인의 능력을 말한다. 이것은 표준화된 검사법과 임상적 판단에 의해 평가되며 사회지수(SQ)로 표시되기도 한다.

(2) 성격진단검사

일반적으로는 표준화된 검사를 가리키며, 넓은 뜻으로는 평정법, 투영법 형식의 검사도 포함된다. 성격검사는 ① 이상자의 진단 ② 학교에서의 부적응아·문제아의 발견 ③ 진로 지도의 자료 ④ 기업에서 사원의 채용·배치 등에 널리 이용된다. 성격검사를 검사방법으로 분류하면 다음과 같다.

① **질문지 목록법**: 성격에 관한 몇 개의 짧은 질문항목에 '예', '아니오' 등의 간단한 대답을 하는 것. 검사와 같이 단순히 외향성과 내향성을 검사하는 것이라든지 미네소타 다면인격목록(MMPI)과 같이 다차원의 성격을 보는 것까지 다수의 검사가 있다.

② **평정법**: 개인을 직접 면접하거나 일상적인 행동이나 태도를 관찰하여 그 결과를 일정한 척도에 따라서 수량화하는 것.

③ **작업검사법**: 일정한 작업을 시키고, 작업의 경과와 결과에서 성격을 파악하려고 하는 것. 우치다·크레페링 정신작업검사가 널리 알려져 있다.

④ **투영법**: 다의적인 지각자극을 이용하여 그것을 어떻게 보며, 선택하고, 구성하는가를 검사한다. 이 검사의 특징은 의식적인 면만이 아니라 무의식적인 경향까지도 진단이 가능하다는 점이다. 대표적인 검사로서는 로르샤흐검사·주제통각검사·연상검사·문장완성법·인물화법·모자이크검사 등이 있다. 성격검사를 이용함에 있어서는 목적에 알맞은 검사를 선택하는 것, 인간의 성격은 본래 다면적이고 복잡한 것이므로 많은 검사항목을 갖는 일 혹은 몇 개의 검사를 섞어 사용하는 것이 중요하다.

(3) 행동발달평가

행동발달평가란 행동에 선행하는 사건(상황)과 행동이 수반하는 결과에 초점을 맞춰 인간의 행동 특성을 평가하는 심리 평가 기법의 한 종류이다. 행동발달평가는 고전적 조건 형성 및 조작적 조건 형성 연구를 기반으로 행동 치료와 함께 발달했는데, 공포증이나 강박 행동, 공격 행동과 같이 겉으로 드러나는 문제 행동의 내용과 심각도 평가, 평가된 내용을 토대로 한 치료 기법 선정 및 치료 효과 평가 등을 위해 주로 사용된다. 행동발달평가에서는 다양한 방법을 통해 문제 행동을 유발하고 지속시키는 조건을 확인하고, 그 결과로서의 행동을 직접 측정한다. 행동 면담 기법, 행동 관찰 기법, 인지행동적 측정, 정신-생리학적 측정 등이 대표적인 행동발달평가 기법이다.

(4) 학습준비도검사

학습준비도는 여러 관점에서 접근이 가능하다. 학습준비는 동기적 준비, 인지적 준비, 언어적 준비 등이 있다. 자폐범주성장애아동의 학습준비도는 아동의 특성에 따라서 다양하게 나타날 수 있다. 타인과의 관계형성에서 어려움을 보이는 아동은 동기적과 인지적 보다 언어적 준비에 제한적일 수 있다. 특정 사물에 관심을 보이는 아동은 교사의 동기부여에 따라서 동기적 및 언어적 준비는 가능하다. 그러나 자폐범주성장애아동의 학습준비도검사는 학습의 성취에 초점을 두는 경향이 높다. 자폐범주성만이 아니라, 학습준비도검사의 목적이 학습을 수행할 수 있는 능력을 검사하는 것이다. 따라서 초등학교에 입학하여 학습에 어려움을 겪을 것으로 예상되는 아동들을 초등학교 1학년 때 선별하는 것을 주요 목적으로 하는 표준화된 학업성취도 검사이다. 학습준비도검사는 학습자가 학습을 수행함에 있어서 나타나는 지적, 정의적, 신체적, 그리고 사회적 등의 특성을 알아보는 검사이다.

(5) 자폐 진단검사 종류

자폐를 진단평가하는 검사는 다양하게 개발되었다. 검사의 대부분은 검목표로 구성되어 있다.

① 한국 자폐증 진단검사(K-ADS)

3-21세까지의 자폐장애가 의심되는 아동, 청소년을 검사할 수 있으며 상동행동, 의사

소통, 사회적 상호작용 등 3개의 하위검사로 이루어져 있다. 검사 문항은 미국정신의학회의 DSM-IV-TR 진단기준과 미국자폐회의 정의 등을 토대로 구성하였기 때문에 강력한 안면타당도를 가지고 있고, 관찰가능하고 측정 가능한 행동들로 구성되어 있어 진단하고 판별하는 데 효과적이다.

② 이화자폐아동 행동발달 평가도구(E-CLAC)

이화-자폐아동 행동발달 평가도구는 일본에서 제작된 CLAC-II를 모형으로 하여 이화여자대학교 언어·청각 임상센터에서 발달영역과 병리영역을 수정·보완하여 개발한 것이다. 자폐성향이 문제가 되는 연령부터 초등학교 고학년까지의 자폐아동, 지적장애아동, 기타의 장애아동을 대상으로 한다.

③ 한국판 아동기 자폐증 평정척도(Korean-Childhood Autism Rating Scale: K-CARS)

자폐증 아동을 진단하고 그들을 자폐증상이 없는 발달장애아동들과 구별하기 위하여 제작된 행동평정 척도로 미국 정신의학 연구소에서 제작하였고 3세 이상의 아동들을 대상으로 한다.

④ 한국판 영유아기 자폐증 평정척도(Korean-Checklist for Autism in Toddlers: K-CHAT)

18개월 정도의 어린 유아를 둔 부모가 평정자로 수행하는 9개 항목의 자폐증 선별도구로, 1992년에 Baron-Cohen에 의해 처음 개발되었으며 자폐 영유아기들이 초기 발달에서 이상을 보인다고 보고되는 사회적 놀이, 사회적 관심, 가장놀이, 상호 주의하기, 서술적 지적하기 등의 5가지 행동 특징과 자폐아동의 정상적인 발달 수준을 나타내는 것으로 보고되는 9개 영역을 포함하고 있다.

4. 특성

자폐범주성장애는 정서·행동장애의 특성과 유사하게 나타난다. 자폐범주성장애만이 가지고 있는 고유의 특성은 정보처리신호체계의 이상이다.

1) 언어적 특성

자폐범주성장애아동의 언어적 능력은 다양한 특성을 보인다. 자폐범주성에게 나타나는 보편적인 언어적 특성을 정리하면 다음과 같다(최성규, 2011).

(1) 무발어

무발어는 문자 그대로 말을 하지 않는다는 것이다. 말이 들리지 않는 청각장애 또는 최중도 지적장애가 아님에도 불구하고 말을 하지 않는다. 물리적으로는 소리가 뇌에 전달되고 있다. 무발어 아동의 원인은 다양하지만, 대표적인 원인은 상징 기능의 습득 곤란과 음성 반응의 소실로 설명된다. 청각장애아동과 유사한 양상을 보이므로 혼돈하기 쉬우나 청각장애아동은 상대의 표정에 대응하는 능력이 잘 발달되어 있고, 손이나 신체 동작을 이용해 자발적으로 관계를 맺거나 감정적 반응이 적극적이어서 표정 읽기와 대인관계의 형성에 결함이 있는 자폐아동과는 구별된다. 그러나 무발어를 보이는 자폐범주성장애아동 중에는 선택적으로 반응을 보이는 경우도 있다. 자신의 필요에 의하여 음성언어를 사용·표현하는 경우가 있다. 그러나 핵심어를 중심으로 표현되며 정확한 문장을 구사하지 않는 경우가 많다.

(2) 반향어

반향어는 다른 사람이 말한 것을 의미 없이 반복하는 것이라고 정의할 수 있다. 반향어에는 들은 것을 곧바로 반복하는 즉시성 반향어와 듣고 나서 한참 후에 반복하는 지연성 반향어가 있다. 즉시성 반향어는 다른 사람의 발화에 의해 유발된 반응이며, 지연성 반향어는 일정시간 기억된 단어가 이후에 새로운 장면에서 반복하는 것이기 때문에 혼잣말과 구별하기 어렵다.

반향어는 자폐범주성장애아동뿐만 아니라 일반아동에게도 어떤 시기에 현저히 나타나기는 하나, 일반아동의 경우 1세에서 2세경에 나타났다가 사라지는 일시적인 현상인데 비해 자폐범주성장애아동의 경우는 장시간에 걸쳐서 지속적으로 나타나는 증상이며 출현하는 연령이 일반아동에 비해 상당히 늦어지는 경우가 많다. 일반아동에게 나타나는 반향어는 일시적이므로 정상적인 발달과정으로 이해된다. 그러나 자폐범주성장애아동에게 있어서 반향어는 두 가지 시각이 공존한다. 하나는 소거시켜야 하는 병리적 시각이다. 반향어는 사회적 의사소통에 의미가 없으므로 유지시킬 이유가 없다는 것이다. 반면 반향어를 소거하게 되면 그나마 가지고 있던 의사소통 기능이 상실된다는 점이다. 병리적 시각이 아닌 자폐성아동이 나름대로 의사소통을 위한 신호체제를 가지고 있다는 관점에서 소거될 필요가 없다는 것이다.

(3) 제한적이고 고정적인 표현: 문장의 일반화

자폐범주성장애아동은 말을 지나치게 제한적인 의미로 사용하거나, 지나치게 확대한 의미로 사용하기 때문에 흔히 사용되는 의미의 범위를 넘어서는 경우가 많다. 환경의 의미를 이해할 수 있는 의미와 화용적 차원에서 이해되지 않는 표현이 많다. 즉 문맥에 맞지 않는 혼잣말, 상투적인 말, 제한적인 발화 등으로 제한적이고 고정적인 표현을 사용한다고 한다.

제한적이고 고정적인 표현은 문장의 일반화로 설명되기도 한다. 행동의 범주에 해당하는 다양한 사건을 하나의 어휘로 일반화한다는 의미다. 그래서 제한적이고 고정적인 표현이라고도 한다. 과제를 마쳤거나 과제에 흥미를 가지지 못할 경우에는 '집에 가자'는 표현을 연발한다. 이럴 경우에 교사가 과제를 바꿔주거나, 마친 과제에 대하여 검사를 하게 되면 다시 과제를 수행하게 된다. 교사는 직접 담임 또는 부모와의 상담을 통해 문장의 일반화를 보이는 특정 어휘와 문장을 미리 숙지할 필요가 있다.

(4) 기능어의 사용곤란

조사와 접속사 등과 같이 문법적으로 독립해서는 의미를 갖지 못하는 기능어가 있다. 일반아동은 조사를 1세 6개월부터 사용하기 시작하고 3세경이 되면 습득을 마무리한다. 조사의 습득 순서는 격조사와 접속조사의 순이다. 자폐범주성장애아동의 언어발달은 명사가 가장 먼저 발달하고 다음에 동사와 형용사 등의 순으로 출현하지만, 기능어 습득에서 어려움을 보인다. 자폐범주성장애아동이 2단어 이상을 발화해도 단어의 나열에 불과하며 조사와 접속사 등의 기능어 사용에 제한적이다. 조사 등의 사용이 관찰되더라도 잘못 사용하는 경우가 대부분이다. 명사와 명사, 또는 명사와 서술어의 관계성을 인식하는 어려움과 문법적 구조의 변별에 한계가 있음을 원인으로 제시한다.

(5) 억양의 결여와 리듬의 이상

자폐범주성장애아동의 음성의 강도, 크기, 억양 등에서 조절이 어렵다. 이러한 곤란은 청년기까지 지속된다. 음성의 초분절적 특성에서 이상이 나타나는 것은 감정 표현의 결여로 연계된다. 말을 할 때 억양과 리듬이 없이 일정한 강세를 유지하게 되면 감정 전달에 어려움을 제공하는 원인이 된다.

(6) 대인관계에 맞는 적절한 말의 사용 곤란

자폐범주성장애아동은 친인척 관계를 잘 몰라서 인칭 대명사를 반대로 쓰거나, 다른 사람과의 친밀도에 따라서 혹은 주어진 상황에 따라서 상대와의 사회적·심리적 거리를 직관적·경험적으로 생각해서 태도를 정하거나 존칭어 사용이 어렵다. 상황적으로 이해되고 수용될 수 있지만, 자폐성아동은 긴장하거나 형식적인 표현을 계속하기도 한다.

(7) 추상어의 이해와 사용의 곤란

자폐범주성장애아동은 추상어를 이해하기 힘들 뿐만 아니라 사용하는 것은 더욱 어렵다. 상황에 따라 구체적 사고의 범위를 넘을 수가 없기 때문이다. 즉 상황에 따라 여러 의미로 변화 또는 여러 의미를 내포하는 추상어의 이해와 사용이 어렵다. 교사는 자폐범주성장애아동의 추상어 사용이 포함된 문장의 표현에 대한 진의를 알 수 없는 경우가 있다.

2) 인지 및 학업적 특성

자폐범주성장애를 가진 아동 중에는 지적장애를 가진 경우가 많지만, 지적 프로파일의 특성은 개인차가 심하다. 평균 지능이나 높은 지능을 가진 경우에도 지적 프로파일이 고르게 나타나지 않는 경우가 많다(APA, 2013). 일반아동의 지능검사 결과를 프로파일로 제시해보면, 모든 영역에서 일관된 특성을 보이는 것이 대부분이다. 예를 들면 KEDI-WISC 검사에서 나타나는 언어성검사와 동작성검사의 결과와 유사하거나, 또는 언어성 및 동작성을 구성하는 하위검사의 결과가 유사하게 나타난다는 것이다. 물론 청각장애아동의 경우는 언어성과 동작성검사의 프로파일에서 큰 차이가 나타난다. 지능검사를 구성하는 하위영역이 다양하게 구성되지만, 표준 또는 규준이라는 차원에서 타당도와 신뢰도를 확보하고 있지만, 자폐범주성장애아동의 지능검사 결과는 하위영역의 타당도와 신뢰도에서 큰 편차를 보인다는 것이다.

자폐범주성장애아동의 인지적 결함에 대해서는 마음이론, 중앙응집, 실행기능이라는 세 가지 인지적 영역이 제안된다. 이와 같은 행동들은 생애 초기에 나타나며 문제가 있을 경우 마음이론, 중앙응집, 실행기능 같은 인지적 영역에서의 결함으로 이어질 가능성이 있다. 세 가지 인지적 영역의 결함이 자폐범주성장애의 일차적 증상이 아니라 이차적 증상으로 나타난다. 자폐범주성장애의 특성으로 마음이론, 중앙응집, 실행기능에서 차별성이 있는 것으로 이해해야 한다.

3) 심리사회적 특성

자폐범주성장애의 사회적 의사소통과 사회적 상호작용의 결함은 광범위하고 지속적인 특성을 보인다. 사회적 의사소통과 상호작용의 결함은 정서적 상호작용의 문제와 관련된다. 자폐범주성장애아동들은 타인의 행동에 대한 모방에 소극적이거나 시도를 전혀 하지 않을 뿐 아니라 사회적·정서적 상호작용을 시도하지 않으며 공유하지도 않는다. 또한 구사하는 언어가 있지만, 일방적이며 초분절적 특성을 가진 감정이 나타나지 않으므로 또래와의 의사소통에 한계가 있고, 사회적 고립을 촉진시킨다.

자폐범주성장애의 특성은 유아기부터 관찰된다. 애착유형에서 남다른 특성이 있다. 일반적으로 어머니의 존재가 확인되지 않으면 불안해하는 것이 정상인데, 자폐범주성장애아동은 분리불안이 나타나지 않는 경우가 많다. 어머니의 존재를 싫어하는 것이 아니라 특성이 그러하다는 것인데, 3세경이 되면 어머니의 존재에 대하여 중요성을 인식한다. 어머니가 안아줘도 신체적 접촉을 싫어하는 경향이 높으며, 가족에 대한 반응도 유사하게 나타난다. 혼자서 시간을 보내고, 주변의 사람들에게도 관심을 보이지 않으므로 환경에서 혼자만의 세상을 만들어 간다.

5. 지원 방안

자폐범주성장애와 관련된 다양한 중재방법이 있는데 이 중 행동적 중재와 교육적 중재가 주된 중재방법으로 받아들여지고 있으며, 약물치료도 보조적으로 이루어진다(Wicks-Nelson & Israel, 1984). 오늘날 자폐범주성장애아동에게 약물치료를 하고 있기는 하지만, 특정한 약물치료가 있는 것은 아니며, 특정 증상에 대한 약물치료를 하는 것이다. 즉 자폐범주성장애아동의 약물치료는 자폐장애를 치료한다거나 사회적 상호작용의 질적 손상 및 의사소통의 질적 손상을 포함하는 자폐장애의 독특한 특성 그 자체를 완화시키는 것이 아니라 자폐범주성장애와 관련하여 나타나는 여러 가지 문제행동들을 감소시키는 것이다. 따라서 행동적 중재와 교육적 중재의 보조 수단으로 약물치료를 사용하는 것이 바람직하다.

1) 특성을 고려한 학업적 지원

자폐범주성장애아동들을 위한 학업적 지원은 아동의 학업특성을 평가하는 것에서 시작된다. 자폐범주성장애아동들의 다양한 학업특성은 교과, 과제, 숙제, 시험, 성적과 관련된 학업적 지원전략을 결정하는 데 영향을 미치기 때문이다. 이와 같이 자폐범주성장애아동들의 학업특성이 다양하기 때문에 모든 아동들에게 해당되는 성공적인 특정 학업적 지원전략은 없다. 그러나 다음과 같은 학업적 지원은 바람직한 결과를 보장하는 데 효과적이다.

① 바람직한 모방의 촉진

부모의 바람직한 행동은 자폐범주성장애아동에게 긍정적인 영향을 미친다. 부모는 자폐범주성장애아동과의 상호작용에서 면대면으로 지속적 대화를 유지하도록 노력해야 한다. 일차적으로 부모의 상호작용을 위한 언어적 지원은 자폐범주성장애아동의 언어발달 및 학습을 위한 준비단계에 긍정적인 영향을 미친다.

② 동기부여의 촉진

학습에서 동기부여는 바람직한 학습결과를 촉진한다. 자폐범주성장애아동이 흥미를 보이는 교과목 또는 활동 등을 중심으로 부모와 교사는 상호작용한다. 아동이 흥미를 보이고 동기부여가 되면 강화와 함께 점진적으로 학습의 난이도와 과제의 양을 늘려 나간다.

③ 학습에서 부적절한 행동의 분석

학습상황에서 나타나는 상동행동 등은 교수학습에 부정적인 영향을 미친다. 상동행동 또는 부적절한 행동이 나타나는 원인을 분석한다. 수업환경 및 아동의 심리적 특성이 부적절한 행동과의 인과관계를 규명한다. 임의의 특성이 분석되면 수업과 연관하여 부적절한 행동을 감소시키도록 한다.

2) 환경적 구조화

학습 환경은 아동들의 학습에 중요한 영향을 미칠 수 있는데 일반적으로 전반적 발달장애아동들은 구조화되지 않은 학습 환경에 비해 구조화된 학습 환경에서 수행을 더 잘하고 스트레스도 덜 받는 것으로 알려져 있다. 구조화란 전형적인 학교환경에서 쉽게 혼란스러워하고 불안해하는 아동들을 위해 학습 환경을 좀 더 명료하게 만들어 주는 것을 말하며 권위주의적 접근과 혼동해서는 안 된다(Pierangelo & Giuliani, 2008). 즉 학습 환경의 구조화는 공간이나 사물의 물리적 영역을 식별하고 특정 상황에서 기대되는 바를 이해할 수 있도록 아동에게 일관성과 명료성을 제공하기 위한 것이다. 환경적 구조화는 물리적 배치의 구조화, 시간의 구조화로 분류할 수 있다.

환경적 구조화는 다양한 장애유형의 아동을 위해 적용한 사례가 많다. 자폐범주성장애아동의 경우도 환경적 구조화는 필요하다. 환경은 구조화 또는 비구조화로 구분할 수 있다. 자폐범주성장애아동이 선호하는 환경 또는 선호할 수 있는 환경을 구성하는 것이 환경적 구조화이다. 좋아하는 친구, 사물, 노래, 교과 등을 교수학습에서 적절하게 사용하거나 이용하면 바람직한 행동 및 학습결과를 기대할 수 있다. 이런 형태의 환경구조화-자기 구조화 학습 환경이 있다. "자기 구조화 학습 환경"이란 학습자가 스스로 자기 주도로 학습을 수행할 수 있도록 아동의 흥미를 자극하는 방법으로 이를 자폐범주성장애아동에게 적용할 수 있다. 즉 환경적 구조화는 자폐범주성장애아동에게 적절한 학업적 지원이라고 할 수 있다.

이와 같은 것이 물리적 배치의 구조화와 관련된다. 시간의 구조화는 시간에 대한 가치이론과 관련된다. 사람이 시간을 가치롭게 사용하는 이유는 다양하다. 이는 기대가치이론과 관련될 것이다. 시간의 활용에 대한 기대와 가치는 관련성을 가지므로 사람은 시간을 보다 효율적으로 사용하기를 바란다. 이와 같은 원리에 기초하여 자폐범주성장애아동이 교수학습 환경에서 시간을 보내는 방법 또는 시간을 사용하는 방법을 관찰하여, 바람직한 구조로 재구성할 수 있도록 하는 것이다. 교수학습에서 나타나는 폐쇄의 시간, 환경에 반응하는 시간, 학습활동 시간 등으로 구분할 수 있다. 자신만의 영역과 시간을 보내는 폐쇄, 단순히 인사하기 및 정형화된 반응 등의 환경에 반응하는 시간 등은 활동시간의 증가로 인하여 감소시킬 수 있다. 정해진 교수학습 시간에서 활동을 증가시키면서 교사 및 또래와의 관계를 증가시킬 수 있다.

3) 통합교육 지원

통합교육 환경에서 수학하는 자폐범주성장애아동의 수가 계속해서 증가되고 있다. 이는 통합교육의 보편성과 함께 통합교육을 통한 자폐범주성장애아동의 교육적 및 사회·정서발달에 긍정적인 영향을 미치는 것으로 이해된다. 자폐범주성장애아동의 통합교육 관련 연구를 분석해 보면 가장 많은 주제는 교육적 지원을 위한 환경 및 교육과정 수정과 일반학급 지원으로 나타난다(문소영, 이소현, 고미애, 2017).

이소현(2010)은 통합교육을 받고 있는 자폐범주성장애아동의 교육적 지원을 위하여 자폐범주성 통합 협력 모델을 제안하였다. 이 모델에서는 협력이 주요 핵심어로 강조되었다. 일반교사, 특수교사, 관련서비스 전문가, 그리고 부모 및 가족 등의 상호협력을 통하여 책임 있는 의사결정을 도출해야 한다고 강조하였다. 의사결정 내용은 ① 환경 및 교육과정 수정, 일반학급 지원, ② 태도 및 사회적 지원, ③ 공동의 팀 기여, ④ 통합실행에 대한 평가, ⑤ 가정-학교 간 협력 등 이었다. 다섯 개의 내용은 독립성을 유지하면서 상호간에 영향을 미치는 구조라고 하였다.

교육의 3요소는 교사, 교육과정, 그리고 학습자이다. 교사에 의해 교육과정이 운영되고, 학습자에 대한 교육적 지원이 수행된다는 점에서 교사의 역량을 나타내는 수행능력의 중요성이 강조된다. 교사의 자폐범주성에 대한 특성의 이해는 교수학습 및 생활지도에 효율성을 보장할 수 있으며, 나아가 자폐범주성장애아동의 바람직한 교육 및 사회성 발달을 보장하고, 또한 일반아동의 장애아동에 대한 인식에 긍정적인 영향을 미친다. 그러나 통합교육 지원에 대한 대부분의 연구는 자폐범주성장애아동보다 지적장애아동을 중심으로 수행된 것이 사실이다. 자폐범주성장애아동의 통합교육 환경에서의 바람직한 교육적 지원을 위한 많은 노력이 필요함을 알 수 있다.

학습평가

1. 자폐범주성장애의 정의와 원인 및 분류를 설명할 수 있는가?
2. 자폐범주성장애의 특징을 설명할 수 있는가?
3. 자폐범주성장애의 원인과 지원방안에 대해 설명할 수 있는가?

참고 문헌

교육부(2019). 장애인 등에 대한 특수교육법. 교육부.

교육부(2019). 장애인복지법. 교육부.

문소영, 이소현, 고미애(2017). 자폐범주성장애 학생 통합교육 관련 질적연구의 동향 및 질적 지표 분석. 자폐성장애연구, 17(1), 47-74.

신현기, 이성봉, 이병혁, 이경면, 김은경(2008). 자폐범주성장애 아동 교육의 실제. 서울: 시그마프레스.

이소현(역)(2010). 자폐아동 및 청소년 교육. 서울: 시그마프레스.

이승희(2015). 자폐스펙트럼장애의 이해. 서울: 학지사.

최성규(2011). 장애아동 언어지도. 한국언어치료학회.

APA(American Psychiatric Association). (2013). *Diagnostic and statistical manual of mental disorders* (5th ed.). Arlington, VA: American Psychiatric Publishing, Inc.

Hill, A., Zuckerman, K., & Fombonne, E. (2015). Obesity and autism. *Pediatrics*, 136(6), 1051-1112.

Kanner, L. (1943). Autistic disturbances of affective contact. *Nervous Child, 2*, 217-250.

Klin, A., Pauls, D., Schultz, R. (2005). Three diagnostic approaches to Asperger Syndrome: Implications for research. *Journal of Autism and Developmental Disorders, 35*(2), 221-234.

Mesibov, G., Adams, L., & Klinger, L. (1997). *Autism: Understanding the Disorder*. New York: Plenum Press.

Pierangelo, R., & Giuliani, G. A. (2008). *Teaching students with 32autism spectrum disorders*. Thousand Oaks, CA: Corwin Press.

U. S. Department of Education (2004).

Volkmar, F., & Nelson, D. (1990). Seizure disorders in autism. *Journal of the American Academy of*

Child & Adolescent Psychiatry, 29, 127-129.

Wicks-Nelson, R., & Israel, A. (1984). *Behavior disorders of childhood*. Englewood Cliffs, NJ: Prentice-Hall.

http://www.law.go.kr. 2019. 국가법령정보센터.

5장 지체장애의 이해

> **학습목표**
> 1. 지체장애의 정의와 분류를 설명할 수 있다.
> 2. 지체장애의 특징을 설명할 수 있다.
> 3. 지체장애의 원인과 지원방안에 대해 설명할 수 있다.

1. 개념 및 정의

1) 개념

지체장애는 다양한 원인으로 인해 팔, 다리, 체간 등 신체에 영구적인 장애가 있음을 의미한다. 사고 또는 외상으로 인하여 일시적으로 손상이 생겼을 경우에는 지체장애라 칭하지 않는다. 국가마다 그 정의에 차이는 있으나 우리나라에서는 「장애인복지법」과

「장애인 등에 대한 특수교육법」에서 각각 지체장애를 정의하고 그 지원 방안에 대하여 언급하고 있다. 「장애인복지법」에서는 지체장애와 뇌병변장애를 분류하여 제시하고 있다. 그러나 「장애인 등에 대한 특수교육법」에서는 지체장애의 정의에 신경계의 이상으로 인한 뇌병변 등의 기타 장애를 모두 포함하고 있다.

지체장애는 장애의 특성상 이동과 활동에 적절한 보조기구가 제공된다면 장애가 최소화 될 수 있다. 그래서 「장애인 등에 대한 특수교육법」 제31조에는 각종 학습보조 기기 및 보조공학기기 등의 물적 지원, 교육보조인력 배치 등의 인적 지원에 대한 내용을 명시하고 있으며 「장애인 차별 금지 및 구제에 관한 법률」 제2장 제14조에는 통학 및 교육기관에 재학 중인 장애인의 교육활동에 불이익이 없도록 각종 이동용 보장구의 대여 및 수리, 높낮이 조절용 책상 등에 대해 언급하고 있다. 보조공학기기는 발달 속도가 빠르기 때문에 관계자가 관련 정보를 계속적으로 숙지하여 아동들에게 제공하는 것이 필요하다.

2) 정의

지체장애와 관련된 정의는 한국의 「장애인복지법」, 「장애인·노인·임산부 등의 편의증진 보장에 관한 법률」, 「장애인 등에 대한 특수교육법」과 미국의 「장애인교육법」 등에서 찾아볼 수 있다.

(1) 법적 정의

「장애인복지법」에서는 '장애인'이란 신체적·정신적 장애로 오랫동안 일상생활이나 사회생활에서 상당한 제약을 받는 자로 정의하고 있다. '신체적 장애'란 주요 외부 신체 기능의 장애, 내부 기관의 장애 등을 말하고 '정신적 장애'란 발달장애 또는 정신 질환으로 발생하는 장애를 말한다. 동법 시행령 제2조에는 신체적 장애를 지체장애인과 뇌병변 장애인, 시각장애인, 청각장애인, 신장장애인, 심장장애인, 호흡기장애인, 간장애인, 안면장애인, 장루·요루장애인, 뇌전증 장애인 그리고 언어장애인으로 나누어 기준을 제시하고 있다. 그 중 지체장애의 정의에 부합하는 지체장애인과 뇌병변장애인의 종류 및 기준은 〈표 5-1〉과 같다.

〈표 5-1〉 「장애인복지법」에 따른 신체적 장애의 종류와 기준

지체장애인	가. 한 팔, 한 다리 또는 몸통의 기능에 영속적인 장애가 있는 사람 나. 한 손의 엄지손가락을 지골(손가락 뼈) 관절 이상의 부위에서 잃은 사람 또는 한 손의 둘째손가락을 포함한 두 개 이상의 손가락을 모두 제1지골 관절 이상의 부위에서 잃은 사람 다. 한 다리를 가로발목뼈관절(lisfranc joint) 이상의 부위에서 잃은 사람 라. 두 발의 발가락을 모두 잃은 사람 마. 한 손의 엄지손가락 기능을 잃은 사람 또는 한 손의 둘째 손가락을 포함한 손가락 두 개 이상의 기능을 잃은 사람 바. 왜소증으로 키가 심하게 작거나 척추에 현저한 변형 또는 기형이 있는 사람 사. 지체에 위 각 목의 어느 하나에 해당하는 장애정도 이상의 장애가 있다고 인정되는 사람
뇌병변장애인	뇌성마비, 외상성 뇌손상, 뇌졸중 등 뇌의 기질적 병변으로 인하여 발생한 신체적 장애로 보행이나 일상생활의 동작 등에 상당한 제약을 받는 사람

「장애인 등에 대한 특수교육법 시행령」에서는 "기능·형태상 장애를 가지고 있거나, 몸통을 지탱하거나, 팔다리의 움직임 등에 어려움을 겪는 신체적 조건이나 상태로 인해 교육적 성취에 어려움이 있는 사람"을 지체장애를 가진 특수교육대상자로 정의하고 있다. 동법 제28조에서는 특수교육관련 서비스로 교육감 및 학교장은 특수교육대상자가 필요로 하는 경우 물리치료, 작업치료 등의 치료지원 서비스, 보조인력, 교육을 위해 필요한 각종 교구 및 학습보조기, 보조공학기기 등의 설비 지원, 통학차량, 통학비, 통학보조인력 등 특수교육대상자의 교육적 지원을 제공하여 교육의 참여도 및 효율성을 높이고자 한다.

(2) 기타 정의

미국의 장애인교육법에서는 지체장애를 심한 정형외과적 손상으로 인해 학업 수행에 큰 영향을 미치는 선천적 기형(예 내반족, 신체 일부의 결손), 질병에 의한 손상(예 소아마비, 골결핵), 다른 장애에 의한 손상(예 뇌성마비, 절단, 근육이나 힘줄을 손상시키는 골절 혹은 화상) 등을 의미하며 외과적 손상(orthopedic impairment)이라는 용어를 사용한다. 미국의 재활법(The Rehabilitation Act) 제504조에서는 일상생활 활동 중 하나 혹은 그 이상에서 제약을 받는 신체적·정신적 손상을 가진 자를 포함하고 있다.

2. 원인 및 분류

지체장애의 원인은 다양하나 생의학적 원인과 환경적 요인으로 크게 나누어 살펴볼 수 있다.

1) 원인

(1) 생의학적 원인

생의학적 원인이란 유전적 장애 혹은 생물학적 과정과 관계된 요인들이 장애의 원인이 되는 경우를 말한다. 뇌성마비(cerebral palsy)의 경우 출생 전, 중, 후 뇌의 선천적 기형이나 손상, 산소 공급의 부족 등이 원인이 되어 나타날 수 있다. 또한 풍진, 일산화탄소 중독, X선의 노출 등 여러 가지 감염이나 중독, 원인을 알 수 없는 고열이 장애의 원인이 되기도 한다. 근이영양증(muscular dystrophy)은 아직 원인이 정확하게 밝혀지지 않았으나 X염색체의 문제로 추정이 되는 유전으로 결정되며 디스트로핀(dystrophin)이라는 단백질 부족이 원인인 것으로 알려져 있다. 이분척추(spina bifida)는 태아기에 척추 뼈가 완전히 닫히지 않은 채 태어나게 되는 경우로 인체의 엽산 사용에 영향을 미치는 효소를 만들어내는 유전자에 문제가 생기는 경우와 산모의 식단에 엽산이 부족한 경우 등, 그 원인은 엽산과 관련이 있다. 골형성부전증(osteogenesis imperfecta)은 유전이 원인이 되어 나타난다.

(2) 환경적 원인

환경적 원인은 성인의 반응 혹은 가족·사회의 상호작용과 관련된 요인들로 장애가 야기되는 경우를 말한다. 뇌성마비의 경우 출산 후 사고(예 익사, 질식, 감전) 등으로 인한 외상, 영양 부족, 학대 등으로 인한 뇌의 발육 결함 등이 그 원인이 될 수 있다. 척수손상(spinal cord injuries)은 추락, 교통사고, 폭행 등 척수에 가해진 외상이 원인이 되어 나타날 수 있다. 외상성 뇌손상(traumatic brain injury: TBI)은 교통사고, 폭행, 추락, 운동사고 등이 원인이 되어 나타난다.

2) 분류

(1) 뇌성마비

뇌성마비는 지체장애를 가진 특수교육대상아동 중 가장 높은 비율을 차지한다. 뇌성마비의 유형은 운동 유형에 따라 경직형, 불수의 운동형, 강직형, 진전형, 운동실조형, 이완형, 그리고 혼합형으로 분류한다. 또한 마비 부위에 따라 단마비, 편마비, 양측마비, 하지마비, 상지마비, 사지마비 등으로 분류하고, 마비 정도에 따라 경도, 중등도, 중증으로 분류할 수 있다.

이 장에서는 운동 유형에 따라 뇌성마비를 분류하고자 한다. 운동 유형에 따라서는 뇌성마비를 크게 5가지로 분류할 수 있다.

첫째, 경직형(spastic) 뇌성마비는 추체계에 손상을 입으면 발생한다. 경직형은 뇌성마비의 약 75%를 차지하며 근육이 뻣뻣하고 움직임이 둔하다. 근 긴장도가 높아서 움직이기가 쉽지 않으며 움직일 때의 속도가 느리다. 척추 측만, 후만, 구축 등이 나타나며 앉았을 때 등이 활처럼 휘어지는 라운드 백(round back) 현상이 나타나고, 다리가 서로 겹쳐지는 가위 모양의 자세(scissors position)가 나타난다. 가위 자세에서 보행이 나타날 경우 가위보행이라고 하며 이는 고관절 경직성마비로 양쪽 다리가 모아지면서 안쪽 돌림이 일어나고, 양쪽 무릎관절이 굽혀지며 보폭이 짧아진다. 이렇게 보행하는 모습이 마치 다리가 가위처럼 꼬여 가위보행이라고 한다. 이때 첨족이 함께 나타나게 되는데 첨족이란 [그림 5-1]과 같이 발 앞부분이 바닥과 먼저 접촉하며 발가락 끝만 이용하여 걷는 걸음을 말한다.

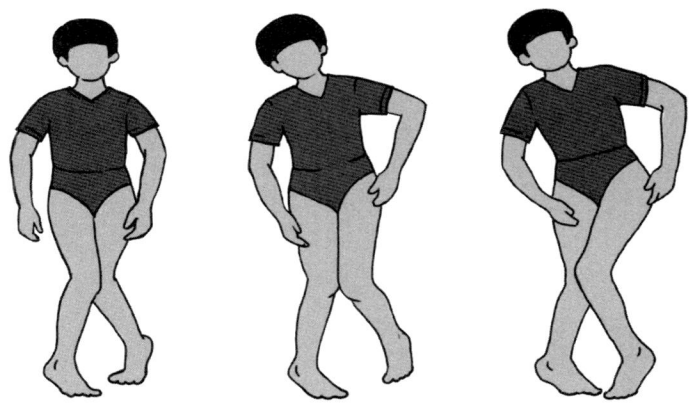

[그림 5-1] **가위보행과 첨족보행**

경직형은 마비 부위에 따라 <표 5-2>와 같이 상하지 모두 손상을 받은 가장 심한 유형인 경직형 사지마비(spastic quadriplegia)와 주로 하지가 손상을 받은 경직형 양마비(spastic diplegia), 몸의 한쪽 편만 마비가 된 경직형 편마비(spastic hemiplegia)로 분류할 수 있다.

<표 5-2> 경직형 뇌성마비의 분류

구분	특성
경직형 사지마비	• 전신 혹은 상지가 더 많이 손상 받거나 상지, 하지가 비슷하게 손상을 받은 상태이다. • 대개 비대칭적으로 나타나고 과도한 동시수축이 나타난다. • 과잉긴장으로 소리나 위치, 자극에 대해 불안감을 느끼며 머리 조절능력 등이 현저히 떨어진다.
경직형 양마비	• 사지가 마비되어 있으나 상지에 비해 하지가 더 많은 손상을 받은 상태이다. • 몸통의 회전 능력이 부족하다. • 뒤로 넘어가는 체중 이동을 보상하기 위해 라운드 백이 나타나거나 W자 앉기 자세로 보상작용이 나타난다.
경직형 편마비	• 몸의 한쪽 편만 마비가 나타나는 상태이다. • 보행이 가능하나 마비가 된 쪽의 팔과 다리는 사용하지 않으려고 한다. • 경직이 나타나지 않는 쪽만 지나치게 사용하면 발작이 나타날 수 있으므로 주의해야 한다.

둘째, 운동장애형 뇌성마비는 불수의운동형, 강직형, 진전형, 근긴장이상형으로 분류되며 자세한 내용은 <표 5-3>과 같다.

<표 5-3> 운동장애형 뇌성마비의 분류

구분	특성
불수의운동형 (athetosis)	• 대뇌핵의 손상, 전체 뇌성마비의 20~25% • 목적 없이 빠르거나 느린 운동 패턴이 나타난다. • 근육의 떨림이나 근긴장도가 수시로 변하며 팔, 손, 얼굴 근육 등에서 비자발적이고 불수의적인 운동이 나타난다. • 불수의 운동은 조절하는 방법을 배우면 어느 정도 조절이 가능하며 피로, 졸음, 집중을 유지하고 있을 때는 감소하고 엎드린 자세에서도 감소된다.
강직형 (rigidity)	• 불수의 운동형보다 드물게 나타나며 운동 영역 전체가 뻣뻣하다.
진전형 (tremor)	• 매우 드물게 나타난다. • 쉬고 있을 때에도 계속적인 흔들림이 나타난다.
근긴장이상형 (dystonia)	• 반복되는 유형의 움직임을 나타낸다. • 반복적으로 몸통, 팔과 다리를 느리면서 일정하게 비트는 움직임을 나타낸다.

셋째, 운동실조형 뇌성마비는 소뇌의 손상으로 나타나며 전체 뇌성마비 중 10% 미만의 비율로 나타난다. 경련과 불수의 운동이 결합되어 나타나며 수의적 움직임 조절에 어려움을 가지고 균형을 유지하는 것에 어려움을 나타낸다.

넷째, 이완형 뇌성마비는 근긴장도가 현저히 떨어져 있는 저긴장상태로 자세 유지에 어려움을 나타낸다. 근긴장도가 낮아 관절이 과도하게 움직이고 턱관절이나 견관절 또는 고관절 등의 탈구가 잘 일어난다.

다섯째, 혼합형 뇌성마비는 뇌의 복합적인 영역의 손상으로 출산 후의 외상 혹은 장기간의 무산소증이 원인이 되어 나타나기도 한다. 중증장애를 가진 경우일수록 혼합형인 경우가 많으며 최근 두 가지 이상의 뇌성마비 유형이 중복된 혼합형이 증가하고 있는 추세이다.

(2) 근이영양증

근이영양증(muscular dystrophy)은 유전적 질환으로 신경계와 관계없이 근섬유의 주된 퇴화로 인한 진행성 근육 약화를 유발한다. 정확한 원인을 밝혀내지 못하고 있으나 최근 근막 이상설 즉, 근육세포막의 단백질로 근섬유의 구조와 모양을 유지하고 칼슘을 저장하는 기능을 하는 디스트로핀의 소실 때문으로 그 원인을 추정하고 있으나 특정 치료법이 없는 상태이다. 특정 근육의 가성비대나 진행성으로 오는 대칭성 근위축 등이 나타난다. 근이영양증은 근육의 약화 정도와 증상에 따라 듀센(duchenne)형, 베커(becker)형, 안면견갑상완(facioscapulohumeral)형, 지대(limb-girdle)형 등으로 분류된다.

듀센형은 가장 일반적으로 나타나는 근이영양증의 한 형태이며 주로 3~6세경 남아에게서 발생하며 여아의 경우 보인자로 약 10% 정도 경미한 근위약증을 보이기도 한다. 평소보다 자주 넘어지거나 어색하게 걷는 등의 행동 징후로 판별하게 된다. 보통 발병 후 4~5년 이내에 잘 움직이지 못하는 상태가 되며, 10세 전후에는 독립 보행이 어려워진다. 10대 후반이 되면 호흡이 얕아지고, 근육 약화 및 척추 측만이 심해지며 관절 구축이 심하게 나타나기도 한다. 말기에는 폐 감염, 심장 기능 상실 등이 나타나며 대부분 20대에 사망하였으나 최근에는 의료적 치료와 지원으로 수명 연장이 가능하다. 듀센형 근이영양증의 대표적인 증상으로 가우어스 사인(Gowers' sign)과 가성비대형(pseudohypertrophic form)이 있다. 가우어스 사인이란 [그림 5-2]와 같이 척추, 엉덩이 등 하지 근육의 약화로 인해 손으로 무릎과 넙다리부를 밀면서 일어나는 특성을 말한다. 가성비대란 종아리 근육 조직 대신 지방섬유로 대치되어 건강한 근육 조직처럼 보이는 것을 말한다. 신체 부위에 따른 특성은 [그림 5-3]과 같이 나타난다.

[그림 5-2] 가우어스 사인

베커형 근이영양증은 듀센형처럼 디스트로핀의 결핍으로 생기는 증상이나 다른 점은 듀센형의 경우 디스트로핀이 전혀 존재하지 않으나 베커형은 소량의 디스트로핀이 존재하거나 비효과적이고 비정상적인 형태로 존재한다. 다리와 고관절의 약화로 그 증상이 시작되나 듀센형보다 그 정도가 약하며 훨씬 늦게 증상이 진행된다.

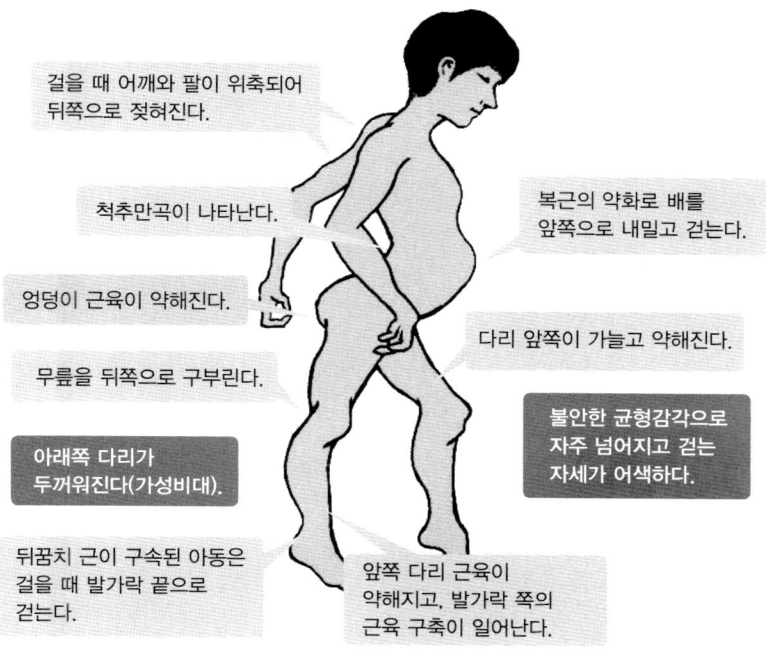

〔그림 5-3〕 듀센형 근이영양증 아동의 신체 특성

안면견갑상완형 근이영양증은 유전자와 단백질 이상을 원인으로 나타나며 안면근, 견갑골(어깨부위), 상완골(팔의 위쪽), 비골부(바깥다리)의 근육 약화가 발생하는 것을 말하며 익상견갑(scapular winging)을 특징으로 한다. 안면견갑상완형 근이영양증은 안면근육 약화로 빨대 빨기, 풍선 불기 등이 어려우며 점차 상체 근육의 저하에서 하체 근육의 저하로 진행된다.

지대형 근이영양증은 상염색체 우성형질 혹은 열성형질을 원인으로 나타나며 영아기에서 중년층까지 발병 연령이 매우 넓다. 어깨와 고관절 부분의 근육 약화를 시작으로 다른 근육으로 퍼져나간다. 근긴장성 근이영양증(슈타이너병)은 성인에게서 가장 많이 볼 수 있는 근이영양증으로 근육 약화와 함께 구축 후 느리게 이완되는 근긴장증을 동반하기도 한다.

(3) 이분척추

이분척추(spina bifida)란 태아기에 척추 뼈가 완전히 닫히지 않고 출생한 경우를 말하며 잠재이분척추, 수막류, 척수수막류로 분류할 수 있다.

잠재이분척추는 가장 약한 장애를 나타내는 유형으로 하부척추가 변형되는 질환이다. 보통 외관상 보이지 않으며 마비나 감각 손상은 없으나 기형인 척추골을 덮는 피부는 변색되거나 털이 나는 등 비정상적 특성이 나타난다.

수막류는 등에 낭 돌출부를 가지고 태어나며 낭에는 뇌척수막과 뇌척수액이 들어 있다. 척수와 척수신경은 영향을 받지 않기 때문에 마비나 감각 손상은 일어나지 않지만 잠재성 이분척수와 같은 다른 비정상적인 상태를 나타낼 수 있다.

척수수막류는 가장 심각한 이분척추의 일종이며 척수 및 신경근이 탈출하며 탈출한 척수와 신경은 척추 후굴을 유발한다. 이러한 상태는 심각한 마비나 감염을 유발하며 척추의 손상 부위 아래로 감각 손상과 마비를 초래한다.

3. 진단평가

「장애인 등에 대한 특수교육법 시행규칙」에서는 지체장애아동의 진단평가 도구로 기초학습기능검사 및 시력 검사를 제시하고 있다. 또한 신체, 운동 능력에 결함이 있는 장애영역이므로 신체 운동 기능 및 의사소통 기능, 일상생활을 평가할 필요도 있을 것이다.

1) 선별 기준

국립특수교육원(2009)에서 개발한 '특수교육대상 아동 선별검사' 중 지체장애 선별검사는 전문가가 아니더라도 장애를 선별할 수 있도록 구성되어 있다. 〈표 5-4〉는 선별검사의 문항으로 A항목에서 2문항 이상, B항목에서 1문항 이상 해당되는 경우 진단검사로 의뢰할 수 있다.

⟨표 5-4⟩ 지체장애 선별 검사

항목	문항
A. 일상생활에서 학습 장면에 필요한 운동 기능에 제한이 있는 경우	① 이동 수단으로 주로 휠체어, 목발, 워커 등 보행 보조기구를 사용한다. ② 팔, 다리, 몸통, 머리 부위에 보조기를 장기간 착용한다. ③ 필기가 아주 늦거나 곤란할 정도이고 식사 도구를 이용하기 어려울 정도로 상지의 기능이 저하되어 있다. ④ 뼈, 관절, 근육 등의 문제로 인하여 수업시간에 의자에 앉은 자세를 유지하기 어렵다. ⑤ 분명한 외형상의 장애가 없지만 잘 넘어지고 뼈가 쉽게 부러진다. ⑥ 척추나 몸통이 전후 또는 좌우로 심하게 기울어져 자세 조절이 어렵다. ⑦ 입을 잘 다물지 못하거나 침을 많이 흘려 옷이나 책 등이 젖어 있는 경우가 많다. ⑧ 혼자서 계단을 오르내리기가 곤란하다. ⑨ 발바닥의 안쪽이나 바깥쪽 끝, 또는 발끝으로 걷는다. ⑩ 구강구조나 기능의 문제로 인해 음식물을 씹고 삼키는 데 어려움이 있다.
B. 사지, 머리, 몸통 등의 분명한 형태 이상 및 운동기능 이상 등이 있는 경우	① 선천적 또는 후천적으로(예 사고나 질병으로 인한 절단) 팔, 다리, 머리 부위가 전체 혹은 부분적으로 없거나 심한 변형이 있다. ② 뇌성마비, 외상성 뇌손상, 척수장애, 이분척추(신경관 결손)와 같이 신경과 근육에 영향을 주는 중추신경계 이상이 있다. ③ 진행성 근이영양증, 근위축증, 중증근무력증 등과 같은 근육 질환이 있다. ④ 왜소증으로 키가 심하게 작거나 하지의 길이가 다르고 또는 척추에 변형이나 기형이 있다(예 척추측만증 등). ⑤ 팔과 다리, 머리 부위에 골절이나 심한 화상으로 인한 기형적 변형이나 운동 기능에 장애가 있다. ⑥ 뼈와 관절에 만성적인 염증으로 인하여 평소 심한 통증과 함께 운동기능에 장애가 있다(예 골단염, 골수염, 관절염 등).

2) 평가 방법

(1) 운동기능 평가

지체장애아동의 가장 두드러진 장애 특성은 운동기능이다. 신체 및 운동기능에 대한 평가는 아동의 신체적인 장애에만 초점을 맞추기보다 일상생활에서의 기능적 평가가 될 수 있도록 노력해야 한다.

지체장애아동의 대근육운동을 평가하기 위한 도구는 누운 자세에서 보행까지의 10단계로 구분하여 검사하는 S-G 검사, 생후 5개월~16세까지의 뇌성마비 아동의 발달과 대근육 운동 능력 수준을 측정하는 대근육운동 기능 평가도구(Gross Motor Function Measure: GMFM), 아동의 자발적인 시작 동작과 일상생활을 관찰하여 지체장애아동 및 청소년의 대근육 운동 기능을 평가하는 대근육운동 기능 분류체계(The Gross Motor Function Classification System: GMFCS) 등이 있다.

만4세~18세 지체장애아동이 일상생활에서 양손을 어떻게 사용하는지를 평가하는 사물조작능력분류체계(Manual Ability Classification System: MACS)와 18개월~8세 아동의 상지 기능을 측정할 수 있는 상지기능검사(Quality of Upper Extremity Skills Test: QUEST)를 활용하여 평가할 수 있다.

(2) 기타(일상생활)

일상생활 능력평가는 기능평가를 통하여 장애아동의 독립적인 생활을 지원할 수 있어야 한다. 가장 유용하게 사용되는 평가는 소아장애평가척도(Pediatric Evaluation of Disability Inventory: PEDI)로 자조기술, 이동, 사회적 기능의 기술에 대해 스스로 할 수 있는 능력을 평가할 수 있다. 다른 평가도구로는 아동용 기능적 독립성 평가(Functional Independence Measure for children: WeeFIM)와 운동 및 처리기술 평가(Assessment of Motor and Process Skills: AMPS), 바델지수, 카츠 ADL 지수 등이 있다.

4. 특성

1) 신체적 특성

지체장애아동은 신체 발달의 지체 및 개인차가 크다. 뿐만 아니라 비대칭성 긴장성 목반사, 대칭성 긴장성 목반사, 긴장성 미로 반사 등 영아시기에 사라져야 할 원시반사들이 지속적으로 나타나는 경우가 많다. 일반적인 발달에 따른 운동 기능이 지체되는 경우가 많으며 고관절 탈구, 척추측만, 관절 구축 등 형태적 이상을 수반하는 경우도 많기 때문에 지속적인 관찰이 필요하다.

2) 인지 및 학업적 특성

장애의 정도나 부위, 수반장애의 유무에 따라 차이가 있기는 하나 지체장애아동의 지능은 평균 또는 평균보다 낮게 나타나며 드물게 우수한 지능을 나타내는 아동들도 있다. 공간-위치의 장애를 가진 뇌성마비 아동의 경우 지각능력의 어려움으로 읽기, 쓰기, 셈하기 등어 곤란을 나타내기도 한다. 경험이 제한적이기 때문에 개념 형성에 어려움을 나타내기도 하며 성인의 도움에 익숙하여 덜 목표 지향적이며 활동 및 학업에의 참여도가 낮다.

3) 심리사회적 특성

지체장애아동은 낮은 신체상과 신체 부자유로 인해 스스로에 대해 부정적인 자아개념을 가지는 경우가 빈번하고 욕구 불만이나 열등감, 의존성 등이 나타날 수 있다. 뇌손상으로 인해 과잉행동 및 다동의 성향을 보이기도 하며 주의력산만, 고집성, 충동성을 나타내기도 한다.

4) 언어적 특성

지체장애아동은 수반장애로 언어장애를 가진 빈도가 약 70%로 높은 편이다. 호흡장애와 조음기관의 장애로 인해 언어장애가 나타나는 경우가 많으며 언어발달의 지체, 말소리의 이상, 리듬의 부자연스러움 등이 그 증상으로 나타난다.

5. 지원 방안

1) 유형별 교수방법

(1) 뇌성마비

뇌성마비 아동의 교수 학습은 운동 능력이 아니라 인지 수준에 기초해야 한다. 또한 장애정도에 따라 학습 활동에 필요한 다양한 보조공학적 지원과 수정이 필요하며 쓰기와 관련된 과제 수행에 많은 시간이 요구되므로 이를 고려하여 과제의 양과 난이도를 조절해 주어야 한다. 또한 뇌성마비에 동반되는 언어장애로 인해 구어로 자신의 생각과 의견을 표현할 수 없다면 아동의 수준에 적절한 보완 대체의사소통 방법을 찾아 활용할 수 있도록 도와주어야 한다.

(2) 근이영양증

근이영양증 아동을 위한 교수방법에서 가장 중요한 것은 스스로 할 수 있다는 자립심을 키워 주는 것이다. 책상의 높이를 조절해주거나 팔 받침대를 제공하여 스스로 학습 활동에 참여할 수 있도록 도와주며 부드러운 연필 등 아동이 사용하기에 쉬운 필기도구를 제공하는 것도 쓰기 활동을 격려해줄 수 있는 방법이 될 수 있다. 그럼에도 불구하고 쓰기에 어려움을 나타낸다면 쓰는 것 대신 과제나 시험을 녹음할 수 있도록 지원하고 계산기 등을 사용하는 등 과제를 조정해 주는 방법을 제공할 수 있다. 또한 컴퓨터 등 보조 기기를 활용하여 접근성을 확대해줄 수도 있다.

(3) 이분척추

이분척추 아동은 운동기능에 따라 신체적 참여가 제한될 수 있으며 특정한 학습문제를 나타낼 수도 있으므로 인지, 운동 영역 등에서 수정된 활동을 고려할 필요가 있다. 또래들과 함께 활동할 수 있도록 접근성을 배려하고 일상생활 활동을 위한 보조기기를 제공하여 아동의 참여도를 높일 수 있다.

(4) 기타

뇌전증(epilepsy)은 뇌의 신경세포가 순간적으로 과도한 흥분 상태를 나타내어 의식의 소실이나 발작, 행동의 변화 등 뇌 기능의 일시적인 마비 증상을 나타내는 상태를 말한다. 약물 복용을 통해 90% 발작을 줄이거나 없앨 수 있으나 과다행동, 수면장애, 기면, 우울 등의 부작용을 나타낼 수 있다. 약물치료로 조절이 어려운 경우 케톤생성 식이요법을 시도해 볼 수 있다. 교실에서 발작이 일어나는 경우 당황하지 않고 아동을 안전한 곳에 누이고 주변의 위험한 물건들을 치운다. 질식을 막기 위해 옆으로 뉘여 주고 음식물이나 물 등을 주지 않도록 한다. 아동이 완전히 깰 때까지 지켜보도록 한다. 발작이 끝난 후에도 숨을 쉬지 않거나 연이어 발작이 나타나면 구급차를 불러 병원으로 후송하도록 한다.

2) 자세 및 일상생활 지원

바람직한 자세 지도는 지체장애아동들에게 학업에 앞서 지원되어야 한다. 장애로 인해 신체 움직임이 자연스럽게 이루어지기 어려운 지체장애아동들에게는 일상생활 속에서의 자세 지도가 지속적으로 필요하다. 조기에 적절한 자세 지도가 이루어지지 않을 경우 신체적 변형이 오기 쉽고 욕창 등을 유발하여 건강상 문제가 야기되기도 하기 때문이다. 자세 지도에서 가장 기본이 되는 것은 신체 정중선을 중심으로 좌우 정렬을 유지하는 것이다.

(1) 자세 조절

① 누운 자세

누운 자세는 몸이 바르게 정렬되는 효과적인 자세의 기본이다. 그러나 지체장애아동의 누운 자세는 긴장성 목반사, 긴장성 미로반사를 유발할 수 있으며 이로 인한 비정상적인 근긴장으로 이상 자세를 취하게 된다. 신체의 정중선을 기준으로 좌우 정렬이 되지 않았을 경우 쿠션을 사용하여 좌우 균형이 유지되도록 도와준다. 근 긴장도가 높아 머리와 어깨가 뒤로 젖혀져 있다면 목을 부드럽게 눌러주면서 어깨가 자연스럽게 내려올 수 있도록 머리를 받치며 어깨를 양팔로 안정적으로 눌러주며 조절한 후, 베개 등을 목 뒤에 받쳐서 근긴장도를 낮추어 준다.

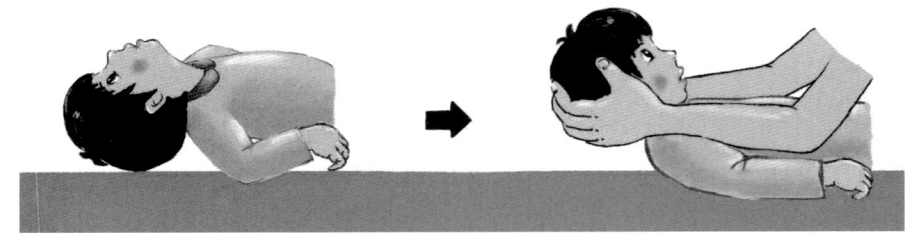

〔그림 5-4〕 누운 자세 조절하는 방법

머리를 가눌 수 없거나 엎드린 자세가 어려운 경우에도 옆으로 눕기 자세를 통해 주위를 둘러볼 수 있도록 자세를 조절해줄 필요가 있다. 이때, 머리는 정중선에 위치하도록 하고 팔다리에 쿠션 등을 넣어 전신을 이완할 수 있도록 도와준다. 스스로 자세 유지가 어려운 경우 등받이 쿠션이나 가슴 벨트 등을 활용하여 안전성을 높여준다.

② 엎드린 자세

경직이 심한 지체장애아동의 경우 몸을 웅크린 상태에서 엎드린 자세를 자주 취하게 된다. 이때 머리와 상체를 들기 어려운 경우가 많다. 이때, 신체의 정중선을 중심으로 양다리가 겹치지 않도록 주의하며 체중이 좌우로 균형 있게 분산되도록 한다. 그 후 손으로 턱을 잡아 머리를 들 수 있도록 돕고 엎드린 자세 유지가 힘들 경우 수건을 말아서 앞가슴 밑에 넣어주거나 웨지(wedge)를 활용하여 자세를 유지할 수 있도록 돕는다. 고관절 굴곡으로 엎드린 자세가 힘들 경우 엉덩이를 살짝 눌러준다.

③ 앉은 자세

앉은 자세는 일상생활에서 가장 기본이 되는 자세로 목을 어느 정도 가눌 수 있고 등을 신전시킬 수 있어야 가능하다. 앉은 자세는 바닥에 앉기와 의자에 앉기로 나눌 수 있다. 지체장애를 가진 많은 아동들이 안정성을 확보하기 위해 'W 앉기(W squat)'를 취하는 경우가 많으나 하지 정렬의 변화를 초래할 수 있다. 의자 앉기는 의자의 크기와 형태가 중요하다. 의자 바닥과 등받이가 딱딱해야 엉덩이, 몸통, 어깨뼈를 잘 받칠 수 있다. 먼저 엉덩이를 의자 깊숙이 들여 앉게 하고 등을 곧게 펴게 한 후 엉덩이와 무릎과 발목이 90°를 유지할 수 있도록 한다. 머리를 잘 가누지 못하는 경우 머리 받침대를 사용해 머리를 몸의 정중선과 일치시킨다. 바른 자세를 유지할 수 없다면 받침대나 자세 지지용 의자 등을 활용하여 자세를 유지할 수 있도록 돕는다.

④ 선 자세

중력에 대항하여 선 자세를 유지하기 위해서는 많은 근육과 관절들이 협력해야 한다. 선 자세는 신체 정렬과 근긴장 등 여러 요인들이 동시에 작용해야 하며, 한 방향으로 기울어지거나 넘어지지 않도록 신체 무게 중심을 잘 지켜야 한다. 엉덩이와 무릎은 신전되도록 세우고 팔을 자유롭게 사용할 수 있도록 책상의 높이를 조절해 준다. 또한 벨트 등을 사용하여 체중이 양 하지에 균형 있게 분산되도록 돕는다.

(2) 안기와 이동하기

지체장애가 있는 아동은 근육의 움직임이 원활하지 않기 때문에 자세를 변화할 때 의도치 않게 근육의 경직이 나타날 수 있다. 그러므로 지체장애아동을 들어 올려 이동을 지원할 경우 먼저 팔이나 어깨에 부드럽게 손을 올리고 어디에서 어디로 이동을 할 것인지에 대해 아동에게 이야기를 한다. 이때 아동이 긴장을 풀고 편안해질 때까지 기다려주어야 한다. 그후 [그림 5-5]와 같이 아동의 등과 무릎 아래를 팔로 감싸고 편안한 자세를 유지할 수 있도록 가슴 쪽으로 무릎을 구부린다. 앞으로 안고 이동할 경우 아동이 다리가 앞으로 향할 수 있게 하면서 아동의 골반 아래를 잡는다. 아동의 몸무게가 16Kg 이상일 경우 안전을 위해 두 사람이 함께 들도록 한다. 이때 한 사람은 아동의 등 뒤에서 무릎을 구부리고 앉은 자세를 유지하며 겨드랑이 쪽으로 양팔을 뻗어 아동의 가슴 앞에서 양손을 깍지 끼어 지지한다. 다른 한 사람은 아동의 양쪽 무릎을 살짝 구부린 상태로 들어 올려 이동한다.

[그림 5-5] 안기와 이동하기

(3) 학습지원

지체장애아동은 신체의 부자유로 인해 성인의 도움에 익숙하다. 그러나 학습은 아동의 적극적인 참여가 필요하기 때문에 직접 만져보고 활동할 수 있도록 물리적인 교수환경을 수정하고 자료 및 활동을 재구성하며 아동의 신체적 특성을 고려하여 적절한 보조기기를 제공해야 한다.

① 잡기 보조 기기

근육의 긴장, 마비, 근력의 약화로 필기구의 잡기가 어려운 경우 [그림 5-6]과 같은 그립이나 홀더를 이용하여 잡는 면적을 늘려주거나 손에 고정시킬 수 있다.

| 펜슬 그립 |　　　| 링 라이트 클립 |　　　| 연필 홀더 |

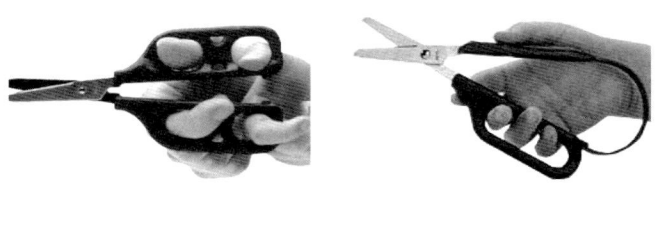

| 2인용 가위 |　　　| 루프 가위 |

[그림 5-6] 잡기 보조 기기

출처: 홍익몰

② 미끄럼방지기기

의도치 않은 근육의 긴장으로 책상위의 물건을 떨어뜨리거나 흘리는 경우가 있기 때문에 미끄럼을 방지하는 패드를 책상에 놓아주거나 고정시켜 줄 수 있다.

> **학습평가**
>
> 1. 지체장애의 정의와 분류를 설명할 수 있는가?
> 2. 지체장애의 특징을 설명할 수 있는가?
> 3. 지체장애의 원인과 지원방안에 대해 설명할 수 있는가?

참고 문헌

국립특수교육원(2016). 양육길라잡이 5권 지체장애(뇌병변장애). 국립특수교육원.

정서·행동장애의 이해

> **학습목표**
> 1. 정서·행동장애의 개념과 정의를 설명할 수 있다.
> 2. 정서·행동장애의 분류 및 특성을 설명할 수 있다.
> 3. 정서·행동장애의 원인과 지원방안에 대해 설명할 수 있다.

정서·행동장애는 정서장애와 행동장애를 합친 용어로 이해된다. 심신은 건강해 보이지만 이상행동을 보이는 장애이다. 정서장애의 대표적인 특성은 내재적 문제로 불안과 위축행동 등이 있으며, 행동장애의 외현적 문제는 공격성과 적대적 행동 등이 있다. 그러므로 신체장애나 발달장애와 마찬가지로 학습에 심각한 영향을 미친다. 정서·행동장애의 유형은 다양하며 출현율은 증가하고 있는 추세이다. 이 장애의 진단평가는 관찰 가능한 주의력 결핍 과잉행동장애와 품행장애 등에 초점을 두었으나, 최근에는 불안장애와 기분장애 등과 같은 내재적 장애까지 범위가 확대되고 있다. 특히 학령기 정서·행동장애아동의 수가 증가함에 따라 적합한 학습 및 중재 전략 등에 대한 관심이 높아지고 있다.

1. 개념 및 정의

1) 개념

「장애인 등에 대한 특수교육법」에서는 '정서·행동장애'라는 용어를 사용하고 있다. 가장 많이 사용되어 온 용어는 '정서장애' 및 '행동장애'로 정서장애는 주로 정신건강 전문가들이, 행동장애는 주로 교육 전문가들이 사용해 왔다. 정서와 행동은 밀접하게 연관되어 있고 정서와 행동의 어려움을 가진 개인을 위해서는 정신건강 전문가와 교육 전문가 모두의 지원이 필요하다. 이러한 점을 고려하여 미국의 '전국 정신건강 및 특수교육 연합'에서는 1992년 '정서 및 행동장애'라는 용어를 제안하였다.

정서·행동장애는 정서장애와 행동장애의 특성이 구분된다는 점에서 함께 사용되고 있다. 정서장애는 내재적 문제로 행동장애는 외현적 문제로 접근하는 것이 일반적인 개념이다. 즉 내재적 문제는 정서장애의 정의에 활용되고, 외현적 문제는 행동장애의 특성으로 이해된다. 내재된 문제는 불안과 위축 등이 주요 특성이고, 외현적 문제는 공격성과 반항 등이 주요 문제로 인식된다.

2) 정의

(1) 장애인복지법

「장애인복지법」에서는 정서·행동장애라는 용어를 사용하지 않는다. 대신 정신장애로 설명하고 있다. 즉 대분류의 정신적 장애, 중분류의 정신장애, 그리고 소분류의 정신장애이다. 중분류와 소분류에서 동일하게 정신장애로 분류되는 정신장애는 세분류에서 정신분열병, 분열형 정동장애, 양극성 정동장애, 그리고 반복적 우울장애를 명시하고 있다. 정신분열병 및 분열형 정동장애는 여러 현실상황에서 부적절한 정서반응을 보이는 장애로 설명하고 있으므로 「장애인 등에 대한 특수교육법」의 정서·행동장애와 동일하게 해석된다. 또한 양극성장애와 정동성장애 및 반복적 우울장애는 감정조절, 행동, 사고 기능 및 능력의 장애로 인하여 사회생활에 상당한 제약을 받아 다른 사람의 도움이 필요한 사람으로 설명하고 있으므로 정서·행동장애의 특성으로 이해된다. 따라서 「장애인복지법」에서는 '정서·행동장애'라는 용어를 사용하지 않고, 정신장애로 분류하고 있으나, 정서·행동장애의 특성과 동일함을 알 수 있다.

「장애인복지법 시행령」에서의 정의는 다음과 같다.

> **정신장애인**
> 지속적인 양극성 정동장애(여러 현실 상황에서 부적절한 정서 반응을 보이는 장애), 조현병, 조현정동장애 및 재발성 우울장애에 따른 감정조절·행동·사고 기능 및 능력의 장애로 인하여 일상생활이나 사회생활에 상당한 제약을 받아 다른 사람의 도움이 필요한 사람

(2) 장애인 등에 대한 특수교육법

「장애인 등에 대한 특수교육법 시행령」에 따른 정서·행동장애를 지닌 특수교육대상자란 다음과 같다.

> **장기간에 걸쳐 다음 각 목의 어느 하나에 해당하며, 특별한 교육적 조치가 필요한 사람**
> 가. 지적·감각적·건강상의 이유로 설명할 수 없는 학습상의 어려움을 지닌 사람
> 나. 또래나 교사와의 대인관계에 어려움이 있어 학습에 어려움을 겪는 사람
> 다. 일반적인 상황에서 부적절한 행동이나 감정을 나타내어 학습에 어려움이 있는 사람
> 라. 전반적인 불행감이나 우울증을 나타내어 학습에 어려움이 있는 사람
> 마. 학교나 개인 문제에 관련된 신체적인 통증이나 공포를 나타내어 학습에 어려움이 있는 사람

교육이라는 차원에서 접근하여 정서·행동장애에 대한 정의는 '학습'에 어려움을 보이는 것으로 정의하고 있다.

(3) 기타 정의

① 미국 IDEIA 2004「장애인교육법」에 따른 정서장애에 대한 정의

가. 이 용어는 다음의 다섯 가지 특성 중 하나 이상을 교육적 수행에 불리한 영향을 줄 만큼 장기간에 걸쳐 현저한 정도로 보이는 상태
  a) 지적, 감각적, 건강상의 요인에 의해 설명할 수 없는 학습 문제가 있음
  b) 또래 및 교사와 만족할 만한 대인관계를 형성, 유지하지 못함
  c) 정상적 상황에서 부적절한 행동이나 감정을 보임
  d) 늘 불행해 하고 우울해함
  e) 개인적인 또는 학교 문제와 관련하여 신체적 증상, 통증, 두려움을 보임
나. 조현병을 포함하며, 정서장애라고 판명되지 않는 사회 부적응 아동은 정서장애에 포함하지 않는다.

② 미국 특수교육협회 행동장애분과(CCBD)에 따른 정서장애

(ⅰ) 정서 및 행동장애(emotional or behavioral disorder)는 학교생활에 있어서의 행동이나 정서적 반응이 적절한 나이, 문화, 민족의 표준으로부터 매우 달라서 결과적으로 학업, 사회성, 직업, 개인적인 기술을 포함하는 교육적 성취에 부정적인 영향을 미치게 되는 것으로 특징지어지는 장애이며, 다음과 같은 특성을 보인다.
 (A) 일시적인 현상으로 나타나는 것이 아니며, 환경 내의 스트레스성 사건에 대해서 예측이 가능한 반응을 보이고
 (B) 두 개의 다른 환경에서 지속적으로 나타나고 적어도 그중 하나는 학교생활과 관련된 환경이며 또한
 (C) 평가팀이 아동의 교육능력에 근거하여 교수방법이 적절하지 않다는 판단을 하지 않았는데도 교육 프로그램 내에서의 개별화된 중재에도 불구하고 지속적으로 나타난다.

(ⅱ) 정서 및 행동장애는 기타 장애와 중복되어 나타날 수 있다.

(ⅲ) 항목 (ⅰ)에서 명시한 대로 교육적인 성취에 부정적인 영향을 미치는 경우에는 정신분열증, 정동장애, 불안장애, 품행이나 적응에 문제를 보이는 아동이 포함될 수 있다.

③ 미국의 「국립정신건강연구소」(NIMH: National Institute of Mental Health) 및 「특수교육협의회」(CEC: Council for Exceptional Children)에서 가장 바람직한 정의로 제안한 '정서 및 행동장애'의 정의

(ⅰ) 정서 및 행동장애는 학교생활에서의 행동이나 정서적 반응이 정상또래아동의 연령이나 문화, 민족 내의 평균치로부터 매우 달라서 결과적으로 학업, 사회성, 직업 성격적 면을 모두 포함하여 교육적 수행에 부정적인 영향을 미치게 되는 것으로 특징되는 장애로써
 (A) 일시적인 현상으로 나타나는 것이 아니라, 환경 내의 스트레스성 사건에 대해

서 예측 가능한 반응을 보이며

　　(B) 두 다른 환경에서 지속적으로 나타나고 적어도 그 중 하나는 학교생활과 관련된 환경이며, 또한

　　(C) 교수방법이 적절하지 못하다는 전문가의 판단이 없음에도 불구하고 개별화 교육을 계속적으로 받아 온 경우를 말한다.

(ii) 정서 및 행동장애는 다른 장애와 중복되어 나타날 수 있다.

(iii) 항목 (i)에서 명시한 바와 같이, 교육적 수행에 부정적인 영향을 미치는 경우에는 정신분열증, 애정장애, 불안장애, 품행이나 적응에 문제를 보이는 아동이 포함될 수 있다(이소현, 박은혜, 2011).

미국의 「장애아동교육법」(PL 101-476)이나 우리나라 「특수교육진흥법」 등에서 정서장애로 명명하고 있지만 실제로는 행동장애라는 용어가 더 많이 사용되고 있다. 그 이유는 먼저 학문적 추세의 변화에서 찾을 수 있다. 1950년대 이전의 '사회부적응'이 1960년대 '정서장애'로 바뀌게 된 것은 심리역동적 관점의 영향이며, 1960년대 이후 '정서장애'가 '행동장애'로 바뀐 것은 행동주의적 견해의 영향이라고 볼 수 있다. 둘째, 용어가 가지고 있는 어감의 차이에 기인한다. '정서장애'는 '행동장애'보다 부모에 대한 비난과 그 의미가 부정적인 명칭으로 받아들여지고 있다. 셋째, 정서장애에 관한 접근이 '아동' 중심에서 아동을 둘러싸고 있는 환경을 포함하는 포괄적인 '생태학적 접근'으로의 변화를 시도하고 있고, 병인론에 초점을 두는 '장애'의 관점에서 탈피하여 사회적 맥락을 중시하는 '일탈'의 관점으로 옮겨가고 있기 때문이다. 넷째, 특수교육은 결국 관찰 가능한 행동에 주안점을 둘 수밖에 없기 때문에, '행동장애'가 '정서장애'보다 교육적으로 더 적절한 용어로 인정받고 있다(곽승철 외, 2010; 김진호 외, 2011; 이성봉 외, 2016).

2. 원인과 기질

1) 원인

정서·행동장애의 원인은 생물학적 취약성이나 까다로운 성미와 같은 아동의 내부 요인과 외부 환경적 요인이 적절하게 조정되지 못했을 때 발생한다. 그러나 정서·행동장애의 원인은 하나의 요인보다 복합적으로 발생하는 경우가 많다. 정서·행동장애의 항목별 원인은 다음 〈표 6-1〉과 같다.

〈표 6-1〉 정서·행동장애의 원인

생물학적 요인	유전적 질병, 타고난 성격, 선천적 장애, 타고난 기질 및 건강 상태
가족 관련 요인	부모의 정신병적 요소, 양육 형태, 가족관계 요소
사회문화적 요인	문화적 요소, 물리적 환경, 사회경제적 요소, 사회적 지지 요소
학교 요인	아동의 기능 수준, 교사의 태도, 또래의 태도

2) 기질

- 순한 기질: 천천히 받아들이고 수줍음과 겁이 많아 조심성이 많은 아이로 영유아기 동안 몸의 리듬이 규칙적이고 잠을 자고 먹는 것이 순조롭다.
- 난 기질: 환경변화에 민감한 아이로 영유아기 동안 몸의 리듬이 불규칙하며 쉽게 만족할 줄 모르고 칭얼대거나 짜증내는 방식으로 부정적인 감정표현을 많이 한다. 인내심을 가지고 적절한 지도방법을 찾아 꾸준히 지도하는 것이 좋다.
- 느린 기질: 몸의 리듬이 규칙적이고 긍정적인 감정 표현을 하지만 이런 감정을 표현하기까지 시간이 걸린다. 순한 면도 있지만 새로운 환경에 노출되면 움츠러들며 적응기간이 길다. 아이의 느린 기질을 이해하고 참을성 있게 기다려 주어야 한다.

3. 특성

1) 언어적 특성

정서·행동장애 아동들은 대부분 수용언어와 표현언어 모두에서 어려움을 보이고, 특히 구문론적 표현과 화용론적인 언어사용에 있어서 문제가 두드러지며 학습장애아동과 언어적 특성 면에서 유사한 점이 많다.

2) 인지 및 학업적 특성

정서·행동장애아동의 인지 및 학업능력은 일반아동에 비하여 다소 떨어지는 것으로 보고되고 있다. 교수학습에서 필요한 주의해서 듣기, 지시 따르기, 도움 청하기, 무관자극 무시하기 등에서 어려움을 겪는다. 또한 자신을 소개하기, 사과하기, 대화 나누기 등의 능력이 부족하며 분노나 좌절과 같은 극한 감정을 유발하는 상황에 적절히 대처하지 못한다. 그리고 교사나 친구들과의 관계에 부정적 영향을 끼치거나 나아가 자아개념 손상이나 주변인들로부터의 고립 현상을 가져오는 특성이 있다.

3) 심리사회적 특성

정서·행동장애아동은 외현화 행동특성의 공격적이고 겉으로 드러나는 행동을 보이거나 성숙하면서도 내재화 행동특성의 위축된 행동을 보이는 등의 다양한 사회·정서적 특성을 보인다. 또래보다 공감수준이 낮고 교육활동에 덜 참여하고 친구들과 접촉하는 빈도가 낮으며, 또래 관계가 질적으로 낮을 수 있다. 자리이탈, 소리 지르기, 또래 방해하기, 싸우기, 때리기, 교사훈계 무시하기, 불평하기, 지나친 논쟁하기, 반항하기, 기물 파괴하기, 강탈하기, 또래활동 참여 곤란, 거짓말, 숙제 불이행 등 이러한 행동들은 주위 사람들로부터 부정적인 반응을 얻게 됨으로 해서 대인관계에 어려움을 가진다. 사회적으로 미성숙하고 위축된 행동을 보이는 아동들은 사회적으로 고립되어 친구가 거의 없고, 놀이 기술 등의 필요한 사회적 기술의 결핍을 보이게 된다. 또한 환상이나 백일몽에 빠지기도 하고, 신체적인 고통을 호소하기도 하며, 초기 발달기로 퇴보하여 끊임없는 도움과 관심을 요구하기도 하고, 아무런 이유 없이 우울 증세를 보이기도 한다. 이러한 내재화된 위축행동은 겉으로 드러나는 공격행동과는 달리 잘 발견되지 않는 경우가 많기 때문에 조기 발견을 위해서는 교사들의 각별한 관찰과 관심이 요구된다. 아동 행동 평가척도(Child Behavior Checklist; CBCL)를 사용한 양적 분류체계에서는 문제행동을 8가지로 분류하고 있다. 정서·행동장애의 양적분류는 다음 〈표 6-2〉와 같다(Burlington, 1991).

〈표 6-2〉 문제행동의 양적 분류

외현화 증후군	혼합 증후군	내재화 증후군
■ 비행 • 냉담함 • 나쁜 친구 • 가정내 도벽 ■ 공격성 • 남을 괴롭힘 • 남의 물건 파괴 • 싸움	■ 사회적 미성숙 • 어린 행동 • 놀림 받음 • 아이들이 싫어함 ■ 사고의 문제 • 환청 • 환상 • 이상한 생각 ■ 주의집중 문제 • 주의집중 문제 • 안절부절함 • 충동적	■ 위축 • 혼자 있음 • 수줍음 • 위축 ■ 신체증상 • 피곤 • 통증, 두통 • 복통 ■ 불안·우울 • 잦은 울음 • 두려움, 불안 • 슬픔, 우울

4. DSM-5 분류

1) 외현적 행동 특성별 분류

정서·행동장애는 외부 지향적이며 반사회적 행동을 보인다. ADHD, 품행장애, 적대적 반항장애, 중독증상, 그리고 조현병 등에 대하여 설명하고자 한다.

(1) ADHD

주의력결핍/과잉행동장애(Attention Deficit/Hyperactivity Disorder: ADHD)는 아동기에 많이 나타나는 장애로 지속적으로 주의력이 부족하여 산만하고 과다활동, 충동성을 보이는 상태를 말한다. 주의력결핍 미성숙 부류에 속하는 아동은 학습장애 범주에 속하는 아동들이 경험하는 문제를 가지며 인지적이고 통합적인 문제를 가지고 있다. 주로 충동 통제와 좌절에 대한 인내심 문제, 사고 과정과 기억의 어려움을 겪으며 감정이 자주 변하거나 무력감을 나타내는 특성이 있다. 과잉행동의 문제는 불안정하고 예측할 수가 없고, 주의가 산만하고 충동적이며, 성급하고 파괴적인 특징이 있다. 치료법으로는 약물치료가 가장 효과적이며 인지행동치료 및 사회성기술 훈련이나 환경치료 등도 병행된다(김미경, 안동현, 이양희, 1996). DSM-5의 진단 기준은 다음과 같다.

A. (1)또는 (2)에 해당함

(1) 다음의 주의력 결핍 증상 중 6가지(이상)가 6개월 정도 지속
    a. 학업, 일, 기타 활동 중 세심한 주의를 기울이지 못하거나, 부주의한 실수를 자주 한다.
    b. 과제수행이나 놀이 중 주의집중을 지속하는데 어려움을 자주 갖는다.
    c. 대놓고 이야기하는데도 듣지 않는 것처럼 보일 때가 자주 있다.
    d. 지시를 따라오지 않거나 학업, 심부름, 업무를 끝내지 못하는 경우가 자주 있다.
    e. 과제나 활동을 조직적으로 하는 것에 곤란을 자주 겪는다.
    f. 지속적으로 정신을 쏟아야 하는 일을 피하거나, 싫어하거나, 거부하는 것이 자주 있다.
    g. 과제나 활동에 필요한 것을 자주 잃어버린다(예 숙제, 연필, 책 등).
    h. 외부 자극에 의해 쉽게 주의가 산만해 진다.
    i. 일상적인 일을 자주 잊어버린다.

(2) 과잉행동-충동성 증상 중 6가지(이상)가 6개월 정도 지속
    a. 손발을 가만두지 않거나, 자리에서 꼬무작거린다.
    b. 가만히 앉아 있어야 하는 상황에서 자주 자리를 뜬다.
    c. 적절하지 않은 상황에서 지나치게 달리거나 혹은 기어오른다(성인은 안절부절못함).
    d. 조용하게 놀거나 레저 활동을 하지 못하는 경우가 자주 있다.
    e. 쉴 새 없이 활동하거나 마치 모터가 달린 것같이 행동하는 경우가 자주 있다.
    f. 지나치게 말을 많이 하는 경우가 자주 있다.
    g. 질문이 끝나기도 전에 대답해 버리는 경우가 자주 있다.
    h. 차례를 기다리는 것을 자주 어려워한다.
    i. 다른 사람이 하는 것을 중단시키거나 무턱대고 끼어드는 경우가 자주 있다.

B. 이러한 장애가 12세 이전에 나타나야 한다.

C. 이러한 증상이 적어도 두 개 이상의 환경(예 학교와 가정)에서 나타난다.

D. 사회생활, 학업, 직업 기능의 방해 혹은 질적 저하의 명백한 증거가 있어야 한다.

E. 조현병의 경과중이거나 기분장애, 불안장애, 해리장애, 성격장애, 물질급성중독, 혹은 금단에 의한 것이 아니어야 한다.

다음 〈표 6-3〉은 ADHD에 대한 특성을 세 가지로 분류하여 제시하고 있다.

〈표 6-3〉 ADHD에 대한 특성

분류	전반적 ADHD	과잉행동 ADHD	ADD
행동 특성	외현화가 심함 파괴적인 행동 과도한 내면화 현상	행동문제 심함 과도한 자기파괴적 성향 품행장애 가능성 높음	사회적 위축 인지 처리 속도 느림 자기의식 더 많음

(2) 품행장애

품행장애(conduct disorder)는 반사회적, 공격적, 도전적 행위를 반복적, 지속적으로 행하여 사회 학업 작업 기능에 중대한 지장을 초래하는 장애를 의미한다. 일반아동도 싸우고, 때리고, 소리 지르고, 또 대부분의 일탈된 아동들이 나타내는 행동을 하지만, 품행장애아동은 그 정도가 매우 심한 공격적 행동을 표출한다. 이런 아동들의 사회화되지 않은 공격적 행동은 신체적 또는 언어적 공격성을 특징으로 한다. 또한 이 장애는 어린 연령에서도 나타나고, 사회화된 공격성보다 더욱 흔하다. 품행장애에 대한 DSM-5의 진단기준은 다음과 같다.

A. 3개 항목(이상)이 12개월 동안 있어 왔고, 적어도 1개 항목이 6개월 지속되는 경우
    a. 타인의 기본권리 침해
    b. 사람과 동물에 대한 공격성
    c. 재산, 기물의 파괴
    d. 사기 또는 절도, 심각한 규칙위반
B. 사회적, 학업적, 직업적 기능에 심각한 장애를 일으키는 경우
C. 18세 이상일 경우 반사회성 인격장애 진단 기준에 부합하지 않아야 한다.

원인으로는 가족요인, 사회문화적 요인, 신경생물학적 요인, 소아기적 학대 경험 등이 있으며 치료 방법으로는 한 가지 특정 치료법이 아닌 가능한 모든 방법을 동원하는 복합적인 치료법이 권장된다. 또한 공격성이 뚜렷한 경우나 정서의 불안정, 짜증, 충동성을 줄이는 데 약물요법이 도움이 되기도 한다. 또한 품행장애가 주의력결핍과잉행동장애, 학습장애, 또는 기타 기분장애 등과 같은 질환을 동반하는 경우에는 이에 대한 적절한 약물치료가 병행되는 것이 필요하다.

(3) 적대적 반항장애

사회화된 공격성(socialized aggression)을 보이는 아동이다. 일반아동보다 더 공격적인 행동을 보이며 품행장애 아동과 다르게 이들은 또래에게 인기가 있다. 또한 비행 하위문화의 규준과 규칙을 지키면서 사회화된 공격행동은 품행장애보다 덜 흔하게 나타난다. 이 범주의 특정 행동 증상은 또래집단 상황에서 발생하는 비행활동을 포함하고 사람들의 권리를 방해하는 행동은 나타날 수도 있고 나타나지 않을 수도 있다.

적대적 반항장애에 대한 DSM-5의 진단기준은 다음과 같다.

A. 분노/과민한 기분, 논쟁적/반항적 행동 또는 보복적인 양상이 적어도 6개월 이상 지속되고, 다음 중 적어도 4가지 이상의 증상이 존재한다. 이러한 증상은 형제나 자매가 아닌 한 명 이상의 다른 사람과의 상호작용에서 나타나야 한다.

(1) 분노/과민한 기분
 a. 자주 욱하고 화를 냄.
 b. 자주 과민하고 쉽게 짜증을 냄.
 c. 자주 화를 내고 크게 분개함.

(2) 논쟁적/반항적 행동
 a. 권위자와의 잦은 논쟁. 아동이나 청소년의 경우는 성인과 논쟁함.
 b. 자주 적극적으로 권위자의 요구나 규칙을 무시하거나 거절
 c. 자주 고의적으로 타인을 귀찮게 함.
 d. 자주 자신의 실수나 잘못된 행동을 남의 탓으로 돌림.

(3) 보복적 특성
a. 지난 6개월 안에 적어도 두 차례 이상 악의에 차 있거나 앙심을 품음.
b. 행동장애가 개인 자신에게, 또는 자신과 직접적으로 관련 있는 사회적 맥락(가족, 또래집단, 동료) 내에 있는 상대방에게 고통을 주며 그 결과 사회적, 학업적, 직업적 또는 다른 중요한 기능 영역에서 부정적인 영향을 준다.
c. 행동은 정신병적 장애, 물질사용장애, 우울장애 또는 양극성장애의 경과중에만 국한해서 나타나지 않으며, 파괴적 기분조절부전장애의 진단 기준을 충족하지 않아야 한다.
d. 증상이 한 가지 상황(집, 학교, 직장, 또래집단)에서만 나타나는 경우 경도, 적어도 2가지 상황에서 나타나는 경우 중등도, 3가지 이상의 상황에서 나타나는 경우 고도로 판정한다.

적대적 반항장애를 보이는 아동을 위한 지원방안으로 부모훈련, 기능적 가족중재, 다중체계중재, 학교중심프로그램, 지역사회 기반 프로그램, 인지행동중재, 그리고 사회적 기술 훈련 등이 있다.

(4) 중독

중독이란 정신적, 신체적, 사회적 기능에 장애가 오는 것을 일컫는 말이며 인터넷, 게임, 약물, 알코올 등의 다양한 매체에 몰두하는 증상을 보인다. 이러한 중독은 한 가지 특정 원인으로 설명할 수 없고, 개별적 심리가 복합적으로 작용하는 결과이다. 아동들은 인터넷 등을 통해 현실에서의 경험보다 훨씬 더 강력하고 자극적인 경험들을 접하게 되며 현실적인 문제의 도피처이자 대리만족의 통로로써 매체에 몰두하게 되고, 몰두할수록 현실에서의 의사소통 능력 및 대인관계 능력은 발달되기 어려우며 더욱 중독매체에 매달리게 된다.

(5) 조현병

조현병은 정신증적 행동(psychotic behavior)을 보이며 병리학적으로 심한 정도에 속한다. 자신과 현실에 대한 태도가 전반적으로 손상되어 있으며, 대개 손상은 일상생활을 방해하고 관찰자가 이해할 수 없을 정도로 심각하다. 망상, 환청, 와해된 언어, 정서적 둔감 등의 증상과 더불어 사회적 기능에 장애를 일으킬 수도 있는 뇌질환으로 "조현"이란 사전적인 의미로 현악기의 줄을 고르다는 뜻으로, 조현병 환자의 모습이 마치 현악기가 정상적으로 조율되지 못했을 때의 모습처럼 혼란스러운 상태를 보이는 것과 같다는 데서 비롯되었다. 원인으로는 생물학적 요인, 유전적 요인, 심리사회적 요인이 있으며 증상으로는 망상, 환각 등의 양성증상이 있다. 치료법으로는 약물치료와 정신치료, 재활치료 등이 있다.

2) 내재적 행동 특성별 분류

자신의 내면으로 정서가 지향되면서 갈등을 일으킨다. 아동의 불안과 위축은 일반적으로 쉽게 나타난다. 아동은 전형적으로 자기 의식적이고 과잉반응하며 사회 기술에 결함을 나타내는 특성을 보인다. 그들은 환상에 빠져들고 사회적으로 고립되며 우울과 공포를 느끼고 정상적인 활동 참여를 잘하지 못하며 신체적 질환을 호소한다. 그 하위영역으로는 기분장애와 불안장애 등이 있다.

(1) 기분장애

우울증(우울증, 기분부전장애, 우울기분수반적응장애)과 양극성장애(조증) 등이 있다. 행동치료, 인지치료, 자기조절법, 인지행동치료 등을 적용할 수 있다.

(2) 불안장애

불안장애에는 분리불안, 단순공포증, 학교공포증, 과도불안장애 등이 있다. 또한 외상

후스트레스장애, 강박장애, 공포장애, 일반화된 불안장애, 특정공포증, 사회 공포증, 공황장애, 광장공포증, 급성스트레스장애 등이 있다. 지원방법으로는 모델링, 체계적둔감법, 재노출요법, 인지적재구조화, 자기통제기술, 이완훈련 등이 있다.

5. 진단평가

정서·행동장애의 진단평가에는 간접적 방법과 직접적 방법 그리고 환경 측정 등이 있다.

간접적 방법은 진단평가지나 질문지로 측정하는 방법이다. 아동을 잘 아는 사람이 행동의 기능적 관계, 수행정도, 정서 및 정서적 특성 등을 회상하여 평가에 필요한 정보를 제공하는 것으로 질문지에 응답하거나 면담에 임하는 형태로 정보를 제공한다. 대인관계 강점, 가족에의 참여, 개인내적 강점, 학교에서의 기능적 활동, 정서적 강점, 미래조망 강점 등의 척도를 통해 제시된 기준을 바탕으로 정서 및 행동장애를 평가한다.

직접적 방법은 아동이 생활하는 자연스러운 환경에서 아동의 정서적 특징, 행동상의 특징, 대인관계 등을 직접 측정하는 것이다. 교수계획 수립을 위해서 주로 학교 상황에서 직접 관찰을 하게 되겠지만 때로는 가정을 비롯한 기타 환경에서도 관찰을 실시한다. 직접관찰을 통해 아동의 행동, 환경의 영향, 지원요구 등을 파악하는 데 유용한 정보를 제공한다. 자료 수집은 문제행동이 발현될 때마다 발생장소, 발생시간 별로 관찰 수집한다. 직접 관찰을 위한 방법에는 여러 가지가 있는데, 대표적으로 행동을 얼마나 자주 일어나는지를 관찰하는 빈도기록법, 행동이 얼마나 오래 발생하는지를 관찰하는 지속시간 기록법, 주어진 시간 중 어느 정도의 비율로 행동이 발생하는지를 관찰하는 간격기록법의 세 가지가 가장 자주 쓰인다.

환경 측정은 생태학적 관점에서 중요하다. 정서·행동장애의 진단평가에서 학교 및 가정 등이라는 두 군데 이상의 환경이라는 용어가 자주 등장한다. 특히 환경 측정은 생태학이라는 특수교육에 미친 영향 중 하나이다. 아동의 정서·행동문제가 아동이 가진 생물학적 원인이나 아동의 내재화된 문제에만 기인하는 것이 아니라 아동을 둘러싼 크고 작은 환경 변인의 영향을 받을 수 있음을 알려 준 것이다. 특히 학교와 교실, 그리고 가정 등은 아동을 둘러싸고 있는 주요 환경이므로 이 환경이 갖는 요소들 역시 평가대상이 되어야 한다(곽승철 외, 2010; 김진호 외, 2011; 이성봉 외, 2016).

1) 선별 기준

정서·행동장애의 진단평가 절차의 시발점이 되는 문제의 발견은 선별검사를 통해서 이루어질 수도 있고 선별검사 없이 수행될 수도 있다. 부모가 자녀의 정서나 행동상의 특징이 예사롭지 않음을 발견하여 진단평가를 의뢰하거나, 유아교육기관이나 초·중등학교의 교사가 아동을 지도하는 중에 문제를 발견하여 각 학교차원에서 진단평가를 의뢰한 경우는 선별검사 없이 진단평가 절차가 시작된다.

선별은 본격적인 평가가 필요한지를 결정하는 간단한 검사를 말하는데, 선별 검사의 결과만 가지고는 특수교육대상자로의 선정 여부를 결정할 수 없다. 하지만 많은 수의 아동 중 추가 검사가 필요한 대상을 찾아주기 때문에 잘만 시행된다면 불필요한 진단평가에 드는 시간과 노력을 줄일 수 있다(Kauffman & Landrum, 2008).

2) 진단평가

「장애인 등에 대한 특수교육법」에서는 자폐성장애와 정서·행동장애의 진단평가 유형을 다음과 같이 제시하고 있다.
- 적응행동검사
- 성격진단검사
- 행동발달평가
- 학습준비도검사

3) 영역별 판별도구

(1) 심리정서평가

① 우울증 검사

② 불안 및 기타

③ 투사법

(2) 문제행동평가

① 행동 평가척도

장애아동의 행동평가척도로 주로 사용되는 CBCL(Child Behavior CheckList)과 ASEBA(Achenbach System of Empirically Based Assessment)는 아동 및 청소년의 사회 적응 및 정서행동 문제를 평가하는데 여러 나라가 사용하는 유용한 임상도구이다. 아동 및 청소년의 정서·행동장애의 문제를 진단하고 평가하는 것은 매우 중요하다. 이러한 문제는 대상 아동 및 청소년의 정서·행동적 문제가 학교에서 자신의 학업성취뿐만 아니라 다른 아동에게도 문제가 되어 학교생활이 더 어려워질 수 있기 때문이다. 이러한 악순환을 방지하기 위해 학습지도 전에 미리 그 아동의 상태를 파악하고 그에 따라 중재하는 것이 필요하다. 아동의 상태를 파악하는 데에 사용하는 평가도구는 여러 가지가 있지만, 그 중 아동과 청소년을 평가하기 위해 가장 널리 사용되는 것이 바로 아동·청소년 행동평가척도이다.

우리나라에서 번안한 K-CBCL은 18세의 연령이 표준화에 어려움이 있어 이를 제외하고 4세부터 17세까지의 아동을 대상으로 하였으며, 성별(남, 여)과 연령(4-11세, 12-17세)에 따라 표준화하였다.

- 사회능력척도
- 문제행동증후군척도

(3) 사회성평가

① 교우관계사정: 또래지명법, 평정척도법, 또래행동기술법

② 사회적 평정척도: 사회적 상호작용

③ 사회적응행동검사: 사회성숙도, 적응행동검사(KISE-SAB)

6. 지원 방안

1) 긍정적 행동지원

긍정적 행동지원은 표적행동을 분석하고 행동의 원인과 결과에 대한 인과관계를 구명하고 지원하는 것으로 설명된다. 행동을 분석한다는 뜻은 행동에 대한 이유를 이해하기 위하여 또는 사람과 환경과의 관계에서 행동의 원인을 찾고 지원하기 위한 환경과 특정행동 간의 기능적 관계를 의미한다. 그리고 행동을 긍정적으로 지원한다는 것은 행동을 변화시키도록 돕기 위한 절차를 개발하고 이행하는 것이다. 긍정적 행동지원에 대한 중재는 표적행동 증가시키기, 표적행동 감소시키기, 집단 유관, 행동의 선행통제, 자기 관리, 중재 패키지 등이 있다(김미선, 박지연, 2005; 김진호 외, 2009, 2013).

(1) 문제행동지도

① 행동지원 요인: 강화, 반응대가, 과제분석, 집단강화, 출석부기록, 시계사용, 시간표 조절, 좌석배치, 계약서, 또래교사, 부모면담

② 수업 중 떠드는 아동: 규칙정하기, 자기기록, 강화, 말 안하기 연습, 차별강화, 단서 사용, 반응대가

③ 돌아다니는 아동: 학급규칙 확인, 반응대가, 강화, 이탈허용 등

(2) 사회기술지도

① 공격행동 아동: 시범보이기, 자기방어, 역할놀이, 대체행동 강화
② 위축된 아동: 행동분석, 모둠활동, 강화, 보조인력 활용

(3) 학습준비지도

① 주의집중력 증진: 주의집중을 위한 신호사용, 지속적인 점검, 강화, 신체적 근접성, 좌석배치, 수업진행의 다양화, 지시전달, 개별학습공간, 속도감 있는 수업진행, 교재의 단순화
② 조작력 증진: 시간분배, 질문하기, 지시전달, 집단강화, 교재정리, 교재준비, 과제전달, 숙제하기, 난이도조절, 가정학습
③ 반응정확도 높이기: 정확도 점검, 생각하기, 강화 및 교정연습, 인지행동교정, 적절한 교재, 반응대가, 시험연습, 또래교사

2) 인지적 접근지원

인지적 접근은 정서·행동장애가 인지의 문제로 야기된다는 입장으로 지각이나 신념의 변화를 통해 자신의 정서·행동 반응을 변화시킬 수 있다고 믿는다. 따라서 이 접근법에서는 아동들로 하여금 자신의 목표, 행동, 사고에 대해 정확하게 생각하도록 가르치며 자신의 인지와 세계관을 재구조화하거나 새로운 인지기술과 전략을 사용하여 현재와 다르게 생각하도록 지도한다. 정서·행동장애에 대한 인지적 접근법으로는 인지적 결함이나 왜곡을 합리적인 정서로 수정하는 방법과 문제행동의 특정 패턴에 따라 지도하는 방법 등이 있다.

3) 환경의 조성 및 관리

정서·행동장애아동의 환경과 그룹간의 상호작용의 관리는 무엇보다 중요하다. 아동은 또래집단, 학교, 이웃, 보다 큰 사회적 맥락과 같은 수많은 체계 안에서 존재한다. 생태학적 접근은 아동과 이런 체계들 간에 상호적 관계가 지속적으로 성립된다고 보는 것이다. 예를 들면, 아동은 또래집단에 영향을 주면서 또래집단으로부터 영향을 받으며, 나아가 또래집단은 학교와 영향을 서로 주고받는다. 이런 관계들은 많은 방법으로 개념화할 수 있다.

(1) 환경의 조성

- 아동들과 지지적 대인관계를 형성한다.
- 허락이 아닌 수용적이고 온정적인 분위기를 조성한다.
- 생활에서 지켜야 할 행동의 한계를 분명히 정하여 둔다.
- 학급규칙을 관대하게 정하고, 아동들에게 자주 주지시킨다.
- 일관성을 유지한다.
- 교과학습 기능에 초점을 둔다.
- 아동들이 성공할 수 있는 경험을 제시한다.
- 용서를 하면 지나간 일을 잊어버린다. 즉 과거의 잘못된 행동에 대한 선입견을 가지고 아동을 대하지 않는다.
- 칭찬할 만한 행동이 없더라도 아동을 좋아한다는 마음을 전한다.
- 강화 체계를 수립할 때 모범이 될 수 있는 아동들도 참여하도록 한다.

(2) 환경의 관리

- 문제를 일으킬 만한 물건이나 장난감을 치운다.
- 아동에게 적합한 자리를 배정한다.
- 일과표의 계획과 실행에서 융통성을 고려한다.

- 가위, 칼, 연필 등 위험한 물건에서 눈을 떼지 않는다.
- 잘못된 결과를 가져온 행동은 즉시 제거하도록 한다.
- 수업 시간이 길 때는 진도에 변화를 주거나 운동을 할 수 있도록 중간중간 끊어서 진행한다.
- 아동에게 일관성 있는 요구와 기대를 한다.
- 위기 상황이 오지 않도록 사전에 대비한다.
- 철저하게 기록을 남겨둔다.
- 가능하다면 초등학교 및 중·고등학교 수준의 모든 학교 프로그램에 참여할 수 있도록 한다.
- 정서·행동장애아동을 위해 교실환경을 관리하고 지원하는 방안에 행동계약서가 있다.

행 동 계 약 서

○○○는(은) 다음과 같이 할 것을 약속합니다.	선생님/부모님은 다음과 같이 ○○○를(을) 도와줄 것을 약속합니다.
1. 지각하지 않고 등교 시간에 맞춰 학교에 온다. 2. 집에서 숙제를 해 온다. 3. 선생님이 내 준 과제를 혼자서 완성한다. 4. 도움이 필요할 때는 손을 들어 선생님에게 도움을 청한다. (아동 서명)	1. ○○○가(이) 지켜야 할 약속이 생각날 수 있도록 이야기해 준다. 2. ○○○가(이) 약속한 네 가지 사항을 모두 이행하면 네 개의 토큰을 준다. 3. 토큰은 금요일 오후에 강화물 목록에 있는 것과 교환한다. (교사/부모 서명)

년   월   일

학습평가

1. 정서·행동장애의 개념과 원인을 설명할 수 있는가?
2. 정서·행동장애의 특성과 분류를 설명할 수 있는가?
3. 정서·행동장애의 진단평가와 지원방안에 대해 설명할 수 있는가?

참고 문헌

교육부(2019). 장애인 등에 대한 특수교육법. 교육부.

교육부(2019). 장애인복지법. 교육부.

곽승철, 임경원, 변찬석, 박계신, 황순영(역)(2010). 정서행동장애학생교육. 경기: 교육과학사.

김미경, 안동현, 이양희(1996). 학습문제를 동반한 주의력결핍-과잉행동장애 아동의 특성 분석. 정신건강연구, 15, 122-133.

김미선, 박지연(2005). 학급차원의 긍정적인 행동지원이 문제행동을 보이는 초등학교 장애학생과 그 또래의 문제행동에 미치는 영향. 특수교육학연구, 40(2), 355-376.

김진호, 김미선, 김은경, 박지연(역)(2009). 긍정적 행동지원 : 행동중재를 위한 최신이론과 실제. 서울: 시그마프레스.

김진호, 노진아, 박지연, 방명애, 황복선(역)(2011). 정서행동장애(제9판). 서울: 시그마프레스.

김진호, 박재국, 방명애, 안성우, 유은정, 윤치연, 이효신(역)(2013). 최신특수교육(제10판). 서울: 시그마프레스.

이성봉, 방명애, 김은경, 박지연(2016). 정서 및 행동장애. 서울: 학지사.

이소현, 박은혜(2011). 특수아동교육. 서울: 학지사.

미국 장애인복지법.

American Psychiatric Association(APA). (2013). *Diagnostic and Statistical Manual of Mental Disorders* (5th ed.). Arlington, VA: American Psychiatric Publishing.

Burlington, T. M. (1991). *Integrative guide for the 1991 CBCL/4-18, YSR and TRF profiles*. VT: University of Vermont Department of Psychiatry.

Kauffman, J. M., & Landrum, T. J. (2008). *Characteristics of emotional and behavioral disorders of children and youth* (9th ed.). Upper Saddle River, NJ: Merrill/Prentice-Hall.

https://ko.wikipedia.org/wiki/%EC%A0%95%EC%84%9C_%EB%B0%8F_%ED%96%89%EB%8F%99%EC%9E%A5%EC%95%A0%EC%9D%98_%ED%96%89%EB%8F%99%EC%A0%81_%ED%8A%B9%EC%84%B1%EC%9D%98_%EB%B6%84%EB%A5%98

7장 학습장애의 이해

> **학습목표**
> 1. 학습장애의 개념과 정의에 대하여 이해할 수 있다.
> 2. 학습장애의 특징을 설명할 수 있다.
> 3. 학습장애의 지원방안에 대하여 설명할 수 있다.

　　1940년대까지만 하여도 학습에 문제를 가진 아동을 지적장애, 정서장애 또는 환경에 문제가 있는 것으로 생각하는 경향이 많았다. 그러나 의학이 발달함에 따라 학습에 문제를 가진 아동의 원인을 중추신경계통 이상으로 보기 시작하였고, 이것을 증명하기 위한 많은 연구가 수행되었다. 학습장애라는 인식과 용어는 1980년대에 정착되기 시작하였다. 학습장애아동은 학업에서 한 가지 이상의 어려움을 가지는 특성이 있다. 학습장애에 대한 기본적인 개념과 특성을 이해하면 학습장애아동의 조기 진단평가 및 지원의 가능성을 높일 수 있을 것이다.

1. 개념 및 정의

1) 개념

학습장애(learning disability)라는 용어는 Kirk(1963)에 의해 처음으로 사용되었다. 의료적 원인으로 학습문제를 해결하는 접근 방식의 한계로 학습장애를 설명하였다. 구체적인 설명은 다음과 같다.

> "학습장애는 뇌기능장애나 정서 및 행동장애에 의해 심리학적 장애로 말, 언어, 읽기, 쓰기, 계산, 기타 학교 교과의 한 가지 또는 그 이상의 과정에서 발달의 지체, 장애, 지연을 말한다. 학습장애는 지적장애, 감각장애 또는 문화적·교수적 요인에 의한 결과가 아니다"(Kirk, 1963).

Kirk의 개념이 도입된 이후 Show 등(1995)은 심리적 과정 장애의 개념을 도입하여 원인으로 중추신경계 기능장애를 분명히 제시하였으며, Bateman(1965)은 Kirk의 정의에 기초하여 학습장애의 기초적인 구성요소로 부진을 강조하면서 불일치 개념을 도입하였다. 그리하여 1975년 미국의 전장애아동교육법(PL 94-142)에 학습장애가 규정되었다.

미국 학습장애학회(Association for Children with Learning Disabilities: ACLD, 1963)는 이후 LDA(Learning Disabilities Association of America, 1989)로 명칭을 바꾸어 학습장애를 일생 동안 지속되는 문제로 학습장애의 영향력 범위를 자존감, 직업, 사회적 및 일상생활 활동으로 확대하였고, 사회 기술과 주의력 결핍 문제를 포함시키는 등 점진적으로 개념과 하위 장애의 범위를 확대하였다. 이러한 계기로 학습장애영역이 오늘날까지 발달되어 왔다.

한국은 1994년 특수교육진흥법에서, 일본은 1995년 문부성 회의자료에서, 캐나다와 호주는 2002년에 각각 법으로 학습장애를 규정하면서 진단평가와 교육서비스 제공의 기틀을 마련하고 학습장애의 개념을 확대, 하위유형의 수를 늘리고 있다. 그러나 발달기에 있는 취학 전 아동들의 경우 개인 내적 능력 차이가 상대적으로 크게 나타나기 때문에 능력-성취 차이 기준의 어려움이 있으며, 다른 장애가 아닌 학습장애를 가지고 있는 아동만을 정확하게 확인해 내기가 상대적으로 어려운 점이 현실이다. 또한 학습장애 조기 진단을 위해 사용할 수 있는 검사도구가 충분하지 않으며 학교 학습이 시작되기 전에 장애를 조기 확인하기가 쉽지 않다는 개념적 어려움도 있다.

이러한 이유로 인하여 학습장애아동들에게 적절한 교육서비스를 제공할 기회를 상실하게 되고 그들은 교육적 불일치가 나타나게 된다. 이 경우 일반적인 학습부진이나 학습지진으로 혼용하는 경우가 많다.

학습부진(underachiever)이란 정상 또는 그 이상의 지능을 가진 아동들이 단지 가정환경이나 학습 환경을 비롯한 개인적 및 사회적 환경의 부작용으로 인하여 자신의 능력보다 학업성취 효과가 떨어지는 것을 말한다. 학습부진의 이러한 요소들을 해결해 준다면 학업성취 효과는 향상될 수 있다.

학습지진(slow learner)은 지능이 낮아 학습할 때 시간이 많이 걸리며 전반적인 인지기능의 발달지연이 원인이다. 그러므로 학습장애와는 다른 개념이다.

일반적으로 학교생활부터 성인기의 사회생활에 이르기까지 학습상에 어려움을 갖는 것, 즉 생애주기적인 상태를 학습장애라고 인식하고 있다. 학습장애영역은 정책적, 사회적으로 주요한 변화에서 시작되어 역동적으로 발달되고 있으며, 「장애인복지법」상 등록장애인이 아니더라도 「장애인 등에 대한 특수교육법」에 따라 특수교육 대상이 되고 있다. 학습장애와 학습부진, 그리고 학습지진의 차이를 제시하면 〈표 7-1〉과 같다.

〈표 7-1〉 용어의 차이

장애유형(영문)	지능지수	주원인	기타
학습장애(learning disability)	85-100	중추신경계	자기교시
학습부진(low achievement)	정상	문화적 요인	환경
학습지진(slow learner)	85-70(75)	지적능력	반복학습

출처: 최성규(2015). 통합교육의 이해와 장애학생 교수학습 방법. 2015년 중등교원 수업역량 강화 직무연수(pp. 145-159). 울산광역시 교육연수원. p. 155.

그러나 일선 교육청에서는 학습지진이라는 용어 대신에 학습부진을 사용하고 있다. 즉 학습부진아동을 위한 교수학습 프로그램 등을 개발하고 있다. 비록 동일한 아동을 명명하는 방법에서 차이가 있다고 하더라도 세 용어에 대한 구분이 필요하다.

2) 정의

「장애인복지법」의 장애유형에는 학습장애가 포함되지 않는다. 반면 「장애인 등에 대한 특수교육법」은 복지보다 교육적으로 접근하므로 학습장애를 장애로 분류한다. 그러나 학습장애에 대한 정의가 두 가지 영역을 충족해야 한다는 점에서 교육적 지원의 관점에서 어려움을 보이기도 한다. 즉 지적능력을 알아보기 위한 지능검사는 당장 실시할 수 있지만, 또래와의 평균 점수를 비교하기 위해서는 1년이라는 시간이 필요하다. 즉 지적능력과 학업성취수준의 진단평가에 대한 시기적 불일치는 교육적 지원의 지연을 의미한다. 따라서 진단평가의 정확성도 중요하지만 조기 중재의 필요성이 보다 우선적이므로 학습장애로 의심될 경우는 학업성취수준을 알아보기 위한 1년 동안의 기다림보다 선지원이 우선된다.

(1) 법적 정의

한국의 「장애인 등에 대한 특수교육법」에서는 개인의 내적 요인으로 인하여 듣기, 말하기, 주의집중, 지각, 기억, 문제해결 등의 학습기능이나 읽기, 쓰기, 수학 등 학업성취 영역에서 현저하게 어려움이 있는 사람으로 정의하고 있다.

학습장애에 포함되는 요소를 구체적으로 예를 들어 설명하면 다음과 같다. 첫째, 지적능력이 평균(IQ100) 이하에서 1표준편차 이상이다(즉 1표준편차가 15인 검사 도구에서는 IQ85 이상에서 IQ100 사이). 둘째, 한 과목 혹은 그 이상의 과목에서 지적능력과 성취도의 차이가 심하다. 그 차이는 연령수준에 근거하여 1.75 표준편차 이상으로 차이가 날 때 학습장애로 진단된다.

그러나 시각장애, 청각장애, 운동장애, 지적장애, 정서장애, 환경, 문화 또는 경제적인 불리 등은 학습장애를 일으키는 일차적 요인으로 보지 않는다. 즉 학습장애의 포함요소를 갖추었다고 하더라도 그러한 심한 학습부진이 시각장애, 청각장애, 운동장애에서 일차적으로 비롯되었거나 지적장애나 정서장애에 의하여 비롯되었을 때, 또는 환경, 문화, 경제적인 불이익에서 비롯된 것으로 판정이 되면 학습장애로 분류되지 않고 일차적 장애영역 위주로 분류된다.

학습장애의 정의와 관련한 문제점은 다음과 같다. 첫째, 지적능력의 검사에서 발생되는 오류와 표준편차가 15라는 점이다. 즉 15에 대한 오차의 범위가 4.95이다. 따라서 IQ85가 학습장애를 판정하는 기준이 되는 것이 아니라 IQ80.05 또는 그 이상이 되어야 한다는 결론이 나온다. 둘째, 다른 장애영역으로 분류되는 것보다는 학습장애라는 명칭이 덜 부정적으로 들리기 때문에 부모나 보호자들이 학습장애라는 명칭을 더 선호한다는 것이다.

(2) 기타 정의

① 미국 장애아교육법의 법적 정의

특정 학습장애란, 듣기, 사고하기, 말하기, 읽기, 쓰기, 철자 혹은 산수 셈하기에서 능력상의 결함으로 나타나는 언어를 이해하고 사용하는 것과 관련된 기본적인 심리 과정의 하나 혹은 그 이상의 장애를 지칭한다. 이 용어는 지각장애, 뇌 손상, 미소뇌기능장애, 난독증, 발달상의 실어증 등의 상태를 포함한다. 그러나 이 용어는 시각장애, 청각장애, 운동장애, 지적장애, 정서·행동장애 또는 환경적·문화적·사회경제적 불리함에서 초래된 결과가 일차적으로 작용함으로써 학습상의 어려움을 가지는 아동은 포함되지 않는다.

학습장애의 정의는 지능지수와 학업성취수준의 불일치이다. 이를 증명하기 위하여 지능검사와 학업성취도 검사가 요구된다. 지능검사는 즉각적으로 결과를 알 수 있지만 또래보다 -1.75편차가 있다는 것을 객관화하기 위해서는 1년이라는 시간이 필요하다.

그래서 미국 장애아교육법을 개정한 장애아동교육진흥법(IDEIA, 2004)에서는 학습장애로 의심되는 경우는 진단평가 없이 선 지원할 수 있도록 하였다. 즉 지능검사는 교사 또는 부모의 관찰과 의견 등에 기초하여 학습장애 지원 프로그램을 운용할 수 있도록 하였다. 1년 후에 학업성취수준을 비교하여 학습장애로 진단평가되지 않아도 상관없다는 것이다. 학습장애를 위한 조기중재의 필요성을 강조한 법적 개정으로 이해된다.

② 미국 학습장애 공동협의회의 정의

미국 학습장애 공동협의회(National Joint Committee on Learning Disabilities: NJCLD, 1994)의 정의는 다음과 같다. 학습장애는 듣기, 말하기, 읽기, 쓰기, 추리 혹은 수학적 능력의 습득과 사용에 현저한 어려움이 나타나는 이질적인 장애집단을 지칭하는 포괄적인 용어다. 이들 장애는 그 개인에게 내재되어 있는 것으로서 중추신경계통의 기능장애에 의한 것으로 가정되며 일생을 통해 일어날 수 있다. 자기조절 행동, 사회적 지각 그리고 사회적 상호작용의 문제가 학습장애와 공존할 수 있으나, 그 자체가 학습장애를 일으키지는 않는다. 비록 학습장애가 다른 장애조건(예를 들면 감각손상, 지적장애, 심한 정서장애)이나 외적인 영향(문화적 차이, 불충분하거나 부적절한 교수)과 함께 발생하더라도 이들 조건이 직접적인 원인이 되어 나타나는 결과는 아니다.

학습장애에 대한 정의는 나라마다 다를 수 있지만 공통적인 요소는 지능과 읽기, 쓰기, 말하기, 수학 등의 성취도가 "기초학습기능검사"를 하여 1.75 편차 또는 2년 이상의 지체가 있는 경우 학습장애라 한다. 학업성취능력의 기준을 충족시키기 위해서 감각장애와 문화결핍에 해당하는 경우는 학습장애의 정의에서 제외하였다.

즉 학습장애는 중추신경계 기능장애에 기인되고, 개인의 내적 문제로 감각손상, 지적장애가 원인이 되어서는 안 되며, 개인의 연령과 능력 수준에 적합한 학습을 경험 후에 언어(구어 및 문어)의 습득과 활용, 듣기, 쓰기(철자법), 읽기(독해력), 수학적 추론, 수학적 계산, 주의집중, 기억, 사고, 협응력, 사회성 및 정서적 성숙의 곤란이 학습장애 정의의 조건이다.

지금까지 학습장애에 대한 다양한 정의에 대하여 알아보았다. 여러 정의에서 나타난

공통점은 다음과 같다.

첫째, 지적능력이 정상분포의 평균 수준을 보이면서도 학업성취수준이 낮은 불일치 모형을 보인다.

둘째, 시각장애, 청각장애, 또는 인지장애 등과 같은 장애가 부가적으로 진단되지 않으면서도 보고 듣기, 말하기, 읽고 쓰기, 그리고 인지 영역 등에서 어려움을 보인다.

셋째, 중추신경계의 이상이라고 하지만 정확한 규명이 어렵다.

넷째, 학습장애의 진단평가를 위하여 지능검사 및 학업성취를 객관화할 수 있는 검사가 필요하다.

2. 원인

학습장애를 일으키는 원인을 규명하기는 매우 어려운 실정이나 생의학적 원인과 환경적 원인으로 크게 나누어 살펴볼 수 있다.

1) 생의학적 원인

19세기 의사들은 학습장애의 원인이 뇌 성숙 지연으로 인하여 지각, 사고, 주의집중에 어려움이 될 수 있다고 보았다(Hallahan & Mercer, 2002). 초기 뇌손상과 학습행동과의 관계를 주로 한 연구는 지각장애, 지각-운동장애, 주의집중장애 등에 한정하였다. 그러나 행동주의의 영향으로 뇌손상과 관련된 부정적인 암시를 줄이기 위해 미소 또는 극소(minimal)라는 용어가 추가되었다.

행동 특성 기준에 따라 생의학적 원인에 초점을 두고 학습장애를 진단한다. 뇌의 특정 부분의 손상이 MRI 촬영 등에서 나타나지 않음에도 불구하고 미소뇌기능장애가 원인이 되어 학습장애가 있는 것으로 평가한다.

즉 MRI 촬영 등으로 뇌손상이 나타나지 않음에도 불구하고 학습 또는 행동상의 문제가 나타난다는 것으로 미소뇌기능장애라는 용어를 사용한다. 그 외 조산, 미숙아, 임신 기간 중의 약물복용 및 흡연, 각종 임산부의 질병이나 감염, 태아가 알코올 독소에 노출되는 경우 학습장애의 원인이 되어 나타난다.

분자유전학의 연구에서도 학습장애는 적어도 한 가지 이상은 읽기, 수학, 쓰기장애와 연관되어 있다는 보고도 있다(Hayworth et al., 2009). 그러나 유전과 가정이나 사회의 환경적인 특성의 영향을 서로 분리하기는 어렵다.

2) 환경적 원인

환경적 원인은 아동과 환경 간의 상호작용, 학습 환경의 변화 및 행동을 변화시키기 위한 행동적 강화 등의 상호작용에서 찾고 있다. 초기 읽기 기술에서 어려움을 보이는 것 같은 환경적인 원인도 학습장애에 많은 영향을 미치고 있다(장혜성 외, 2014). 빈곤이나 아주 열악한 환경에서 임산부가 심한 영양 부족 상태로 태아에게 영향을 주어 성장기 까지도 부정적인 영향을 준다.

교육학자들은 열악한 학습 환경은 학습장애의 원인이 되어 학습과 행동문제에 영향을 줄 수 있고, 이에 대한 지원전략의 미비, 즉 체계성이 빈약한 교수계획, 동기화가 낮은 학습활동, 부적절한 교수방법이나 자료 및 교육과정이 학습장애를 심화시킬 수 있음을 지적하고 있다. 그러나 학습장애의 원인이 심화되는 결과로 연계된다는 것을 환경적 요인으로 규명하기는 매우 어려운 실정이다.

학습문제가 환경과 학습경험의 인과관계 또는 생물학적 요인으로 설명되어야 하는 것에 대하여 아직까지 명확하지는 않다. 그러나 원인이 어디에 있든지 환경과 교수학습 지원 방법 등은 학습장애를 악화 또는 극복할 수 있는 요인이라는 점은 분명하다. 김일명 등(2013)도 이러한 요인들이 학습에서 문제를 제공할 경우에 학습장애의 원인이 될 수 있음을 지적하고 있다.

3. 진단평가

학습장애를 진단할 때는 인지활동에 중점을 둔다. 진단 검사로는 지능검사와 학업성취도 검사 등이 있다. 지능검사에는 웩슬러 지능검사(KEDI-WISC), 한국 유아용 웩슬러 지능검사(K-WIPSI), 카프만 지능검사(K-ABC) 등이 있다. 학업성취도 검사에는 기초학습기능 검사(Individual Basic Learning Skills Test)가 있으며 그 외 시-지각발달 검사, 지각운동발달 검사, 시각운동통합발달 검사(VMI)가 있다.

1) 선별 검사

학습장애 진단과 선별은 정상적인 성장과 발달을 예견하고 지원하기 위한 절차이다. 아동을 진단함으로써 아동의 잠재적 문제예방에도 도움이 되며 학습장애 아동 정책, 교원양성 및 기타 예산을 편성할 때 중요한 자료가 되기 때문에 연구대상을 정확하게 선별할 필요가 있다.

먼저 교사는 관찰과 기록을 통해 학습장애를 지닌 것으로 의심되어 선별된 아동의 건강기록부와 생활기록부 및 장애인 등록증 등을 참고하여, 적절한 중재방안을 고안한다. 선별 방법에는 지능검사와 학업성취도 검사들 사이에 서로 불균형이 일어나는지를 살펴보는 방법이 있다.

각 교과영역별로 간편하면서도 측정학적 요건을 갖춘 검사로 유용한 도구로는 교육과정중심측정(Curriculum-Based Measurement: CBM) 절차를 적용한 기초학습기능수행평가(Basic Academic Skill Assessment: BASA)를 이용하여 1분 동안 아동들의 읽기 기능을 교사가 간편하게 측정한다.

이렇게 선별된 아동을 공식적 평가로 의뢰하기 전에 학급 내에서 먼저 교육적인 문제를 해결하기 위하여 특수교사가 일반학급 교사에게 자문을 해 줌으로써 간접적으로 아동에게 도움을 주어야 한다. 또한 일반교사 주도하에 다양한 교수 방법, 교수 전략, 교수 자료, 교수 환경을 통해 최대한의 중재 및 도움을 주도록 한다.

중재 방법 중 하나는 우수한 교수를 먼저 제공한 후 아동의 반응여부에 따라 학습장애를 판별하는 중재반응(Responsiveness To Intervention: RTI)모델이 있다. 우리나라의 경우에는 아동에게 중재를 시도하는 방법이 법적으로 규정되어 있지 않지만, 중재를 시도했음에도 불구하고 학습문제가 지속적으로 나타난다면 평가를 의뢰해야 한다(이소현, 박은혜, 2011).

2) 진단평가

선별 검사 결과 및 평가 전 중재 결과에서 수집된 아동의 모든 정보 등을 바탕으로 아동의 읽기, 쓰기, 수학, 구어 능력 등에서 어느 부분에 결함이 있는가를 구체적으로 검사한다.

각 교과영역별로 한 가지 이상의 표준화 검사를 사용하여 언어영역과 수리영역을 진단한다. 여기서 언어영역에는 말하기, 듣기, 읽기, 쓰기의 4가지 중 읽기와 쓰기를 검사하고, 말하기와 듣기는 언어장애와 중복되어 대상에서 제외한다. 평가 결과 백분위 25% 이하 또는 표준편차를 기준으로 평균에서 -2편차 이상의 차이가 나타나는 경우 학습장애로 진단한다.

읽기 분야에는 낱글자, 단어, 문장, 문단, 문자해부호화와 독해능력을 측정하고, 쓰기 분야는 낱글자, 단어의 받아쓰기 능력, 베껴 쓰기 능력을 측정한다. 수학은 계산과제, 칠판에서 문제를 풀 때 범하는 오류 분석, 교사 관찰, 교사가 제작한 비형식적인 방법을 통하여 평가한다.

검사 시 주의집중 정도, 지각-협응 능력 정도, 학습자아개념, 기본적인 정보처리 능력 등을 살펴보아야 한다. 마지막으로 가장 효과적이라고 생각되는 중재는 지속적으로 투입하고, 무엇보다도 각 교과영역별 핵심기초학습기능요소를 추출해 내는 일이 선행되어야 할 것이다.

〈표 7-2〉는 학습장애아동의 평가를 위해 필요한 영역과 측정 내용을 제시하고 있다. 읽기와 쓰기, 그리고 수학 영역에서의 평가를 위하여 측정해야 하는 내용을 능력 중심으

로 서술하고 있다.

〈표 7-2〉 평가에 필요한 영역

평가 영역	능력별 측정
읽기	• 눈이 일정하게 왼쪽에서 오른쪽으로 진행하는 읽기의 방향성 • 자모 낱자와 소리 대응 • 음소를 읽을 때 연결이 자연스럽게 이어지는 합성 • 정상 발화의 속도로 빠르게 합성하는 능력 • 위의 4가지 기술들을 자동적으로 부드럽게 수행하는 자동성
쓰기	• 낱글자, 단어의 받아쓰기 능력, 베껴 쓰기
수학	• 계산과제 • 칠판에서 문제를 풀 때 범하는 오류 분석 • 교사 관찰 • 교사가 제작한 비형식적인 방법을 통하여 진단

4. 특성

학습장애의 특성은 개인에 따라 매우 다양하다. 학습장애와 중복되어 주로 보이는 장애는 주의집중장애, 정서·행동장애 등이다. 이러한 특정학습장애 현상의 지속성과 심각성 등을 고려해야 한다.

1) 인지 및 학업적 특성

학습장애는 보통 평균 혹은 그 이상의 지능에도 여러 가지 인지처리과정 및 기억능력 등에서 결함을 보이며 그로 인하여 다른 사람에게 의존하여 기억을 위해 연결고리를 제공받으려고 한다. 추론과정에서도 다수의 변인을 복합적으로 적용하고, 이용하는 과제에 어려움을 보인다. 김자경 등(2013)의 연구에서도 학습장애의 학업적 특성은 쓰기와 추론적인 수학문제에서 어려움을 보이는 아동이 제일 많은 것으로 보고되었다. 또한 학습 동기 측면에서는 학습된 무기력, 낮은 동기수준, 거듭된 실패로 운이나 외적 여건으로 돌리는 경향이 있다. 취학 아동들이 겪는 학습의 어려움은 다음의 4가지로 구분된다.

(1) 읽기 학습장애

읽기는 듣고 말하기처럼 성장하면서 저절로 습득되는 영역이 아니다. 학습장애의 영역 중에서 60~70%로 가장 높은 비율을 보이는 것이 읽기 학습장애이다. 읽기 학습장애 아동은 단순히 소리 내어 읽는 단어해독에 어려움이 있다. 하위영역인 낱자와 소리를 연결시켜서 읽는 음운인식, 한눈에 읽고 뜻을 파악할 수 있는 시각단어, 글을 읽을 때 글의 전 후 관계의 내용을 파악하여 단어의 머리글자만 보고도 그 내용을 예측할 수 있는 문맥단서, 단어를 음소 수준으로 분해 한 다음 이것을 모두 합해서 읽을 수 있는 단어구조분석 기술에 많이 미흡하다.

눈의 움직임에 대한 방향성(왼쪽에서 오른쪽으로 이동), 문자와 소리의 일대일 대응, 낱말의 조합을 위한 반응속도, 그리고 음운인식, 시각단어, 문맥단서, 단어구조분석 등과 같은 4가지 기술들의 자동적 수행에서 어려움을 보인다. 또한 언어의 초분절적 특성인 억양, 고저, 강세 등이 읽기에서 잘 드러나지 않으며, 읽는 과정에는 철자의 왜곡, 대치, 생략이 자주 보이고, 읽는 속도가 느릴 뿐만 아니라 읽은 내용을 잘 이해 못하는 특성이 있다.

심성 어휘집이 부족하여 유창성에서도 많은 어려움이 생기고 언어의 소리인 음운론(phonology), 언어의 의미를 뜻하는 의미론(semantics), 단어의 조합 규칙을 아는 통사론(syntax), 그리고 주변 환경과의 상호작용으로 습득된 지식을 말하는 배경지식의 부족으로 전체적인 읽기와 문맥의 파악에 어려움을 보인다. 그러나 충분한 잠재력을 가지고 있음에도 불구하고 초보적인 문자매체를 읽고 의미를 파악하는 데 어려움을 보인다는 것에 주목해야 한다.

읽기 학습장애아동의 특성을 정리하면 다음과 같다.

- 단어가 길수록 조음에 실수가 많다.
- 소리와 글자 간의 일대일 대응을 하지 못하고 통문자 수준으로 읽는다.
- 처음 보는 단어는 읽지 못한다.
- 받아쓰기를 통째로 외워서 수행한다.
- 비슷한 글자를 혼동하여 읽는다.
- 단어 읽기에서 연음법칙, 구개음화, 유음화, 음소첨가, 비음화 순으로 오류를 보인다.
- 글자의 좌우를 바꿔 읽기도 한다.
- 학년이 올라갈수록 다른 과목의 성적도 떨어진다.

(2) 난독증

흔히 사람들은 난독증(dyslexia)을 전혀 글을 못 읽는 아동이라고 말한다. 정확하게 글을 읽고, 글을 읽어주면 이해를 잘 하며, 아동이 올바르게 읽지 못하는 이유는 집중력 때문이지 난독증이 아니라고 생각한다. 또는 읽기가 조금 늦을 뿐이지, 고학년이 되면 다 읽게 될 것이라고 많은 사람들이 오해하기도 한다.

이처럼 난독증이라는 명칭 자체가 '잘 읽지 못하는 능력'이라고 해서 글을 읽는 것만 문제가 있을 뿐 의사소통이나 쓰기에는 전혀 문제가 없다고 생각하지만, 난독증에 대한 연구가 활발하게 이루어짐에 따라 현재는 모든 언어활동, 즉 읽기와 쓰기에 어려움이 있을 뿐만 아니라 듣기 말하기, 그리고 동작성 영역에 있어서의 문제들까지도 난독증의 범주에 포함시키고 있다.

2015년 한국학습장애학회는 우리나라 초등학교 난독증 추정 1%, 고위험군 2.2%, 저위험군 1.4%로 추정하고, 학습부진, 저성취아동, 기초학습부진 이라는 명칭으로 난독증 아동을 간과하고 있는 문제점도 있다고 지적하였다. 난독증 아동들이 겪는 어려움은 학교 내 사각지대에서 학습 부진 현상, 학교에서의 낙인, 학습화된 무기력, 낮은 자존감으로 인하여 정서·행동까지도 문제가 발생할 가능성이 높음을 경고하였다.

국제난독증협회(International Dyslexia Association: IDA)에서 말하는 난독증은 신경학적 원인을 가진 특정학습장애의 하나로 정확한 단어인지에 어려움이 있고, 빈약한 철자법, 해독능력에 문제가 있으며 읽기이해 문제를 포함하고 정확하거나 유창한 단어 인지의 어려움, 해독 및 철자능력의 부진 등이 특성이다.

성인 난독증인 경우는 취업준비나 사회생활에 있어 어려움을 겪을 수 있다. 그러나 아동 난독증은 자기 자신을 잘 표현하지 못하기 때문에 성인 난독증보다 사회적으로 더 큰 문제가 된다. 아동은 말과 글을 통해 소통하고 정보를 습득하면서 여러 사회적 기술을 학습한다. 그러나 난독증은 정보의 습득 제한으로 환경에서 고립되어 사회성 발달에 부정적인 영향을 미치게 된다. 따라서 아동 난독증은 학업의 어려움은 물론이고 교우관계에서도 어려움을 제공할 수 있으므로 난독증의 조기중재는 중요하다. 조기중재는 난독증으로 인한 학습 및 생활의 어려움을 최소화 할 수 있다. 그러나 난독증의 조기중재를 현실화하기 위해서는 부모와 일반교사의 난독증에 대한 이해, 교육현장에서 전문성을 갖춘 인력 확보, 그리고 난독증 지원을 위한 교수학습 방법 연수, 그리고 자료제작 및 보급 등이 필요하다. 각 지역 교육청에서는 난독증 아동의 진단평가 및 교육적 지원을 위해서 법적근거를 마련하고 대책을 수립하고 있다.

(3) 쓰기 학습장애

쓰기도 듣고 말하기처럼 성장단계에서 자연스럽게 습득되지 않는다. 쓰기 학습장애는 환경적 원인과 교수적 원인에 의해 발생하는 장애영역이다. 운동기능 통제 및 시·지각 기억 등으로 쓰기에 어려움이 있거나 나이, 지능, 교육수준에서 기대되는 정도보다 현저하게 쓰기 능력이 낮아서 학업과 일상생활에서 어려움이 수반되는 것이 특성이다.

쓰기에서 문제가 발견되는 것은 문장 내의 문법적 오류를 포함하여 구두점과 철자법과 같은 맞춤법의 오류, 그리고 문단 구성과 설명력의 빈약 등으로 나타난다.

신경학적이나 시·지각 능력에 문제가 있는 경우는 글을 보고 쓸 때가 누군가가 읽어 줄 때보다 오류를 더 많이 보이고 청·지각 능력에서 문제가 있는 경우라면 받아쓰기에서 오류가 많이 생긴다. 쓰기 학습장애아동이 쓴 글씨는 글자의 크기나 간격이 맞지 않아 알아보기가 매우 어렵다. 또한 자기가 쓴 글자도 못 읽는 경우가 많다. 글쓰기 속도가 느리고 쓰기를 힘들어하는 특성도 보인다.

쓰기 표현의 특성은 어휘가 제한되어 있고, 읽기에 어려움이 있으며, 문법과 구문사용 능력이 제한된 아동은 자신이 마음속으로 생각한 것을 글이나 그림으로 표현하는 데 어려움이 있다.

예상보다 많은 아동이 이 영역에서 어려움을 겪으며, 향후 작문능력에 한계를 보이는 원인이 되기도 한다.

쓰기 학습장애아동의 특성을 정리하면 다음과 같다.

- 단어를 잘 못 쓰는 경우가 많다(**예** 바지 → 반지, 8반 → 8, ㅌ → ㄷ).
- 받아쓰기나 띄어쓰기를 못한다.
- 문자나 숫자를 거꾸로 쓴다(**예** 수박 → 박수, 31 → 13, god → dog).
- 어휘가 제한되어 있고, 읽기에 어려움이 있다.
- 자신이 마음속으로 생각한 것을 글이나 그림으로 표현하는데 어려움이 있다.
- 짧은 작문과 복잡한 생각은 피하는 경향이 있다.
- 연필 쥐는 것이 서투르다.

(4) 수학 학습장애

수학 학습장애에 대한 연구는 읽기, 쓰기장애에 비해서 제한적이다. 덧셈, 뺄셈, 곱셈, 나눗셈 등의 기본적인 계산 기능, 학습과 추리력, 분수, 십진법, 기하, 대수, 삼각법 등의 고차원 계산과 언어능력을 전제하는 수학교과 영역의 학습에서 어려움을 보인다. 그러나 충분한 형식적 수학 교육 또는 수 개념 이해가 정확하게 형성되지 않은 유치원이나 초등학교 1학년 과정에서의 수학 학습장애에 대한 진단평가는 한계가 있다. 때로는 초등학교 고학년의 수학 학습장애에 대한 진단평가에서도 한계가 있을 수 있다. 수학 학습장애아동은 자신의 연령과 지능지수에 비하여 현저히 낮은 학업성취수준을 보이는 것이 특성이다.

수학 학습장애아동의 특성을 정리하면 다음과 같다.

- 숫자를 쓰거나 읽는 데 어려움이 있다.
- 수식이 바뀌어도 이전에 했던 방식으로만 계산한다.
- 방향이나 시간개념을 습득하는 데 어려움이 있다.
- 자릿값을 이해하지 못해 숫자의 배열에 어려움을 느낀다.
- 더하기, 곱하기는 잘 할 수 있으나, 빼기, 나누기는 하지 못한다.
- 머릿속으로 계산은 할 수 있으나 계산한 것을 적을 수 없다.
- 계산 부호를 혼동하며, 암산을 잘 하지 못한다.
- 한 묶음 안의 물체 수를 세지 못한다.
- 분수와 소수, 백분율의 문제를 어려워한다.
- 적절한 문제 해결 전략을 습득하거나 사용하는 데 어려움을 지닌다.
- 구해진 답이 합당한지를 알지 못한다.
- 학습한 수학적인 기술을 다른 유형의 문제나 과제로 일반화하지 못한다.
- 차트, 그래프, 또는 표를 이해하지 못하거나 만들 수 없다.

2) 주의집중 및 신체 지각적 특성

학습장애아동의 약 1/3 정도가 주의집중에 문제가 있으며, 특히 선택적 주의집중에 어려움이 있다. 행동적 특성에서는 충동성 및 과잉행동을 보이고, 작업 동작이 어설프고 우둔하며 꼼꼼하지 못하다. 시각변별장애, 청각변별장애, 시각운동장애, 순서장애 등을 보이며, 이러한 아동의 90% 이상은 읽기에서 어려움을 보인다. 또한 하나의 상황에 맞는 기술 또는 개념을 이해하여 실행하는 능력은 있으나, 반면 다른 상황에서 학습한 내용을 적용할 때 말로는 그 전략을 설명할 수 있으면서도 실행력으로 나타낼 수 없다. 학습장애아동의 주의집중 및 신체 지각적 특성을 정리하면 다음과 같다.

- 문에 잘 부딪히는 경향이 있다.
- 계단을 오르내릴 때 발이 걸려 잘 넘어진다.
- 운동능력이 부족하여 뛰기, 달리기 등에서 미흡하다.
- 공부는 하지 않지만 교실에서 조용히 있다.
- 한자리에 가만히 오래 앉아 있기가 힘들다.
- 수업 중에 몸을 자꾸 움직이며 다른 사람을 방해한다.
- 쉽게 주의가 산만해지고 집중 시간이 짧아 과제를 마치기가 힘들다.
- 일을 급하게 하지만, 그 결과가 잘못되는 경우가 많다.
- 줄 서기에 어려움이 있고, 친구를 괴롭히며 큰소리로 떠든다.

3) 심리사회적 특성

누적된 학습실패, 즉 학습된 무기력으로 학습에 대한 자존감이 낮다. 그래서 부정적 귀인 또는 낮은 자아개념이 학습장애로 영향을 미치게 되고, 학습장애는 학습된 무기력으로 연계되는 악순환이 형성된다. 또한 부모와 교사는 학습장애아동의 심리 사회적 특성으로 인하여 자녀 또는 아동에 대한 기대가치가 낮을 경우에 문제는 심각성을 가속시킨다.

피그말리온 효과는 학습장애아동의 심리 사회적 특성을 완화 또는 소거시키는 역할을 담당한다. 학습장애아동의 학습을 위한 동기부여 제공 및 눈높이 기대가치를 계속해서 상승시킬 수 있도록 부모와 교사는 노력해야 한다. 부모와 교사의 학습장애아동에 대한 기대는 결과적으로 학습에 대한 자신감을 회복시키고 나아가 대인관계 형성에 긍정적 영향을 미치는 주요 요인이 된다. 학습장애아동의 심리 사회적 특성을 정리하면 다음과 같다.

- 작은 실수도 견디지 못하고 감정의 기복이 심하다.
- 새로운 과제 시도를 하지 않으려고 하며 변화를 싫어한다.

- 동기부여가 낮아 '안 한다'라는 말을 자주 사용한다.
- 친구와 어울리지 못하고 쉬는 시간에도 혼자 있는 경우가 많다.
- 사회성이 부족하고 자신감이 낮으며, 위축되어 있다.
- 위의 경우가 누적되어 학교 가기를 싫어한다.

5. 지원방안

학습장애의 대표적인 영역은 읽기, 쓰기, 그리고 수학이다. 세 가지 영역에 어려움이 있는 학습장애아동을 위한 지원방법은 다음과 같다.

1) 읽기 지원

읽기지도 방법으로는 상향식 접근법과 하향식 접근법이 있다. 읽기 학습장애아동을 지도할 때는 상향식 접근법이 효과적이다.

상향식 접근법의 지원방안은 음소 수준 음운인식 → 음절 수준 음운인식 → 단어(모음 발음/변별 → 자음 발음/변별) → 어절(음소조작을 이용한 음절 수준 읽기와 쓰기) → 음운 변동이 없는 단어 수준 읽기 → 음운 변동이 없는 문장/단락 수준 읽기 → 음운 변동이 있는 단어 수준 읽기 → 음운 변동이 있는 문장/단락 수준 읽기 → 철자 쓰기의 순서로 지도하는 것이다.

음소를 가르치는 방안으로는 단모음 → 이중모음 → 자음의 순서로 지도한다. 모음부터 가르치는 이유는 모음 하나로 음절을 만들 수 있고 인식하기 쉽기 때문이다. 모음의 음가를 혼동하지 않도록 발음의 차이가 큰 모음을 짝으로 구성하여 지도한다 (예 ㅣ/ㅔ, ㅏ/ㅜ, ㅗ/ㅐ, ㅓ/ㅡ).

모음 발음의 지도방법은 가르치고자 하는 모음 발음을 교사가 입모양과 연결시켜 아동에게 보여주고, 교사의 발음대로 따라 발음하면서 모음의 입모양 그림을 찾아낸다. 다음은 반대로 아동은 입모양 그림에 해당하는 모음을 찾고 그 입모양대로 발음해 본다. 교사가 여러 가지의 모음을 연속으로 불러주면 아동은 받아쓴다.

자음의 지도 순서는 조음위치를 기준으로 ㅂ-ㅃ-ㅍ-ㅁ → ㄱ-ㄲ-ㅋ-ㅇ → ㄷ-ㄸ-ㅌ-ㄴ → ㅈ-ㅉ-ㅊ → ㅅ-ㅆ → ㅎ-ㄹ → 받침 ㄴ-ㅁ-ㅇ-ㄹ → 받침 ㄱ-ㄷ-ㅂ 순서이다.

자음 발음의 지도방법은 예를 들어 /ㅂ/발음인 경우 낱자는 아동에게 보여주지 않은 채, 교사가 먼저 /ㅂ/ 발음의 입모양을 아동에게 보여준 후 아동도 똑같이 소리 내도록 한다. /ㅃ/, /ㅍ/, /ㅁ/도 같은 방법으로 지도하면서 /ㅂ/와 차이를 느끼게 한다. 이러한 발음들을 제대로 습득하면 어떻게 소리 나는지를 찾는 과제도 해 본다. 여러 가지의 입모양이 있는 과제를 보고 자음의 소리를 연속해서 발음연습을 해 본다. 마지막으로 교사는 /ㅂ/, /ㅃ/, /ㅍ/, /ㅁ/ 중에서 하나를 골라 발음하면 아동은 발음을 듣고 해당되는 입모양 그림을 찾아낸다. 이러한 과제에 숙달이 되면 낱자를 가르친다.

1음절 → 2음절 이상의 단어로 읽고 쓰는 연습(음운 변동 없이 소리 나는 대로 읽고 어떤 단어든지 정확하게 읽는 수준이 되면) → 유창성 연습으로 진행한다. 같은 단어에 형광펜으로 색칠을 해 주면 도움이 될 것이다.

유창성 연습의 첫 단계는 동요 읽기, 동시 읽기, 짧은 글 읽기를 사다리 게임으로 학습자 스스로가 읽을 주제를 선택해서 읽게 하여 책임감과 성취감, 그리고 재미를 느끼게 한다. 두 번째 단계는 감상 글 읽기, 설명 글 읽기, 주장 글 읽기 등 다양한 종류의 글을 읽으면서 내용을 고려하여 유창하게 읽는 연습을 한다. 세 번째 단계는 전래동화 읽기, 역할극 읽기, 뉴스 읽기 등을 통하여 인물 특성, 인물 묘사, 정보 전달의 중요성을 염두에 두고 읽는다. 네 번째 단계는 비슷하고 빨리 발음하기 어려운 단어들이 있는 문장을 빨리 읽는 게임인 '빠른 말놀이'를 통하여 읽기에 흥미를 가지게 한다.

읽기의 연습방법을 예로 들면 다음과 같다.

(1) 모음 연습: 아파, 어머, 오호, 우주, 애기, 이미, 으로, 세제, 하얀, 여자, 요새, 유리, 예스, 기와, 회사, 배워, 위해, 의사 등

(2) 자음 연습: 보배, 뼈, 파도, 매미, 하마, 거기, 까지, 쿠키, 마디, 따라, 타조, 누나, 로마, 자주, 찌개, 차표, 수사, 쓰다. 수업, 임무, 잉어, 악기, 곤, 안부, 일기 등

(3) 음절 연습: 빗, 팥, 연못, 잘못, 얼굴빛, 앞치마, 기뻤지만, 미안했소, 못생겼더라, 달라졌구나 등

(4) 무의미단어 연습: 단바드, 아콜라, 몸바쉬, 엔테베, 적도기니, 포트장틸, 비드고슈치, 구지란왈라, 쿡스하펜콜링 등

(5) 기타: 짧은 글 읽기, 단어목록 빨리 읽기 연습(speeded word chart), 아동과 부모 또는 교사가 빠른 속도로 함께 읽기, 교사가 먼저 읽어 주면 아동이 똑같이 읽기 등

2) 쓰기 지원

한글에서 읽기보다 쓰기에 어려움을 보이는 아동이 많다. 쓰기의 최종 목표는 자신의 주장을 글로 표현하는 작문이다. 작문을 잘하기 위한 전제조건에 쓰기를 위한 철자 능력이 있어야 한다. 이러한 능력을 키우기 위한 쓰기 지원방안은 끝소리 규칙, 겹받침, 음운 변동, 준말, 형태소 인식에 맞추어 아동이 직접 쓰는 활동을 줄이고 대신 틀리게 쓴 글자와 비교 대조하는 방법을 통해 시각적 형태를 인식하는 능력을 향상시킬 수 있다.

이 방안은 그림을 보고 맞춤법에 맞는 단어 고르기 → 틀린 단어를 맞춤법에 맞게 고쳐 쓰기 → 문장의 빈부분에 맞는 단어 넣기 → 문장을 보고 맞춤법이 틀린 부분 고쳐 쓰도록 하는 것이다.

받침이 없는 단어를 먼저 연습한 후 받침이 있는 단어를 연습한다. 쓰기를 따로 가르치는 것 보다 읽기와 같이 간단히 자주 지도하는 방법이 효과적이다.

김애화와 김의정(2018)은 학령기 아동을 위해 쓰기 연습 방법으로 집중적으로 반복 연습을 한 후 자기 교정법 활동인 목표 단어를 보여주고, 목표 단어를 약 3초 정도 가리고(cover), 단어를 기억해서 쓰고(copy), 마지막으로 단어를 보여주면서 문제의 단어와 자

기가 쓴 단어를 비교(compare)하게 하였다. 예를 들어 대추, 대로, 대포, 부채의 단어를 보여주고 'ㅐ'에 ○를 치면서 각 단어를 읽은 후, 각 단어를 가림판으로 약 3초 정도 가리고 외워서 쓰고, 맞게 썼는지 확인한다. 마지막으로 각각의 목표 단어를 두 번 더 반복하여 써 보도록 한다.

학교에서 늘 혼자 남아서 받아쓰기 연습을 하거나, 무조건 외워서 쓰기를 익히는 전통적인 방법보다는 새로운 단어가 나왔을 때 발음을 하면서 모래판 위에 글씨를 써 보게 하거나 점토나 아이클레이 등으로 글자를 만들면서 익히는 다감각 접근법(Fernald method)은 아동의 쓰기 학습에 흥미를 가지게 하는 좋은 방법이다.

정재석과 이춘화(2018)는 음소 수준으로 받아쓰기 → 음소 분절을 이용하여 음절 수준 받아쓰기 → 음소 대치를 이용한 음절 수준 받아쓰기 → 소리 나는 대로 적기 → 소리대로/맞춤법대로 철자 비교 → 틀리기 쉬운 철자 익히기 → 음운 변동/겹받침 표기 비교하기 → 맞춤법에 맞게 교정하기 → 소리 나는 대로 적은 문장 보면서 교정하기의 순서로 지도하는 방법도 소개하고 있다.

읽으면서 쓰는 습관을 키우면 철자에서 실수를 줄일 수 있는 방법이 된다. 맞춤법에 맞게 올바르게 고쳐 쓰는 문제를 많이 접하는 것도 도움이 된다(예 군자로 국을 떠요, 횐단보도로 건너요). 그 외에도 컴퓨터를 이용한 방법이 있다. 초등학교 3~4학년 때까지 컴퓨터를 이용하여 화면에 숙제나 문서들을 띄워 편집하는 방법으로 시각운동 협응력을 키워서 쓰기를 지도할 수 있는 방법이다. 학습장애아동의 어려움을 이해하여 쉬운 과제부터 반복적으로 꾸준히 지도하여야 한다.

3) 수학 지원

수학 학습장애는 적절한 중재와 처치를 통해 나아질 수 있다는 점에 대하여 많은 학자들은 함의하고 있다. 교수방법을 제시하면 다음과 같다. 문장제 문제를 제시하고 강화시키는 방법을 지도하기 위하여 문장제 문제의 문장을 읽거나 듣고 상황을 이해 → 문제해결을 위해 조작할 수 있는 구체적인 자료 이용 → 문장제 문제를 계산활동과 관련시켜

수식으로 바꾸기(6-2=( )) → 정답 계산 → 정답 검토의 방법이 있다.

만약 수학 학습과정에서 잘못 학습된 개념들은 오답 작성을 하면서 사칙연산에 대한 개념을 이해하고 오류를 보이면 즉시 정확한 피드백을 준다. 오류가 있을 때에는 그에 대한 절차를 반복적으로 연습하도록 하고, 수학 동화를 이용하여 수학의 개념형성을 쉽고 재미있게 지도하는 방법이 있다.

도형 및 공간 감각을 연습시키기 위해서는 보드게임을 이용하여 컵 쌓기 활동을 하면서 공간 감각의 개념을 익힌다. 사칙연산에서도 보드게임을 활용하여 10의 보수, 숫자 더하기, 빼기 등을 게임으로 지도하면 자연스럽게 수에 대해 익힐 수 있다. 친구들과 같이 공유할 수 있는 보드게임의 방법은 수학뿐만 아니라 사회적 규칙을 익히게 되며 또래관계와 긍정적으로 사회성 향상의 기법도 함께 익힐 수 있다.

학습평가

1. 학습장애의 개념과 정의에 대하여 설명할 수 있는가?
2. 학습장애의 특징을 설명할 수 있는가?
3. 학습장애의 지원방안에 대하여 설명할 수 있는가?

참고 문헌

강위영, 정대영 편저(2001). 학습장애아동 교육. 서울: 형설출판사.

김동일(2018). 난독증 학생을 위한 교육적 지원: 개념적 접근과 체제 구축. 2018난독증연합학술대회자료집. 1-16.

김일명, 김원경, 조홍중, 허승준, 추연구, 윤치연, 박중휘, 이필상, 문장원, 서은정, 유은정, 김자경, 이근민, 김미숙, 김종인, 이신동 공저(2013). 최신특수교육학. 서울: 학지사.

김애화, 김의정 공저(2018). 학령기 아동을 위한 단어인지 및 철자 프로그램. 서울: 학지사.

김자경, 강혜진, 김주영 공저(2013). 저소득층 학습장애 위험군의 학습문제 유형과 인지 및 학업적 특성 비교. 특수교육저널:이론과실천, 14(4), 57-80.

이소현, 박은혜 공저(2011). 특수아동교육. 서울: 학지사.

장혜성, 김수진, 김호연, 최승숙, 최윤희 공역(2014). 특별한 학습자를 위한 특수교육. 서울: 학지사.

정재석, 이춘화 공저(2018). 읽기 자신감. 서울: 좋은교사운동.

최성규(2015). 통합교육의 이해와 장애학생 교수학습 방법. 2015년 중등교원 수업역량 강화 직무연수(pp.145-159). 울산광역시 교육연수원. p. 155.

Hayworth, C. M. A., Kovas, Y., Harlaar, N., Hayiou-Thomas, M. E., Petrill, S. A., Dale, P. S., & Plomin, R. (2009). Generalist genes and learning disabilities: A multivariate genetic analysis of low performance in reading, mathematics, language and general cognitive ability in sample of 8000 12-year-old twins. *The Journal of Child Psychology and Psychiatry, 50*, 1318-1325. doi:10.1111/j.1469-7610.2009.02114.x

Hallahan, D. P., & Mercer, C. D. (2002). Learning disabilities: Historical perspectives. In R. Bradley, L. Danielson, & D. P. Hallahan (Eds.), *Identification of learning disabilities: Research to practice* (pp. 1-67). Mahwah, NJ: Erlbaum.

Kirk, S. A. (1963). Behavioral diagnosis and remediation of learning disabilities. In Proceedings of the Conference on Exploration into the Problems of Perceptually Handicapped Child, First Annual Meeting, Vol. 1. Chicago: April 6, 1963.

Marion Sanders (2003). 난독증의 이해. 서울: 학지사.

Schulte-Korne, G., Ziegler, A., Deimel, W., Schumacher, J., Plume, E., Bachmann, C., Kleensang, A., Propping, P., Nothen, M. M., & Warnke, A. (2007). Interrelationship and familiality of dyslexia related quantitative measures. *Annals of Human Genetics, 71*(2), 160-175. doi: 10. 1111/j.1469-1809.2006.00312.x

8장
의사소통장애의 이해

> **학습목표**
>
> 1. 의사소통장애의 개념과 정의에 대하여 이해할 수 있다.
> 2. 의사소통장애의 원인과 진단평가에 대하여 알 수 있다.
> 3. 의사소통장애 아동의 특성과 지원방안에 대하여 이해하고 적용할 수 있다.

　　살아있는 모든 생물체는 그들 고유의 의사소통체계가 있다. 인간은 사회적 동물인 만큼 사회적 규약에 의한 의사소통체계가 발달되었는데 그 대표적 수단이 '언어'이다. 언어는 다시 말과 언어로 나누어 본다. 말은 언어학적인 기호를 인간의 조음기관을 통해서 산출하는 것으로 그 과정 중 문제가 있는 경우 '말장애'라 한다. 언어는 사회에서 약속된 신호나 상징을 음성음향적 및 다른 수단으로 산출하는 것으로 중추신경계의 불완전한 발달이나 결함으로 문제가 발생할 경우 '언어장애'라 하며 이 둘을 합쳐 '의사소통장애'라 한다.

1. 개념 및 정의

1) 개념

(1) 의사소통

의사소통(communication)이란 서로 간의 생각이나 의견, 그리고 감정 등의 의사를 주고받는 것을 의미한다. 따라서 수단으로 말, 언어, 몸짓, 시선, 표정, 초음파, 봉수 등을 들 수가 있다. 이 중 구어 능력이 있는 사람들은 말을 통해 의사소통을 함으로써 가장 빠르고 편리하게 의사소통을 할 수 있으며, 구어를 의사소통 수단으로 하지 않는 사람들은 수어나 다른 의사소통 방법을 이용하여 소통한다. 동물들은 대부분 본능적이기는 하나 소통을 위하여 나름대로의 의사소통 수단을 사용한다. 예를 들어 벌은 몸동작으로 자신이 찾은 꽃가루의 정보(거리, 방향, 양 등)를 알려주고, 돌고래는 초음파를 이용한다. 다시 말해 의사소통이란 개인이 가지고 있는 생각이나 감정 등의 정보를 상대에게 전달하기 위하여 여러 가지 수단을 이용하여 전하고 또한 상대의 정보를 받아들이는 전 과정을 말한다. 이러한 어느 한 과정에서 문제가 발생하여 의사소통에 어려움을 초래하였을 때 의사소통장애라고 한다. 의사소통장애를 이해하기 위하여 우리는 말과 언어가 의사소통과 다른 점이 무엇인지 살펴볼 필요가 있다.

(2) 말

말(speech)이란 인간이 의사소통을 하기 위하여 필요한 근육활동을 통해 언어학적인 기호를 조음 및 음향학적으로 산출하는 것을 의미한다. 즉 뇌의 명령을 받아 호흡기관을 통해 기류를 발생시키고 성대를 통해 발성을 하고 구강이나 비강 등을 통해 공명을 일으키며 조음기관을 통해 음가를 만들어 산출하는 과정을 말한다. 이러한 단계를 말 산출을 위한 생리적 과정이라 하며, 이러한 발화 과정을 거쳐 의사소통 하는 것을 말이라 한다. 이 단계 중 어느 한 부분에서 문제가 발생하여 말에 어려움을 초래하였을 때 말장애라 한다.

(3) 언어

언어(language)란 말처럼 인간이 의사소통을 하기 위하여 사용하는 수단으로, 하나의 집단을 대표할 수 있는 생각이나 감정 등을 표현하기 위한 신호 및 부호를 이해하고 사용하는 방법을 알아야 한다. 이러한 특정한 규칙을 가진 상징체계를 통하여 의사소통하는 것을 언어라 한다. 구어(말), 기호, 몸짓, 글 등이 여기에 속하는데 언어는 조건을 가진다. 예를 들어 우리나라 사람들이 사용하고 있는 국어는 우리나라 사람들 간의 사회적 약속으로 한글이라는 상징을 갖는다. 한글이 언어적 조건을 충족하는 이유는 형태, 내용, 사용 방법을 가지고 있기 때문이다. 이렇듯 세계 각 나라는 각자 사회적 약속에 의해 조건을 충족한 상징체계 즉 언어를 가지고 의사소통을 한다. 이러한 의미에서 볼 때 청각장애인들이 사용하고 있는 수화도 그들 간의 약속과 상징으로 된 언어의 조건을 충족하는 비구어적 언어로 하나의 언어가 된다. 따라서 수화라기보다 수어라고 하는 것이 더 바람직하다고 할 수 있다.

이상을 살펴보았을 때, 의사소통은 말이나 언어의 개념을 포괄하여 훨씬 폭넓은 개념이다.

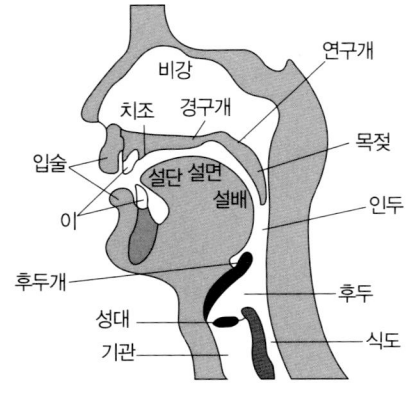

〔그림 8-1〕 조음기관

2) 정의

(1) 법적 정의

① 장애인복지법

「장애인복지법」에서는 의사소통장애라는 명칭을 사용하지 않고 소분류에서 '언어장애'로 사용하고 있다. 「장애인복지법 시행규칙」에서는 언어장애인을 음성기능이나 언어기능을 잃은 사람, 음성·언어만으로는 의사소통을 하기 곤란할 정도로 음성기능이나 언어기능에 현저한 장애가 있는 사람으로 정의한다.

② 장애인 등에 대한 특수교육법

아래 각 목의 어느 하나에 해당하여 특별한 교육적 조치가 필요한 사람으로 의사소통장애를 정의 하고 있다.
- 언어의 수용 및 표현 능력이 인지 능력에 비하여 현저하게 부족한 사람
- 조음능력이 현저히 부족하여 의사소통이 어려운 사람
- 말 유창성이 현저히 부족하여 의사소통이 어려운 사람
- 기능적 음성장애가 있어 의사소통이 어려운 사람

(2) 기타 정의

① 미국 장애아동교육향상법(IDEIA, 2004)

말/언어장애(speech or language impairment)라는 용어를 사용하고 있으며 학업적 성취에 부정적인 영향을 미치는 말더듬, 조음장애, 언어장애, 음성장애 등과 같은 의사소통장애라고 정의하고 있다.

② 미국 언어청각협회(American Speech-Languge-Hearing Association: ASHA, 1993)

언어장애와 의사소통장애를 구별하여 정의하였다. 언어장애는 상징체계를 이해하거나 말하고 쓰는 데 어려움을 가지며 언어의 형식, 언어의 내용, 의사소통을 할 때 언어의 기능에서 장애를 가진다고 정의 하였으며, 의사소통장애는 개념이나 구어 및 비구어, 그림 상징체계를 인식하고 전달하며 이해하는 데 어려움을 가지는 경우로 청각 또는 말/언어의 과정에서 두드러진다고 정의하고 있다.

2. 분류 및 원인

의사소통장애는 산출 과정에 따라 말장애와 언어장애로 크게 두 부분으로 나누어 볼 수 있는데, 말장애는 다시 조음음운장애, 유창성장애, 음성장애로 구분된다. 이를 바탕으로 아래에서는 해당 장애를 좀 더 구체적으로 살펴보도록 한다.

1) 말장애

사람이 말을 하는 과정 즉 생리적 과정에 문제가 있어 자기가 하려고 하는 말이 정확한 음가로 산출되지 못하거나(조음·음운장애), 말의 흐름에 방해를 받거나(유창성장애), 목소리를 내는 데 어려움(음성장애)이 있는 것을 말한다.

(1) 조음·음운장애

생리적 과정 중 즉 호흡기관, 발성기관, 공명기관 또는 조음기관의 손상이나 통합적인 운동이 적절하지 못해 말소리를 정확하게 산출하지 못하는 경우나, 말 산출 기관은 문제가 없으나 말소리 체계 및 음운 규칙에 대한 인식이나 이해의 부족으로 말소리를 정확하게 산출하지 못하는 것이다. 전자의 경우를 조음장애, 후자의 경우를 음운장애라 구별하여 말하기도 하지만 때로는 조음·음운장애를 조음장애와 동일한 의미로 쓰이기도 한다.

조음장애는 생리적 과정에서의 결손으로 인해 말소리 산출에 문제를 나타내는 것으로 일반적으로 대치, 생략, 왜곡, 첨가 등의 오류 형태로 구분한다. 대치는 자신이 내고자 하는 음소 대신 다른 음소로 바꾸어 발음하는 것으로 예를 들어 '지구'를 발음해야 하는데 'ㅈ' 발음에 어려움이 있어 자신이 하기 쉬운 'ㄷ'으로 대치하여 '디구'로 발음을 하는 것이다. 생략은 해야 하는 음소를 빠뜨리고 말하는 것으로 예를 들어, '지구'에서 '이구'로 발음 하는 것이다. 왜곡은 하고자 하는 음소로 발음이 되지만 표준 말소리와는 다른 변이음의 형태로 발음하는 것으로, 변이기호를 사용하여 그 특성을 나타낸다. 변이기호는 음소의 위, 아래 또는 오른쪽에 표시를 하며 비성, 과대비성, 기식화된 음소 등의 특성을 표시된다. 첨가는 필요 없는 음소를 더하여 발음하는 것으로 예를 들어 '지구'로 발음해야 하는 것을 '진구'로 하는 것을 말한다.

음운장애는 음운 규칙이나 말소리 체계의 인지적 오류나 이해 부족으로 인해 정상적인 음운체계를 수정 하거나 생략하여 정확하게 발음을 하지 못하는 것이다. 오류의 형태는 생략 및 첨가 음운 변동과 대치 음운 변동으로 나누어 볼 수 있다.

조음·음운장애의 원인을 살펴보면, 크게 기질적인 원인과 기능적인 원인으로 나누어 볼 수 있다. 기질적인 원인은 신체적·생리적 결손 즉 중추신경계나 조음기관(혀, 치아, 입술, 구개파열), 발성기관(성대, 후두)의 손상이나 부정교합, 청각장애, 신경장애 등으로 조음에 오류를 보이며 전 생애에 걸쳐서 발생될 수 있다. 기능적 원인은 기질적인 결함 없이 말소리 습득이 지체되거나 음운체계에 대한 지식이 부족한 경우로 환경이나 언어생활 습관 등이 원인이 된다.

(2) 유창성장애

말을 잘 하기 위해서는 적절한 속도나 리듬, 강약의 조절, 쉼 등이 필요하다. 이러한 것들은 말의 흐름을 자연스럽게 표현할 수 있게 해준다. 유창성장애란 이러한 말의 흐름이 정상적이지 않거나 매끄럽지 못하여 속도나 억양 등이 방해를 받아 부자연스러운 산출의 현상을 말한다. 말의 속도가 너무 빨라 음을 생략하거나 잘못 발음되는 경우를 속화(cluttering)라고 하며, 또 다른 유형으로 음소나 음절, 때로는 단어를 반복하거나 오래 끌거나 잠시 멈추기도 하는 말더듬(stuttering)이 있다.

유창성장애의 원인을 살펴보면, 기질적 원인으로 가계 유전 연구, 신경계의 이상, 생리학적 손상 등이 있다. 말더듬 유전 연구는 따로 입양된 아이들이나 쌍둥이들을 대상으로 실시한 결과 일란성 쌍둥이에게서 이란성 쌍둥이보다 더 많은 유창성장애가 동시에 나타난다고 밝혀졌으며, 입양된 아동에게서 그들의 친부모 가족에게 말더듬이 있는 경우가 입양된 가족에게 있는 경우보다 더 많음이 밝혀졌다. 그러나 이러한 연구만으로 유창성장애가 유전적 요인이라고 확신하기에는 무리가 있다. 여러 가지 연구로 얻어진 결론에서는 유창성장애가 한 가계에서 많이 나타나는 이유로 유전 요인과 환경의 상호작용으로 설명하고 있다(Guitar, 1998). 다음으로 환경적인 요인은 자신의 오류를 수정할 수 없기 때문이라는 내적 수정가설, 자신이 할 수 있는 기능 능력보다 요구가 더 많아 발생된다는 용량-요구 모델, 부모님의 지나친 판단 오류에 의한 진단착오 모델 등이 있다.

(3) 음성장애

음성장애란 말하는 사람의 강도, 음질, 음조, 공명과 관련된 기본적인 음성 특징이 정상인의 목소리와 다르게 나타나는 말장애의 한 유형을 말한다(국립특수교육원, 2009). 음성장애는 발성장애, 공명장애, 음도장애, 강도장애, 음질장애 등이 하위 유형으로 있다. 말을 하는데 있어 음성은 매우 중요한 역할을 한다. 음성이 너무 크거나 또는 너무 작거나, 성대에 이상이 생겨 목소리의 질이 거칠거나, 쉰 소리가 나는 경우, 쥐어짜는 듯한 소리가 나거나, 공명이 심하여 콧소리가 심하게 난다고 하면 말의 명료도가 떨어져 듣는 이들로 하여금 잘 알아듣지 못하게 된다. 음성장애의 원인은 기질적 원인과 기능적 원인으로 나누어 볼 수 있다. 말소리를 산출할 때는 후두 안에 있는 성대가 먼저 진동을 하여 발성함으로써 시작된다. 기질적 원인으로는 이 성대에 문제가 발생하여 성대의 외상, 염증, 종양, 바이러스, 부종 등 구조적 손상이나 기질적 질병의 원인으로 대부분 의학적 또는 수술적 처치가 요구된다. 기능적 원인으로는 성대에는 특별한 기질적 이상이 없으나 성대를 지나치게 사용하였거나 잘못 사용한 경우 발생한 경우이다. 근육긴장실성증, 성대 비대증, 성대 결절, 성대 폴립 등이 여기에 속한다.

2) 언어장애

앞에서 언어는 세 가지 조건(구성요소), 즉 형태, 내용, 사용 또는 기능을 갖추고 있다고 하였다. 형태는 말소리의 기호와 연관이 있으며 그 하위 요소로 음운, 형태, 구문을 가진다. 내용은 단어가 가지고 있는 의미를 나타내며, 사용은 언어의 활용에 관련된 화용을 나타낸다. 언어장애는 이러한 언어의 구성요소와 연관성이 있으며 언어를 표현하거나 이해하는 데 어려움을 나타내는 것을 말한다. 국립특수교육원(2018)에서는 언어장애를 '대뇌 생리과정의 결함으로 인하여 언어 발달의 이상이나 지체를 의미하는 의사소통장애의 한 유형이다.'라고 정의한다. 언어장애는 다소 좀 복잡하여 학자마다 하위 유형을 달리 분류하고 있다. 이 책에서는 언어발달장애, 단순언어장애, 신경언어장애 세 유형으로 나누어 간단하게 살펴보고자 한다.

(1) 언어발달장애

언어발달장애 아동의 언어는 또래의 정상적 발달에 비해 느리거나 부족한 상태를 말한다. 어떤 아동은 정상적인 발달을 보이기는 하나 발달 속도가 느린 경우가 있고, 어떤 아동은 발달 속도가 느릴 뿐만 아니라 그 편차가 너무 심해 특이한 증상을 보이기도 한다. 전자의 경우 언어발달지체라고도 부른다. 후자의 경우는 다양한 원인이 있으며 지적장애나 자폐 그리고 뇌손상 등과 같은 장애가 원인이 될 수 있다. 따라서 원인이나 요인이 복잡한 만큼 정확한 진단과 평가가 요구되며 개별화된 언어재활 및 교육이 필요하다.

(2) 단순언어장애

단순언어장애는 언어발달장애와는 달리 감각적·인지적·신경학적 결함 없이 단순히 언어발달에만 문제를 보이는 현상을 말한다. Leonard(1998)는 단순언어장애의 진단준거를 다음과 같이 제시하였다.

- 언어능력이 정상보다 지체되어야 한다.
- 지능이 정상범주에 있어야 한다.
- 청력검사에서 중이염 등 이상이 없어야 한다.
- 뇌성마비, 뇌손상, 간질 등과 같은 신경학적 이상이 없어야 한다.
- 발화와 관련된 구강구조나 구강운동에 이상이 없어야 한다.
- 사회적 상호작용에 어려움이 없어야 한다.

단순언어장애 아동은 언어의 구성요소인 형식, 내용, 사용에서 어느 한 영역에 문제를 보일 수 있고 모든 영역에서 문제가 나타날 수도 있다. 또한 시간이 지남에 따라 문제의 양상이 다르게 나타나거나 변할 수도 있어 복잡하고 다양한 형태를 보인다. 크게 수용언어와 표현언어 두 부분으로 나누어 볼 수 있으며, 수용언어, 표현언어 각 각에 문제가 있을 수 있으며 두 가지 문제가 동시에 나타날 수도 있다.

(3) 신경언어장애

우리의 뇌에는 언어기능을 담당하는 부분이 있다. 대부분의 경우 언어는 좌측 뇌에서 그 기능을 우세적으로 담당한다고 알려져 있다. 이러한 언어기능을 담당하는 뇌의 어떤 영역에 문제가 발생하게 되면 언어장애를 초래하게 된다. 실어증(aphasia)이란 이러한 대뇌 영역의 손상으로 인하여 후천적으로 발생하는 언어장애이다. 언어는 듣기, 말하기, 읽기, 쓰기 네 가지를 통하여 표현될 수 있는데, 실어증은 이 네 가지 중 한 영역이나 또는 그 이상의 영역에서 문제를 나타낸다. 실어증은 언어기능을 완전히 상실하는 것이 아니라 뇌에서 언어를 처리하는 과정에 어려움이 생겨 언어를 이해하거나 표현하는 데 문제를 보이는 것이다. 언어를 이해하는 데 어려움을 보이는 실어증을 감각성 실어증이라고 하며 베르니케 실어증이라고도 한다. 이는 뇌의 베르니케라는 영역의 손상으로 인해 말을 들을 수는 있으나 그 말을 이해하는 데 어려움을 갖는다. 한편 운동실어증이라고 불리는 브로카 실어증은 뇌의 브로카 영역의 손상으로 인해 듣는 것에 대한 이해가 가능하고 읽고 쓰기에도 어려움이 없으나 말을 표현하는 데 있어 어려움을 갖는다. 그 외에 몇 가지 다른 유형의 실어증이 더 있으나 가장 중심이 되는 두 가지만 살펴보았다.

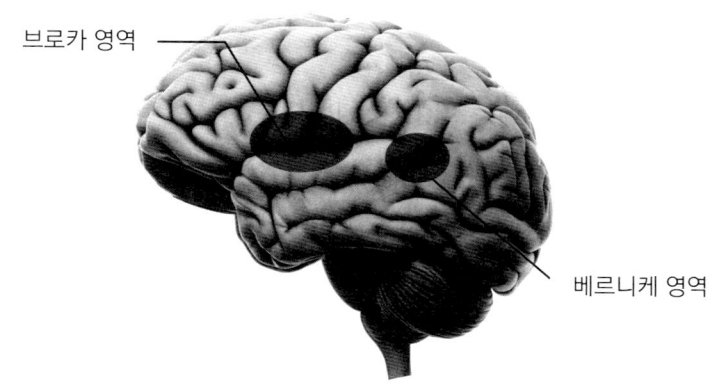

〔그림 8-2〕 브로카 영역과 베르니케 영역

3. 진단평가

의사소통장애의 진단은 말 또는 언어장애 유무를 선별하고, 선별된 아동을 위한 좀 더 심층적인 평가 단계로 이루어진다. 평가는 장애의 정도와 유형을 파악하고 아동의 의사소통 문제와 원인을 확인하여 아동이 보이고 있는 어려움을 해결해 나갈 수 있게 도와준다.

1) 선별 기준

선별은 간단하게 문제가 있나 없나를 가려내어 문제를 가진 아동이라면 좀 더 심층적인 진단평가 검사로 보내는 기초 작업이다. 따라서 선별 검사는 빠르고 쉽게 그리고 누구나 할 수 있게 구성되어야 한다. 일반적으로 실시할 때 15분~20 정도가 되면 적당하다고 본다(Venn, 2004). 한국특수교육학회(2008)에서는 아래와 같이 특수교육대상자 선별기준을 제시하였다.

(1) 아동언어장애: 또래와 비교할 때,

- 다른 사람의 의사소통 의도를 이해하거나 자신의 의도를 표현하는 데 문제가 있는가?
- 어휘(낱말)를 이해하거나 표현하는 데 문제를 보이는가?
- 문장의 구문구조를 이해하거나 표현하는 데 어려움을 보이는가?
- 문법형태소를 이해하거나 표현하는 데 문제를 보이는가?
- 대화 시 의사소통 규칙이나 기능을 이해하거나 사용하는 데 문제를 보이는가?
- 덩이글이나 말을 이해하거나 표현하는 데 어려움을 보이는가?

(2) 조음음운장애: 또래와 비교할 때,

- 비정상적으로 발음에 오류를 보이거나, 특이한 발음을 보이는가?
- 발음이 불명확하여 무슨 말을 하는지 알아듣기 어려운가?

(3) 음성장애: 또래와 비교할 때,

- 목소리의 크기, 높낮이, 음질에 문제가 있는가?
- 때와 장소에 따라 음성을 적절히 변화시키는 데 문제가 있는가?

(4) 유창성장애

- 의사소통에 방해가 될 정도로 말을 반복하거나, 연장하거나 또는 힘들어 하는가?

(5) 신경말장애

- 뇌성마비가 있거나 기타 신경계 손상으로 인하여 알아듣기 힘들게 말하는가?
- 침을 많이 흘리거나 음식을 삼키는 데 문제가 있는가?

(6) 신경언어장애

- 뇌손상이 있거나, 있다고 의심되는 상황에서 말이나 글을 이해하거나 표현하는 데 어려움을 보이는가?

2) 평가 방법

선별 검사에서 의사소통장애 의심이 되는 아동을 대상으로 그 원인과 정도를 파악하기 위하여 공식적 검사도구 및 비공식적 검사도구를 사용 하여 실시한다. 크게 공식적 검사와 비공식적 검사로 나누어 볼 수 있다.

(1) 공식적 검사

공식적 검사도구란 진단평가에서 많이 사용되는 도구로 검사의 타당성과 신뢰성이 확보되고 실시, 채점, 해석에 관한 정확한 지침을 가진 것을 말한다. 다음은 의사소통장애 평가에 많이 사용되고 있는 표준화된 검사도구들이다.

① 언어장애 검사

- 그림어휘력검사
- 영유아 언어발달 선별검사

- 취학전 아동의 수용언어 및 표현언어 척도
- 구문의미이해력검사
- 언어문제해결력검사

② 조음음운장애 검사

- 우리말 조음·음운검사
- 아동용 발음평가

③ 유창성장애 검사

- 파라다이스-유창성검사

④ 실어증 검사

- 한국판 웨스턴 실어증검사

(2) 비공식적 검사

　비공식적 검사는 실시나 채점에 관하여 엄격한 지침이 없으며, 공식적 검사에서 측정할 수 없거나 결과를 알 수 없는 아동의 말 산출 정보를 얻을 수 있다. 지침을 따라야 하는 공식적 검사와 달리 검사자의 의도대로 실시할 수 있어 어떤 정보에서는 매우 유용하게 쓰일 수 있다. 언어 검사에서 가장 대표적인 비공식검사로는 관찰 방법 중 언어표본 수집이 있다. 이는 자연스러운 상황에서 아동의 자연스러운 발화를 수집할 수 있으며 상황이나 대화 상대를 변화를 주면서 다양하게 언어표본을 수집할 수 있는 장점이 있다. 어린 아동의 경우 소꿉놀이나 인형놀이 등 놀이 상황에서 양육자나 임상가 또는 또래아동과 상호작용하는 것을 이용할 수 있다. 아동의 연령을 고려하여 이야기하기나 좋아하는 것에 관한 설명하기, 또는 인터뷰 등을 이용할 수 있다. 이렇게 수집된 언어표본을 분석하여 아동의 평균발화길이, 서로 다른 낱말 수, 의미관계 등을 파악하여 현재 아동의 언어 능력을 알 수 있으며, 의사소통기능의 유형이나 담화적 차원에서의 언어적 사용에 관하여도 분석해 볼 수 있다.

행동관찰 또한 비공식적 검사로 아동의 의사소통 방식이나 습관적인 언어행동들을 파악할 수 있다. 따라서 언어검사는 공식적 검사와 비공식적 검사 모두를 사용하여 상호보완적으로 평가를 실시하는 것이 가장 좋다.

4. 특성

1) 언어적 특성

위에서 살펴보았듯이 의사소통장애는 변인도 다양하고 유형도 매우 다양하여 언어적 특성 또한 다양하게 나타난다. 일반적으로 크게 수용언어와 표현언어 문제로 두 유형으로 나누어 볼 수 있다. 수용언어는 청각적 또는 시각적 정보를 받아들여 이해하고 해석할 수 있는 것을 말하며, 표현언어는 자신의 생각이나 느낌을 표현하는 것이다. 의사소통장애는 수용언어나 표현언어에 문제를 보이거나 함께 문제를 보이는 경우이다.

(1) 단순언어장애

이 장애에 속하는 아동들은 대부분 수용언어 및 표현언어 능력 습득이 또래에 비해 매우 늦다. 따라서 첫 발화 시기도 생활연령에 비해 많이 늦어진다. 처음 낱말 습득의 특성을 살펴보면 행동을 나타내는 단어보다 사물에 관련된 단어를 더 쉽게 이해하고 산출한다(Leonard et al., 1992). 의미 영역에서 빠른 연결 능력이 부족하여 새로운 낱말을 익히는 데 시간이 많이 필요하며, 낱말 찾기에도 어려움을 보인다. 특히 상위개념어, 하위개념어, 대등어, 범주어 등에 오류를 많이 나타낸다. 문법형태소 사용에 있어서도 조사를 빠뜨리거나 잘못 사용한다. 연구 결과 격조사에서 장소격과 여격, 연결어미는 이유 연결어미와 목적격 어미, 접사에서는 사동 사용 능력이 현저히 낮은 것으로 나타났다(황민아, 2003). 구문영역에서 낱말조합 능력이 지체되어 문법적 오류를 많이 나타낸다. 사용면에서 낱말 발화보다는 몸짓을 먼저 사용하고, 자발적 이름대기보다 대답하기가 많고, 대화상대가 어른일 때보다 또래일 때 더 적극적으로 참여한다. 이러한 특징들은 세 가지 영역(형식, 내용, 사용)의 한 부분 또는 전반에서 나타날 수 있다. 그러나 각 영역은 서로 상호 연관성이 있어 한 부분의 문제는 전반적 지체로 확장될 가능성이 크다.

이와 같이 단순언어장애는 다른 결함 없이 언어발달에만 문제를 보인다. 인지에 문제를 가진 지적장애아동이나 사회적 상호작용에 문제를 가진 자폐아동의 의사소통장애 특성을 다음에서 알아보자.

(2) 지적장애를 동반한 언어발달장애

미국 DSM-5에서 지적장애를 다음과 같이 정의하였다. '지적장애란 발달 경과 동안 지적 기능 및 적응 기능 모두에서 개념적·사회적·실제적인 영역의 결함을 보이는 장애를 일컫는다.' 이들의 언어적 특성을 살펴보면 지적능력 결함으로 인한 언어적 문제가 많이 나타난다. 지적능력과 언어 능력은 매우 밀접한 관련이 있기 때문이다. 언어의 사용 규칙에 관한 지식이 부족하여 수용언어뿐만 아니라 표현언어에서도 문제를 보인다. 어휘량이 적어 다양한 의미론적 의미를 알지 못하고 발화의 길이가 짧으며 단어의 관계성 보다 나열된 순서에 의존하며 대화에서의 역할은 주도적이지 못하다. 그러나 최성규(2011)는 지적장애 아동의 언어발달 속도는 일반아동보다 느리지만 질적인 차원에서 크게 다르지 않다고 하였다.

(3) 자폐범주성장애를 동반한 언어발달장애

자폐범주성장애는 다른 사람과의 빈약한 사회적 상호작용을 하고, 융통성 없는 행동, 그리고 언어발달의 지체 및 결함을 갖는 발달장애이다. 증상은 초기 유아기 때부터 나타나야 하며 제한적이고 반복적인 행동, 사회적 상호작용이나 의사소통 결함 등을 진단기준으로 본다. 앞에서 살펴보았듯이 지능과 언어 능력은 밀접한 관계가 있어 자폐성장애아동들도 심각한 언어문제를 보이며 특이하게도 조음기관에 문제가 없으나 발화를 전혀 하지 않거나 이상한 동물소리 같은 발성만 내는 아동도 있다. 말을 하는 자폐성장애아동 중 상당수가 반향어를 보인다. 반향어란 다른 사람이 한 말을 의미 없이 반복적으로 따라 하는 것을 말한다. 초기에는 반향어를 제거해야 하는 것으로 여겼으나 최근에는 이것을 이용해 다른 기능을 한다는 것을 알고 제거하기보다 말하는 기술을 촉진할 수 있는 다른 기능으로 활용한다. 자폐성장애아동은 언어의 형태, 의미, 사용 영역 모두에 문제를 보이지만 가장 심각한 문제를 보이는 영역은 언어의 사용이다. 적절치 못한 상호작용 패턴, 다른 사람과 관심을 나누지 않으며, 다른 사람을 의식하지 않고 자신의 세계에 머무를 때가 많다.

이 외에도 뇌성마비, 뇌손상, 청각장애로 인한 의사소통장애를 나타낼 수도 있다.

2) 인지 및 학업적 특성

단순언어장애를 제외한 많은 의사소통장애 아동들은 지능 평가나 학업 능력 평가에서 낮은 점수를 받는다. 의사소통은 학업성취나 친구 간의 관계에서 기초가 되고, 인지발달에 지대한 영향을 미치게 된다. 언어 유형 중 형태 및 의미 사용의 결함은 읽기, 쓰기, 말하기에 영향을 미쳐 성공적인 학업성취에 어려움을 초래한다. 특히 학교 수업은 대부분 구어로 전달되기 때문에 의사소통장애는 학업의 전 과정에서 어려움을 안겨 준다.

3) 심리사회적 특성

의사소통장애 아동들은 그들 언어적 특성 때문에 친구들에게 놀림을 당하거나 성인으로부터 지적을 많이 받음으로 위축된 자아상을 가질 확률이 높다. 또한 적절하지 못한 상호작용 기술로 또래나 성인에게 거절을 당하거나 창피를 당해 열등감을 갖게 된다. 이는 장애아동으로 하여금 분노, 좌절, 과잉행동 또는 위축행동을 하도록 하여 그 상황을 외면하려고도 한다. Nelson, Benner, 그리고 Rogers-Adkinson(2003)은 정서행동에 문제를 보이는 아동들의 의사소통장애는 나아가 들어감에 따라 더 심각해지고, 나이 든 정서행동장애 아동의 상당수가 의사소통장애를 가지고 있다고 논하였다. 이러한 결과는 의사소통장애와 정서행동장애를 가진 아동들이 학업성취와 관련하여 매우 힘겨움을 경험하고 있다는 증거가 된다. 이는 의사소통장애로 인해 자신의 감정을 적절히 표현하지 못하고 요구의 거절 등에 대한 정서적 경험이 공격적인 행동으로 표현되고 이는 사회성 결여나 문제행동으로 나타날 수 있다.

5. 지원 방안

「장애인 등에 대한 특수교육법」이 시행 된 이후 언어장애가 의사소통장애로 바뀌면서 그 범위가 더 넓어졌다. 따라서 의사소통장애 아동을 위하여 특수학급이나 특수학교, 그리고 통합학급에서는 적절한 중재나 지원서비스 제공에 노력을 기울여야 한다. 이러한 지원 서비스를 통해 개별적으로 언어치료 및 재활치료를 제공받아야 한다.

1) 유형별 교수방법

(1) 말장애

① 조음·음운장애

기질적 원인으로 인한 조음·음운장애는 의학적 또는 수술적 치료가 우선적으로 필요하며, 기능적 원인이라면 오류를 보이는 말소리의 정도나 유형 및 오류 패턴을 찾아내어 치료 계획을 정한다. 이때 반드시 고려해야 하는 것은 아동의 생활연령, 자극 반응도, 오류 정도, 또래가 많이 사용하고 있는 음소 빈도이다. 음소 사용 빈도가 높은 것을 목표음으로 정해서 치료를 할 경우 말 명료도를 우선으로 높일 수 있어 매우 유용하다.

치료는 아동이 오류를 보이는 개별 음소를 수정해 나가는 방법과 오류 패턴을 찾아내어 소거시키는 방법이 있으며, 이는 다시 전통적 접근법과 언어인지적 접근법, 그리고 이를 확장한 의사소통 중심법으로 나누어 볼 수 있다. 전통적 접근법은 목표 음을 개별 말소리나 음절 또는 낱말에서 교정 후 구나 문장으로 확대하여 나가는 방법으로, 청지각 훈련법, 조음점 지시법, 중심 낱말법, 다중음소 접근법 등이 있다. 언어인지적 접근법에는 변별자질 접근법, 최소대립자질 치료법, 최대대립자질 치료법, 음운 변동 접근법, 주기법 등이 있으며 이 중 변별자질 접근법은 변별자질 즉 유성음인지 무성음인지, 양순음인지 치조음인지와 같은 한 가지 변별자질을 다른 말소리와 짝을 지어서 아동이 가지고 있지 않은 변별자질을 훈련하는 것이다. 다음은 의사소통 중심법으로 이는 언어의 사용 측면을 강조하여 자연스러운 환경 속에서 중재를 하도록 하는 접근법이다. 따라서 생활환경과 유사한 장면이나 실제적인 사물이나 활동들로 구성하여 일반화가 쉽게 이루어질 수 있게 한다. 이는 다른 용어로 자연주의 접근법, 환경중심 접근법이라고도 한다.

② 음성장애

음성장애의 원인은 앞에서 살펴보았듯이 기질적 문제와 기능적 문제로 나누어 볼 수 있다. 기질적 문제인 경우 일차적으로 의료적 처치가 필요하며 그 후 재활 치료를 하는 것이 바람직하다. 성대의 오남용으로 인한 음성장애는 행동관찰이나 면담을 통해 성대 사용 패턴을 알아내고 성대 위생 교육을 실시한다. 성대 위생 교육이란 큰 소리를 지르거나 오랫동안 이야기 하지 않게 하며, 습관적인 기침이나 목가다듬기를 하지 않고 물을 자주 마시도록 하는 것이다. 구체적으로 하품-한숨기법, 씹기 기법이 여기에 속한다. 성대마비가 있는 경우 성대가 좁혀지지 않기 때문에 바람이 새는 듯한 쉰 소리가 난다. 이 경우 밀기접근법을 활용하여 성대에 힘을 주는 방법을 가르친다. 경련실성증이 있는 경우 음성치료를 우선적으로 시도해 보고 효과가 나타나지 않으면 의료적 처치를 하도록 권장하고 있다. 이때 이용되는 것이 보톡스 주사제이며 그 후 성대 위생 교육을 실시한다. 후두절개를 한 경우 정상적인 음성으로 되돌리기는 어려우므로 적절한 대체 방법으로 음성 산출을 할 수 있게 도와 주어야한다. 이때 인공후두기나 식도발성 같은 것을 이용한다. 인공후두기는 떼어낸 성대를 대신해서 발성을 유도하는 기기를 말한다.

③ 유창성장애

말더듬 치료는 고대에서부터 찾아볼 수 있을 정도로 오래되었다. 그 당시에는 과학적인 접근이 아닌 치료사들의 주관적이고 비효율적인 접근이 주를 이루었고 주술과도 같은 것도 있었다. 18세기 말에 와서 말더듬은 심리학적 원인에 의해 발생된다고 보고 정신분석을 통한 심리치료 접근도 하였다. 그러다 점점 과학적인 연구가 진행되면서 말더듬 치료도 증거중심치료로 발전하게 되었다. 말더듬 치료는 크게 심리-인지접근법, 말더듬 수정법, 유창성 완성법으로 나눌 수 있다. 심리-인지적 접근법은 말더듬의 원인이 심리적이고 정서적인 문제로 보고 심리치료, 정신분석, 또는 상담을 이용해 접근하는 방식이다. 그러나 말더듬은 심리적인 문제만 해결 된다고 완치된다고 볼 수는 없기 때문에 이것과 함께 기술적인 치료 접근도 병행하는 것을 권하고 있다. 말더듬 수정법은 '유창하게 더듬기'라고도 하는데 말을 더듬는 사람들이 이를 피하거나 안 더듬으려고 애를 쓰는 가운데 더 말더듬이 된다고 가정한다. 이러한 압박감이나 두려움을 줄이고 좀 더 말을 쉽게 더듬도록 하는 게 이 치료의 목표이다. 말더듬 수정법에는 취소하기, 이끌어내기, 준비하기와 같은 수정기법을 사용한다. 유창성 완성법은 유창하게 말하도록 하는 것이 목표이다. 따라서 말에 대한 회피나 공포 같은 심리적인 치료를 중요한 목표로 하지 않고 자발 유창성을 목표로 구조화된 상황에서 말더듬이 나타나지 않도록 중재한다.

(2) 언어장애

① 언어발달장애

언어발달장애 치료는 치료목표 설정, 치료의 구조화, 치료목표 영역의 설정에 따라 접근이 달라진다. 치료의 궁극적 목표는 언어발달장애 아동이 일상생활에서 자연스러운 대화를 할 수 있게 하는 것이다. 이것을 위해 현재 아동이 가지고 있는 언어 능력과 결함을 정확히 파악할 수 있어야 하다. 우선순위를 현재 발달 단계에 따른 언어적 결함에 맞출 것인지, 현재 실생활에 필요한 의사소통의 기능적 능력에 맞출 것인지를 결정해서 목표를 선정해야 한다. 다음으로 치료의 구조화란 치료 활동을 위한 과제나 준비를 얼마만큼 할 것인가의 문제와 치료 활동 시 아동이 이끌어 갈 것인지 임상가가 이끌어 갈 것인지를 결정하는 것이다. 전자를 아동중심 접근법이라 하며 후자를 임상가중심 접근법이라 한다. 치료 영역은 언어의 구성 중 어느 영역에 초점을 맞출 것인가 하는 것, 즉 언어의 형식, 내용, 사용 중 하나 또는 그 이상에 집중하는 것으로 설명된다. 각 영역 하나에 초점을 맞추어 목표를 세울 수도 있고 두 영역 이상을 하나의 목표로 할 수도 있다.

② 실어증

뇌손상으로 인한 실어증은 뇌손상 부위가 넓을수록 치료 예후가 좋지 않다. 또한 뇌손상 후 빠른 의학적 처치와 언어재활은 뇌손상 자연회복과 더불어 예후를 좋게 한다. 자연회복이란 뇌손상 후 몇 개월간은 부종이나 뇌압력이 회복되는 과정을 거치는데 대개 초기 6개월까지의 자연회복이 가장 빠르다고 한다. 따라서 실어증 환자는 가능한 한 빨리 언어치료를 시작해야 한다. 실어증 치료는 손상되지 않은 반대편 뇌를 활용한 멜로디억양법, 음소 단서를 활용한 단어인출치료, 선과 사물의 기능을 묘사하는 간단한 동작 그림을 이용한 시각동작치료 등이 있다.

2) 공학을 활용한 의사소통대체 전략

최근 특수교육공학의 발전으로 인해 의사소통장애인들의 의사소통이 쉽거나 가능하게 되었다. 보완대체의사소통(augmentative and alternative communication: AAC)은 의사소통장애인의 의사소통 한계나 장애를 보완 또는 대체하기 위한 기술 전략으로 보조도구를 사용하지 않는 비보조AAC와 사용하는 보조AAC로 나눈다. 비보조AAC는 얼굴표정, 몸짓, 수화 같은 것을 사용한다. 보조AAC는 의사소통 판, 종이와 연필, 음력출력이 가능한 컴퓨터 등 특정 도구를 사용하여 의사소통을 한다. 의사소통 판은 그림, 문자, 그리고 상징으로 구성되어 사용이 쉽고 이해하기 쉽게 되어 있다.

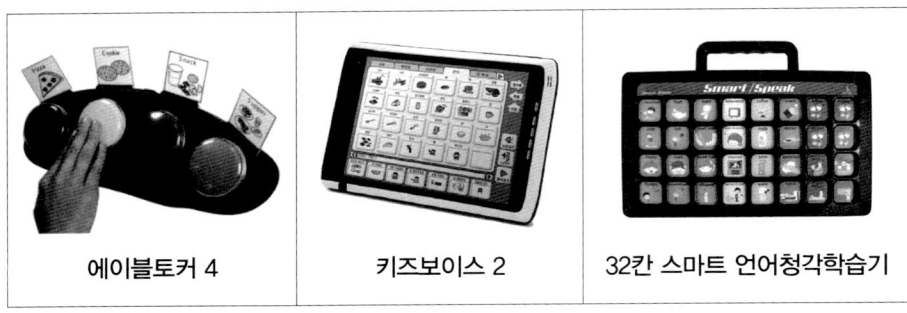

〔그림 8-3〕 AAC의 예

출처: 홍익몰

학습평가

1. 의사소통장애의 개념과 정의에 대하여 설명할 수 있는가?
2. 의사소통장애의 원인과 진단평가에 대하여 설명할 수 있는가?
3. 의사소통장애아동의 특성과 지원방안에 대하여 이해하고 적용할 수 있는가?

참고 문헌

국립특수교육원(2018). 특수교육학 용어사전. 서울: 도서출판 하우.

최성규(2011). 장애아동 언어지도. 한국언어치료학회.

황민아(2003). 언어발달장애아동의 문법형태소 산출. 음성과학, 10(3), 47-64.

Guitar, B. (1998). *Stuttering: An integrated approach to its nature and treatment*(2nd ed.). Baltimore, MD: Williamas & Wilkins.

Leonard, L. B., Camarata, S., Rowan, L., & Chapman, K. (1992). The communicative functions of lexical usage by language impaired children. *Applied Psycholinguistics, 3*, 109-125.

Leonard, L. B. (1998). *Children with specific language impairment.* Cambridge, MA: The MIT Press.

Nelson, J. R., Benner, G. J., & Rogers-Adkinson, D. L. (2003). An investigation of the characteristics of K-12 students with comorbid emotional disturbance and signigicant language deficits served in public school setting. *Behavioral Disorders, 29*, 25-33.

Venn, J. J. (2004). *Assessing students with special needs* (3rd ed.). Upper Saddle River, NJ: Prentice-Hall.

9장
청각장애의 이해

> **학습목표**
>
> 1. 청각장애의 정의와 분류를 설명할 수 있다.
> 2. 청각장애의 특징을 설명할 수 있다.
> 3. 청각장애의 원인과 지원방안에 대해 설명할 수 있다.

　청각장애교육의 200여 년 역사는 문화와 의료의 대립으로 이해된다. 문화적 관점으로 적용하면 청각장애아동은 볼 수 있는 능력을 가지고 있지만, 의료적 관점에서 접근하면 듣고 말하기에 한계가 있는 장애로 이해된다. 청각장애아동의 이해를 문화적 관점에서 접근하면 수화언어를 통하여 의사소통할 수 있는 수어교수법이 강조된다. 그러나 의료적 관점에서는 보청기 착용 및 인공와우 시술 등을 통하여 듣고 말할 수 있는 기능을 활성화시키는 방안이 우선된다. 그러나 청각장애아동을 이해하기 위해서는 문화와 의료의 관점을 떠나서 '청각장애'와 관련되는 음성언어의 주파수(Hz)와 음압(dB)에 대한 개념을 파악해야 한다. 주파수와 음압의 관계에 따라서 청각장애아동의 청력손실 부위와 유형 등이 결정되기 때문이다.

1. 개념 및 정의

1) 개념

청각장애를 이해하기 위해서는 먼저 Hz와 dB에 대한 개념, 그리고 청각기관의 역할에 대하여 알아야 한다. 먼저 Hz와 dB에 대한 개념을 설명하면 다음과 같다.

(1) Hz와 dB의 이해

주파수는 1초에 진동하는 횟수로 정의된다. 2000Hz는 1초에 2000번 진동을 한다. 1000Hz보다 2000Hz는 한 옥타브 높음을 알 수 있다. 또한 2000Hz는 진동이 두 배로 높아지므로 진폭이 상대적으로 좁아진다. 그리고 1/1000초는 msec으로 표기한다. 1000Hz는 1KHz이다. 100만Hz는 1MHz로 표기한다.

사람이 들을 수 있는 주파수(가청주파수) 범위는 20-2만Hz이다. 2만Hz를 넘어가면 초음파로 분류된다. 그러나 사람의 음성언어에 해당하는 주파수는 250Hz에서 4000Hz에 분포한다. 가청주파수보다 음성주파수의 영역이 좁음을 알 수 있다. 그러나 주파수는 대역의 개념을 가진다.

음성언어에서 가장 중요한 주파수는 1000Hz이다. 1000Hz보다 낮으면 저주파수이고 음성의 모음 영역이다. 1000Hz 보다 높으면 고주파수이며 음성에서 자음에 해당한다. 1000Hz를 기준으로 고주파수와 저주파수로 구분된다는 것을 음성언어에서 모음과 자음을 인지할 수 있는 능력으로 설명된다는 점에서 중요성이 강조된다.

또한 지구에서의 주파수 증폭은 배수로 늘어난다. 1000Hz를 기준으로 낮으면 500Hz, 높으면 2000Hz이다. 이와 같은 수치를 계속해서 넓혀 가면 다음과 같이 정리된다. 아래의 수치는 청력검사를 설명할 때 다시 한 번 더 사용하게 된다. 청력검사를 할 때, 125Hz에서 8000Hz까지 측정하는 이유가 된다.

125Hz, 250Hz, 500Hz, 1000Hz, 2000Hz, 4000Hz, 8000Hz

다음은 dB에 대한 설명이다. deci는 라틴어의 1/10을 의미하고, Bell은 상용로그 함수이다. 청각장애아동의 청력검사에서 사용되는 단위이다. Bell을 기념하기 위해 대문자 B를 사용하고 있다. 사람이 들을 수 있는 최저음압은 0dB이고, 최대음압은 130dB이다. 들을 수 있는 최저음압을 최소가청역치라고 한다. 일반적으로 정상인의 최소가청역치는 0dB이다. 0dB로 들리는 소리는 정상인이 들어도 소리의 유무를 파악할 수 없을 정도로 작은 소리이다. 조용한 공간이라도 약 20dB의 소음은 존재한다.

들을 수 있는 음압을 평균적으로 계산하여 제시한 수치가 평균청력손실정도이다. 평균청력손실정도에 따라서 들을 수 있는 정도와 수준이 달라진다. 〈표 9-1〉은 평균청력손실정도에 대한 청각장애의 정도를 나타내는 명칭이다.

〈표 9-1〉 평균청력손실정도에 대한 명칭

평균청력손실정도	명칭	설명
0–25dB	정상	• 대화에 어려움이 없다.
26–40dB	경도	• 소음이 없는 공간에서 대화에 어려움이 없다.
41–55dB	중도	• 큰 소리로 이야기해야 이해가 된다. • 보청기를 착용해야 하는 청력손실정도이다.
56–70dB	중등도	• 큰 소리에 대한 이해는 가능하나 시각적 단서가 필요하다.
71–90dB	고도	• 보청기를 착용해도 정확한 말소리 인지에 한계가 있다.
91dB 이상	최고도 또는 농	• 보청기 착용과 관계없이 말소리 지각에 어려움이 있다.

(2) 청각기관의 이해

귀는 소리를 듣는 기관이다. 청각기관은 크게 세 부위로 구분된다. 외이, 중이, 그리고 내이로 분류할 수 있다. 소리는 외이, 중이, 그리고 내이를 경유하여 8개의 청신경 경로를 통해 뇌로 전달된다. 이 장에서는 외이, 중이, 내이에 대한 설명에 한정하고자 한다.

외이는 흔히 귓구멍이라고 한다. 귀지가 붙어 있는 공간, 또는 귀에 물이 들어가서 불편을 느끼는 부위이다. 그리고 외이는 고막을 포함한다. 약 3cm의 길이를 가진 외이도는 안으로 들어갈수록 피부 조직이 얇아지면서 통증에 민감함을 느낀다. 유아기의 외이도는 직선형이므로 목욕 등을 할 때 귀에 물이 잘 들어갈 수 있음에 유의해야 한다. 아동기가 되면서 외이도는 점차 S자 형으로 변화되어 물이 귀에 잘 들어가지 않는 모양을 가지게 된다. 고막은 세 겹으로 구성되어 있다. 고막의 윗부분은 중이에 있는 추골과 붙어 있다. 고막의 아랫부분은 팽팽하여 소리가 들어오면 고막의 윗부분인 Notch(고막파임)로 집약된다.

중이는 이소골이라는 세 개의 작은 뼈가 있다. 청소골로도 불리는 이소골은 추골, 침골, 그리고 등골로 구성되어 있다. 추골, 침골, 그리고 등골은 각각 독립적이다. 세 개의 뼈는 각각 연골로 접합되어 있지만, 영유아기의 고열은 중이의 연골에 열을 전달하면서 각화현상을 발생시킨다. 청각장애의 원인 중에서 가장 높은 비율을 보이는 현상이 고열이다. 고열로 인하여 중이의 추골, 침골, 등골을 연결하는 연골의 각화현상은 소리전달을 약화시키는 원인이 된다. 그러나 중이에서의 문제는 전음성 난청으로 분류되는데, 보청기를 착용하여 소리를 증폭시키면 문제는 해결된다. 즉 dB의 문제이다. 보청기를 이용하여 음압을 증폭시키면 말소리 이해에 어려움이 없다.

중이에는 또한 이내근과 이관이 있다. 이내근에는 등골근과 고막장근이 있는데, 큰 소리가 들어오면 근육을 늘어트려 귀를 보호하는 역할을 한다. 반면 작은 소리가 입력되면 팽팽하게 당겨지면서 소리에 민감하게 반응한다. 이관은 중이와 코의 통로로 연결되어 있다. 감기가 심하면 이관 통로가 막히게 된다. 이관의 역할은 두 가지이다. 하나는 중이내의 환기작용이며, 다른 하나는 중이의 압력을 유지시키는 기능이 있다.

이소골은 추골, 침골, 등골로 구성되어 있다고 하였다. 고막과 가장 멀리 위치한 등골은 내이의 통로인 난원창과 연결되어 있다. 외이의 고막으로 입력된 소리는 이소골의 추골, 침골, 그리고 등골을 통해 난원창으로 이동한다. 내이는 전정계, 중간계, 고실계로 구성되어 있다. 난원창으로 입력된 소리는 전정계를 진동시킨다. 진동된 소리는 중간계(달팽이관)의 청신경유모세포를 활성화시킨다. 청신경유모세포는 활성화를 통하여 나트륨(Na)과 칼슘(Ca)에 의해 전극이 발생한다. 이러한 과정에서 중이의 소리(기계)에너지는 내이에서 전기에너지로 전환된다. 청신경유모세포는 내유모세포 약 3,500개, 3열로 구성된 외유모세포 15,000개로 모두 18,500개 정도가 된다. 청신경유모세포의 개수는 사람이 소리를 알아들을 수 있는 주파수 범위와 밀접한 관련이 있다는 의미에서 약 20,000개로 추정하기도 한다.

2) 정의

(1) 법적 정의

① 장애인복지법

「장애인복지법 시행령」에서 청각장애인이란,

가. 두 귀의 청력 손실이 각각 60dB 이상인 사람

나. 한 귀의 청력손실이 80dB 이상, 다른 귀의 청력손실이 40dB 이상인 사람

다. 두 귀에 들리는 보통 말소리의 명료도가 50% 이하인 사람

라. 평형 기능에 상당한 장애가 있는 사람을 의미한다.

「장애인복지법 시행규칙」에서는 청각장애인을 '청력을 잃은 사람'과 '평형기능에 장애가 있는 사람'으로 구분하고 있다. 자세한 내용은 다음과 같다.

가. 청력을 잃은 사람

1) 장애의 정도가 심한 장애인

   두 귀의 청력을 각각 80데시벨 이상 잃은 사람(귀에 입을 대고 큰소리로 말을 해도 듣지 못하는 사람)

2) 장애의 정도가 심하지 않은 장애인

   (가) 두 귀에 들리는 보통 말소리의 최대의 명료도가 50퍼센트 이하인 사람
   (나) 두 귀에 청력을 각각 60데시벨 이상 잃은 사람(40센티미터 이상의 거리에서 발성된 말소리를 듣지 못하는 사람)
   (다) 한 귀의 청력을 80데시벨 이상 잃고, 다른 귀의 청력을 40데시벨 이상 잃은 사람

나. 평형기능에 장애가 있는 사람

1) 장애의 정도가 심한 장애인

   양측 평형기능의 소실로 두 눈을 뜨고 직선으로 10미터 이상을 지속적으로 걸을 수 없는 사람

2) 장애의 정도가 심하지 않은 장애인

   평형기능의 감소로 두 눈을 뜨고 10미터 거리를 직선으로 걸을 때 중앙에서 60센티미터 이상 벗어나고 복합적인 신체운동이 어려운 사람

② 장애인 등에 대한 특수교육법

「장애인 등에 대한 특수교육법」에서는 의학적인 관점보다 교육적 성과에 초점을 맞추고 있다. 청력손실의 정도보다 말하기 능력, 언어 이해 능력 등에 초점을 둔 것인데 이는 아래의 정의에서 잘 알 수 있다.

> 청력 손실이 심하여 보청기를 착용하여도 청각을 통한 의사소통이 불가능 또는 곤란한 상태이거나 청력이 남아있어도 보청기를 착용해야 청각을 통한 의사소통이 가능하여 청각에 의한 교육적 성취가 어려운 사람

(2) 기타 정의

최근 국립특수교육원(2016)에서는 청각장애를 의학적인 관점과 교육적인 관점보다 문화적인 관점으로 정의하고 있다. '구어가 아닌 수어를 활용하여 의사소통을 하는 사람'을 의미하는 문화적 관점에서의 청각장애는 그들의 농문화를 인정하고 그 문화 속에서 통용되는 언어인 수어를 사용하는 소수집단을 의미한다.

2. 원인 및 분류

1) 원인

① 생의학적 원인

청각장애의 원인은 주로 의학적인 원인과 관계가 있다. 청각장애는 귀의 기관 중 어느 곳에 손상이 있는지에 따른 증상이 나타나기 때문에 청각 기관의 손상 부위로 그 장애원인을 파악하는 것이 효과적일 수 있다.

외이의 손상은 선천적, 후천적인 외이도 폐쇄증과 외이도염 등이 있다. 외이도 폐쇄증은 무이증과 소이증을 동반하며 기도 청력에 문제를 나타낸다. 외이도염은 세균 등으로 외이도에 염증이 생기는 경우를 말하며 통증이나 부종이 유발된다. 그러나 청력손실은 크지 않다.

중이의 손상으로는 고막천공, 중이염, 이경화증, 이소골 기형 등이 있다. 고막천공의 경우 자연회복이 가능하나 손상이 큰 경우 고막성형술을 통해 회복을 기대하기도 한다. 고막에 손상이 생긴 경우 20~30dB 정도의 청력손실이 나타날 수 있다. 중이염은 크게 삼출성 중이염과 급성 중이염으로 나눌 수 있으며 전음성 난청이 나타난다. 이경화증은 중이의 난원창 부위의 뼈가 기형적으로 자라 생기는 질병으로 이소골의 운동 장애를 유발한다.

내이의 경우 선천적 기형이 주로 나타나며 유모세포의 기능부전, 달팽이관의 기형 등이 그 증상으로 나타난다. 거대세포 바이러스 혹은 항생제와 아스피린과 같은 약물 중독으로 내이에 문제가 생길 수 있다. 미로 내부의 내림프액이 부어오르는 메니에르병도 하나의 원인이 된다. 다른 원인으로는 청각장애를 동반하는 여러 가지 증후군이 있다. 청각장애와 함께 안면기형을 동반하는 트리처 콜린스(Treacher-Collins) 증후군, 평형기능 장애를 동반하는 바르덴부르크(Waardenburg) 증후군, 지적장애와 망막색소 변성을 동반하는 어셔(Usher) 증후군, 갑상선이상이 함께 나타나는 펜드레드(Pendred) 증후군 등이 있다.

② 환경적 원인

외이에 생기게 되는 외이도염의 경우 의학적 원인뿐만 아니라 위생적이지 못한 환경에서도 발생할 수 있다. 귀지를 파다가 외이도가 긁힌 경우 외이도염이 발병할 수 있으므로 자연스럽게 귀지가 빠질 때 까지 기다리는 것이 하나의 예방법이 되기도 한다. 중이와 내이의 경우 측두골쪽 두부외상 혹은 귀의 압력 차이 등으로 손상이 생기기도 한다. 머리 및 얼굴 쪽으로 압력이 가해지는 사건을 예방할 필요가 있다.

2) 분류

청각장애는 크게 청력손실부위와 손실정도, 그리고 손실시기에 따라 분류할 수 있다. 청각 기관의 손실부위에 따른 분류는 전음성 청각장애, 감음신경성 청각장애, 혼합성 청각장애, 그리고 중추기관청각장애로 크게 분류할 수 있다. 손실정도에 따른 분류는 〈표 9-1〉을 참고할 수 있다. 그리고 손실시기는 만 2~3세를 기준으로 언어습득 전과 언어습득 후로 구분된다.

3. 진단평가

청각장애아동의 진단평가를 위하여 순음청력검사, 어음청력검사, 의료기기를 이용한 청력검사, 그리고 행동관찰 방법 등이 있다. 청각장애아동의 진단평가에서 보편적으로 사용하고 있는 검사방법에 대하여 설명하고자 한다.

1) 순음청력검사

순음청력검사는 귀에 순음(pure tone)을 들려주면서 검사를 시행하는 방법이다. 순음청력검사는 기도검사와 골도검사가 있다. 두 검사를 모두 실시해야 청력손실 부위를 알아낼 수 있다. 즉 전음성, 감음신경성, 그리고 혼합성 난청을 진단할 수 있다.

(1) 기도검사

순음청력검사는 기도검사부터 실시한다. 두 귀의 기도검사를 모두 마치면 다음으로 골도검사를 실시하게 된다. 기도검사 방법에 대하여 설명하면 다음과 같다.

- 검사는 청력이 좋은 쪽 귀부터 먼저 실시한다. 그러나 모를 경우는 우측 귀부터 먼저 한다.
- 주파수 선정법에는 상향법과 하향법이 있으나 상향법으로 적용하는 것이 일반적이다. 1000Hz-2000-4000-(8000)-1000-500-250-(125)의 순서로 진행한다. 첫 번

째와 두 번째 1000Hz의 음압에서 5dB 이하의 차이가 나타나면, 두 번째 측정 결과로 결정한다. 그러나 두 번의 1000Hz 측정결과에서 10dB 이상의 차이가 나면, 250(150)Hz까지 검사를 모두 마친 다음에 1000Hz를 다시 측정한다.
- 각 주파수에 대한 음압(dB) 선정은 다음과 같은 원칙을 가진다. 예를 들어 1000Hz를 측정한다고 가정했을 때, 1000Hz에 조정하고, 40dB-70dB-90dB의 순서로 진행한다. 1000Hz에서 먼저 40dB을 결정하고 소리(순음)를 들려준다. 반응이 없으면 70dB로 간다. 70dB에서 반응이 없으면 90dB로 가지만, 반응이 있으면, 65dB로 간다. 또한 65dB에서 반응이 없으면 75dB, 반응이 있으면 60dB로 조정한다. 즉 반응이 없으면 10dB 하강(음압이 높아짐)하고, 반응이 있으면 5dB 상승(음압이 낮아짐)하는 절차를 계속해서 수행한다.
- 계속해서 소리에 반응이 없으면 110dB까지만 측정한다.
- 최소가청역치 결정은 다음과 같다. 반응이 있었던 음압(dB)에서 낮은 음압을 기준으로 50% 이상에 해당하는 음압을 최소가청역치라고 한다. 예를 들면 90dB 1회 반응, 95dB 1회 반응, 100dB 2회 반응을 가정한다. 모두 4회의 정반응이 나타났다. 4회의 50% 이상인 회수는 2회째가 된다. 그래서 95B이 된다. 낮은 음압에서 회수를 결정하므로 95dB이 아니다. 예를 들면, 5회의 정반응이 있었다면 낮은 음압을 기준으로 3회째가 50% 이상이 되는 회수이다.
- 1000Hz에 대한 최소가청역치를 결정했으면 다시 2000Hz로 진행한다. 그리고 4000Hz와 8000Hz 등의 순으로 최소가청역치를 결정하는 과정으로 진행된다.

(2) 골도검사

골도검사는 기도검사의 방법과 동일한 절차로 진행된다. 골도검사와 기도검사의 차이에 대하여 서술하고자 한다.

- 상향법으로 진행하지만 8000Hz와 150Hz는 측정하지 않는다.

- 음압은 기도검사의 110dB과는 달리 65dB까지만 측정한다.
- 이와 같은 한계는 골도검사가 두개골을 진동하는 검사방법에 있다. 고주파수와 저주파수에 대한 진동과 65dB 이상의 소리를 진동으로 전달할 수 있는 검사기계의 한계로 이해된다. 최근에 골도검사를 75dB까지 측정할 수 있는 기계가 개발되기도 하였다.

기도검사와 골도검사를 모두 마치고 나면 〈표 9-2〉와 같은 세 가지 유형이 나타난다.

〈표 9-2〉 기도검사와 골도검사의 결과에 대한 해석

기도검사 결과	골도검사 결과	청력손실부위
60dB	0dB	전음성
60dB	60dB	감음신경성
60dB	40dB	혼합성(기도 20dB + 골도 40dB)

(3) 차폐검사

기도검사와 골도검사에서 검사결과에 대한 신뢰성에 따라 차폐를 결정해야 한다. 기도검사와 골도검사를 모두 마친 다음에 검사결과를 비교한다.

기도차폐는 두 귀의 기도검사 결과에서 40dB 이상의 차이를 보일 경우에 검사결과의 신뢰성에 문제가 있다고 한다. 청력이 나쁜 귀를 검사할 때 40dB 이상의 차이를 보이는 청력이 좋은 귀에서 소리를 인지할 수 있다. 그래서 청력이 나쁜 귀를 재검사하는 것을 차폐검사라고 정의한다. 그러나 차폐검사는 청력이 나쁜 귀의 청력손실정도를 재측정하고, 청력이 좋은 귀에 일정 수준의 음압을 가진 소음을 제공한다.

기도차폐는 두 귀의 청력손실정도의 차이를 비교하여 결정하지만, 골도차폐는 동일한 귀의 청력손실정도가 10dB 이상인 경우에 실시한다. 그러나 기도검사의 결과에서 청력이 좋은 귀에 대해서는 골도차폐를 실시하지 않는다. 두 귀에서 청력이 나쁜 귀의 기도 및 골도검사의 차이가 10dB 이상인 경우에 한정한다. 청력이 좋은 귀에 제공하는 소음의 음압 정도는 연구자에 따라 다양하게 제안된다. 고원방법을 통하여 소음의 음압을 결정하는 것이 일반적이다.

(4) 청력도 및 표기 방법

청력도는 X축에 주파수(Hz), Y축에 음압(dB)을 나타내고 있다. 청력도는 [그림 9-1]과 같다.

청력도에 기재하는 표기 방법은 〈표 9-3〉과 같다.

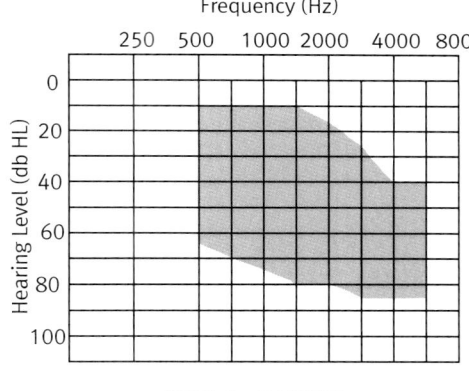

[그림 9-1] 청력도

〈표 9-3〉 청력도 표기 방법

	우측	좌측
색깔	빨간색	파란색
기도검사	O	X
골도검사	〈	〉
차폐한 기도검사	△	□
차폐한 골도검사	〔	〕
무반응	↙	↘

(5) 평균청력손실정도 계산 방법

평균청력손실정도 또는 평균청력역치를 산출하는 방법은 다음과 같다.

- 3분법 = (a+b+c)/3
- 4분법 = (a+2b+c)/4 또는 (a+b+c+d)/4
- 6분법 = (a+2b+2c+d)/6

  (a=5000Hz, b=1000Hz, c=2000Hz, d=4000Hz의 최소가청역치)

2) 어음청력검사

순음청력검사는 순음을 사용하여 각 주파수(Hz)별로 음압(dB)을 조정하면서 청력손실정도를 측정한다. 그러나 음성은 여러 주파수가 혼합되어 있는 복합음이므로 어음청력검사에서는 주파수의 개념은 생략된다. 즉 어음청력검사에서는 음압만을 결정하면 된다. 다만 들려주는 음성은 강강격 또는 장장격을 사용해야 한다. Spondee word(SW)라고 하는 강강격 또는 장장격은 두 개의 모음이 각기 다른 의미를 가진 장모음으로 강세가 동일한 경우로 정의된다. SW는 cowboy, icecream, grayhound 등이 있다. cow와 boy는 각각의 의미를 가지지만, cowboy는 또 다른 의미를 가지고 있다.

검사방법은 순음청력검사와 유사하지만 주파수를 결정하지는 않는다. 또한 어음 골도검사가 없다. 어음검사의 결과는 전음성인 경우는 순음청력검사와 유사하지만 감음신경성인 경우는 순음청력검사의 결과보다 나쁜 경우가 일반적이다. 지금까지 어음청력검사의 최소가청역치를 결정하는 것에 대하여 설명하였다. 또한 어음청력검사는 말소리를 이용하여 최적가청역치 및 최대가청역치를 결정하는 검사도 있다.

3) 의료검사 기기를 이용한 청력검사

영유아의 경우는 순음청력검사와 어음청력검사에 반응할 수 없다. 이비인후과에서 실시하는 뇌간반응검사와 이음향방사검사, 그리고 고막운동성검사와 등골근검사 등이 있다. 모든 검사는 이비인후과에서 손쉽게 검사할 수 있으며 병원수가도 높지 않다.

뇌간반응검사는 미국과 유럽의 경우 모든 신생아에게 의무적으로 실시하고 있다. 청력검사를 위하여 뇌파를 측정하는 방법이다. 뇌에서 소리를 담당하는 V번 뇌파가 나타나면 정상으로 진단하게 된다. 신생아 및 유아의 진단평가에 유용하다. 이음향방사검사는 청신경유모세포의 반응을 측정할 수 있는 검사이다.

고막운동성 검사는 소아과에서도 체온을 측정하는 것처럼 일상적으로 검사하고 있다. 감기 등의 원인으로 중이염 감염 등을 쉽게 측정할 수 있으며, 중이의 기능도 측정할 수 있다. 등골근 검사는 고막운동성 검사와 유사하지만, 소리의 전달이 한 귀에서 또는 다른 귀로 전달되는 과정을 측정하여 소리에 대한 반응을 평가하는 방법이다.

4. 특성

1) 언어적 특성

청각장애아동도 옹알이를 한다. 생후 8개월경이 되면 /맘마/ /빠빠/ 등의 발성도 나타난다. 그러나 부모의 음성언어를 알아듣지 못하므로 더 이상의 발성이 촉진되지 못한다. 들을 수 있어야 말도 할 수 있다. 이와 같은 원인으로 듣고 말하기에 임의의 특성을 보인다. 청력손실부위와 청력손실정도 등에 따라서 발성에 차이가 있다. 청각장애유아의 발성 한계, 그리고 부모의 청각장애에 대한 인지 등과 관계없이 유아와 부모는 감각적, 즉 신체적 접촉이 요구된다. 부모의 청각장애유아에 대한 신체접촉과 비언어적 행동은 유아의 표현력에 영향을 미친다. 청각장애아동의 발성에 대한 특성은 다음과 같이 요약된다.

- 모음보다 자음 발성이 어렵다.
- 음성을 발성할 때 일관된 숨쉬기가 필요한데, 기력 오류가 심하게 나타난다.
- 모음은 후설모음보다 전설모음에서 듣고 말하기에 어려움을 보인다.
- 자음은 양순음(ㅂ, ㅃ, ㅍ, ㅁ 등) 발성이 가장 용이하며, 다음으로 치조음(ㄷ, ㄸ, ㅌ 등), 성문음(후두음으로 ㅎ), 연구개음(ㄱ, ㄲ, ㅋ 등), 그리고 후치조음(ㅈ, ㅉ, ㅊ) 발성이 어렵다.
- 조기교육의 유무에 따라서 발성에 차이가 나타난다.

청각장애아동의 어휘발달은 정상아동에 비해 지체된다. 한 문장에서 사용되는 어휘의 평균개수를 설명할 때 MLU(Mean Length of Utterance)를 사용한다. 정상아동의 경우 만 2세경의 MLU는 2정도이다. 즉 한 문장에 두 개의 어휘를 사용한다. 만 3세경이 되면 MLU는 3이 된다. 정상아동은 만 10세까지 MLU가 평균적으로 10까지 발달한다. 듣는 기능이 말하기와 어휘발달에 영향을 미친다. 만18세 청각장애아동의 어휘력은 만 4년 정도 지체되어 있다는 보고는 듣기의 한계가 제공한 원인의 결과로 이해된다.

언어는 계급구조이다. 음성발달은 어휘력에 영향을 미친다. 어휘력은 또한 읽고 쓰기 발달을 견인한다. 청각장애아동과 정상아동의 읽기 발달에서 나타나는 차이는 문법구조에 대한 이해이다. 청각장애아동은 문장이 가지고 있는 문법적 단서를 알지 못한다는 것이다. 주어와 목적어의 순서와 조사의 특성에 대한 이해의 어려움, {잡다}와 {잡히다} 등과 같은 차이, 그리고 어휘의 순서에 기초한 읽기 특성을 보인다.

쓰기에서는 단문과 복문으로 나누어 설명하고자 한다. 단문에서는 큰 어려움을 보이지 않지만, 문장을 연결하는 접속사에서 {~고}를 흔하게 사용한다. 예를 들면 세수하고 밥 먹고 버스타고… 등과 같다. 초등학교 5학년이 되면 복문을 사용하는데 심한 오류를 보인다. 이는 복문 사용을 위한 언어적 도구의 부재로 설명된다(최성규, 2011).

2) 인지 및 학업적 특성

전 조작기와 구체적 조작기에서 청각장애아동은 일반아동에 비해 지체되는 조작적 특성을 보인다. 그러나 형식적 조작기가 되면 청각장애아동의 조작적 특성은 일반아동 수준과 유사하게 발달한다. 즉 지체된 조작적 특성이 급격하게 발달하는 특성을 보인다.

그러나 인지발달의 지체와 언어적 도구의 사용 결여 등은 학업성취수준을 낮추는 주요 원인이다. 청각장애아동의 읽고 쓰는 능력, 즉 문어능력은 일반아동의 초등학교 3학년 수준을 넘어가지 못한다는 것이 정설로 받아들여진다. 그러나 부모가 농인 농아동(DCDP)의 학업성취수준은 일반아동과 유사하게 발달한다. 이와 같은 차이는 다음과 같이 설명된다. 언어는 사고와 상호작용한다. 유아기부터 부모와 수어로 의사소통한 청각장애아동은 인지발달이 정상아동과 유사하다. 언어와 사고의 상호작용은 조작적 특성 및 학업성취수준에 영향을 미친다. 그래서 다음과 같은 결론을 제안한다. 청각장애아동의 사고 및 인지발달의 촉진은 언어가 담당한다. 부모는 청각장애아동에게 어떤 언어(음성언어 또는 수화언어)를 사용하든, 청각장애아동에게 정확한 언어적 정보를 입력(input)할 수 있어야 한다.

3) 심리사회적 특성

청각장애아동의 독특한 심리의 존재에 대하여 많은 연구가 수행되었다. 결론은 이렇다. 청각장애아동의 독특한 심리는 없다. 청각장애아동에게 독특한 심리가 존재한다면, 이는 청각장애로 인한 문제가 아니라 환경의 문제이다.

Erikson의 인성발달단계를 보면, 긍정적 또는 부정적 궤적의 특성이 연령별로 짝을 이루고 있다. 생후 1년까지 신뢰감 : 불신감, 2-3세까지 자율성 : 수치심 및 의심, 4-5세는 주도성 : 죄책감, 6-11세는 근면성 : 열등감, 청년기는 자아정체감 : 역할혼미, 성인전기는 친밀감 : 고립감, 성인중기는 생산성 : 침체감, 그리고 노년기에는 자아통찰 : 절망감 등으로 구분된다. 긍정적 인성궤적으로 성장할 수 있는 주요 요인은 청각장애아동 본인의 노력과 함께 이를 지원하는 청각장애아동의 부모 및 가족, 그리고 사회의 구조에 따라 달라질 수 있다. 결과적으로 청각장애아동의 심리사회적 특성은 '청력손실'의 원인보다 성장하는 과정에서 청각장애아동의 직접 경험으로 형성된 인성궤적에 따라 달라질 수 있다(최성규, 1997; 최성규 외, 2015).

4) 정체성

청소년기에 자신에게 묻는 주요 질문은 '나는 누구인가?'이다. 청각장애아동도 청소년기가 되면 자신의 정체성과 함께 '나는 왜 청각장애를 가지게 되었는가?'라는 질문을 하게 된다. 그리고 성장배경 등에 따라서 청각장애아동은 자신의 정체성을 ① 청정체성, ② 농정체성, ③ 장애정체성, ④ 불편함 등과 같이 다양하게 인식한다.

① 청정체성은 본인이 장애가 아니고, 정상인과 동일하다는 것이다. 청력손실이 경미한 경우 또는 인공와우 착용 청각장애아동에게 많이 나타난다.
② 농정체성은 부모가 농인 청각장애아동에게서 가장 많이 나타나는 정체성이다. 수어를 언어로 인식하고, 들을 수 없다는 것이 장애로 생각하지 않는 특성을 보인다.
③ 장애정체성은 자신을 청각장애로 인식하는 정체성이다. 이런 아동 중에는 청각장애를 자신의 결함으로 인식하는 경향이 높으며 청각장애로 인하여 열등감을 보이는 경우가 많다.
④ 불편함으로 인식하는 경우는 자신의 청각장애가 장애가 아니라, 다만 듣는 기능에 어려움이 있을 뿐이라는 것이다. 통합교육을 받은 청각장애아동 중에서 이런 경향을 많이 보인다.

청각장애아동의 정체성은 자신의 청각장애에 대한 본질적 특성이므로 나쁜 정체성 또는 좋은 정체성으로 구분할 수 없다. 다만 정체성 형성은 자기효능감 및 자존감 등과 높은 상관관계를 보인다는 점에 주목한다. 어떤 정체성 유형이든 자신에 대한 확고한 정체성을 가진 청각장애아동은 자기효능감과 자존감이 높게 나타난다. 학업에 대한 동기부여 및 미래의 자신에 대한 신념과 자아성찰 등에 영향을 미친다는 점에서 바람직한 정체성 형성은 교육적으로 중요한 요인이다.

5. 지원 방안

1) 음성언어 지원방안

음성언어의 듣고 말하기 지원은 청력손실부위와 정도에 따라서 달라진다. 청력손실부위에 따라서 전음성과 감음신경성으로 구분된다. 전음성은 중이의 손상으로 소리의 증폭에 한계를 가진다. 즉 dB을 올리는 데 도움을 주는 보청기 착용으로 음성언어의 듣고 말하기에 어려움이 없다. TV에서 볼륨을 올리면 소리가 커진다. 소리가 커져도 전달하고자 하는 정보에는 변함이 없다. 소리를 증폭시키는 것과 같은 역할을 보청기가 담당한다. 따라서 전음성 난청은 볼륨을 올려 주는 역할을 담당하는 보청기 착용으로 음성언어 지원방안은 해결된다고 할 수 있다.

그러나 문제는 감음신경성 난청이다. 달팽이관에 문제가 있는 감음신경성은 소리의 증폭(dB)보다 주파수(Hz)와 관련된다. 음성언어를 이해하는데 어려움을 제공하는 이유는 달팽이관에 있는 청신경유모세포의 활성도와 관련된다. 감음신경성 난청에게 음성언어를 지원하고자 할 경우는 자음보다 모음을 먼저 지도해야 한다.

청력손실부위와 함께 청력손실정도 또한 음성언어 지원방안에서 고려되어야할 주요 요인이다. 전음성 난청은 70dB을 초과하지 않으므로 보청기 착용을 통하여 음성언어를 지원하는 데 어려움이 없다. 문제는 감음신경성 난청 중에서 청력손실 정도가 70dB을 초과하는 경우이다. 감음신경성 난청의 청력손실정도가 심할수록 청신경유모세포의 활성도가 낮아진다. 즉 활성도를 띤 청신경유모세포의 개수가 부족할수록 음의 왜곡현상이 심화되므로 음성언어 주파수 전달에 어려움이 가중된다. 이럴 경우는 보청기로 해결하는 데 한계가 있다. 보청기는 외부에서 소리를 증폭시키지만, 감음신경성 난청의 청신경유모세포를 활성화시킬 수 없다. 보청기보다 인공와우 시술을 통하여 음성언어를 듣고 말할 수 있는 방안이 있다.

(1) 청각법

청각을 통하여 음성언어를 이해시키는 방법이다. 보청기의 개발은 청각법 도입에 많은 영향을 미쳤다. 전음성 난청을 위한 청각법은 음성언어 지도에 어려움이 없으나, 감음신경성 난청 중에서 청력손실이 심한 경우는 청각법을 활용한 음성언어 지도에 한계가 있다.

(2) 구화법

듣고 말하기는 높은 상관관계를 보이면서 발달한다. 따라서 구화법은 두 가지 시각에서 접근할 수 있다. 하나는 듣고 말하기이며 다른 하나는 보고 말하기이다.

① 듣고 말하기

듣고 말하기는 우선 청능훈련 또는 청능재활이 요구된다. 청능재활에서 듣기지도는 감지-변별-확인-이해 단계로 구성된다. 감지는 음의 유무 및 음의 세기 등과 관련되며 소리에 대한 반사행동으로 학습하므로 큰 어려움은 없다. 변별은 두 가지 이상의 소리를 듣고 구분하는 능력이다. 호랑이 소리와 자동차 소리를 듣고 해당하는 그림 카드를 들게 하는 방법이 있다. 확인단계는 들은 순서대로 카드를 배열하기, 친숙한 이름 또는 신체이름을 듣고 표현하기 등과 같은 방법으로 진행한다. 이해단계는 음성의 의미를 아는 단계이다. 어휘 또는 문장, 그리고 이야기의 내용을 듣고 질문에 대답하기 또는 지시사항에 따르기 등이다. 이해단계는 앞의 세 단계와는 달리 청능재활에서 가장 많은 시간을 요구한다. 이해단계에서는 언어의 하위요소를 고려하여 지도한다. 초분절적 및 분절적 자질을 고려하여 음성언어를 듣고 말할 수 있도록 한다. 그리고 문장과 의사소통 등으로 진행한다.

② 보고 말하기

듣는 기능을 활용하여 말하기를 지도하는데 한계가 있는 경우는 보고 말하기 방법을 적용한다. 과거에는 눈으로 보고 쉽게 인지되는 모음을 중심으로 지도한다고 설명하였다. 그러나 최근에는 음성과학의 발달로 시각적 또는 청각적으로 쉽게 인지될 수 있는 발성을 중심으로 지도한다. 과거의 방법과 동일하게 /아/ 또는 /오/ 등과 같은 모음을 먼저 지도하게 된다. 치료사의 발성을 보고 맞는 카드를 고르는 방법 등을 적용한다. 초기 언어지도에서는 효율적일 수 있지만, 연령 또는 학년이 올라갈수록 지도해야 하는 어휘가 많아지고, 문장의 의미가 복잡해지면 보고 말하기에 한계가 있다.

(3) 청각-구화법

최근에는 인공와우 시술이 늘어나면서 고도 이상의 청력손실을 가진 감음신경성 청각장애아동도 듣고 말하기의 수월성이 보장되었다. 듣는 능력에 기초한 음성언어를 표현하는 방법이 청각-구화법이다. 듣고 말하기 방법과 유사한 접근으로 이해된다.

2) 수화언어 지원방안

수화 또는 수어는 모두 맞는 어휘이다. 2016년 2월 3일 수화언어법이 제정되고 2016년 8월 4일에 시행되면서 수화언어를 줄여서 '수어'라는 용어를 사용하게 되었다. 수어는 문법수어와 자연수어가 있다. 한국의 자연수어는 한국수어이다. 자연수어보다 한국수어라는 용어를 사용하는 것이 바람직하다.

(1) 문법수어

문법수어는 국어의 어순과 동일하게 한국수어를 이용하여 국어의 문법 또는 문장에 맞도록 생성하는 것이다. 문법수어와 한국수어의 언어학적 특성은 다르다. 문법수어는 한국수어에서 사용하는 문법을 따르지 않고, 한국어 문법을 준용한다. 즉 문법수어는 한국수어의 어휘를 차용하고, 국어의 문법적 구조를 적용하고 있다.

{밥을 먹다}라는 문장을 한국수어로 표현하면 {밥} + {끝}이 된다.

반면 문법수어로 표현하면 {밥} {을}+ {먹다}가 된다. 여기서 {을}은 지문자로 표현한다.

문법수어가 생성된 배경에는 국어를 잘 지도하기 위한 방안에 있다. 청각장애아동들이 국어에서 문법적 오류가 많이 나타나는 원인이 수어 사용에 있다고 청각장애학교 교사들은 생각하였다. 수어 사용에 국어의 문법을 도입하면 읽고 쓰기 지도가 용이하다는 생각에 기인했다. 그러나 문법수어를 사용해서 국어의 문법적 구조를 이해할 수 있는 청각장애아동은 이미 국어의 문법을 학습한 상태이다. 그래서 큰 의미가 없다. 반면 국어의 문법적 구조를 이해하지 못하는 청각장애아동에게 제공되는 문법수어는 또 다른 언어의 노출이라는 혼란을 가중시킨다. 수어와 국어가 언어학적으로 동시에 사용되면서 혼란을 경험한다. 이와 같은 문제점을 보완하기 위하여 이중문화와 이중언어접근법이 등장한다.

(2) 한국수어

한국수어는 자연발생적이다. 또한 한국수어는 단순히 손과 몸동작 등을 이용하여 의사소통하는 것에 국한되지 않는다. 한국수어는 언어이다. 따라서 언어의 정의와 동일한 특성을 내포하고 있다. 언어의 형태소가 있듯이 한국수어도 수어소가 있다. 각 국가에서 사용하는 수어는 모두 다르다. 흥미로운 것은 미국수어와 영국수어가 다르다. 한국수어도 다른 나라의 수어와 같이 수형, 수위, 수향, 그리고 수동 등과 같은 수어소를 가지고 있다. 그리고 수어는 수어소에 기초하여 공간적 배열, 사상성, 동시성, 가역성, 반복성, 그리고 비수지 기호 등으로 의사소통한다.

(3) 이중문화와 이중언어접근법

문화 전승을 위한 전제조건에 언어, 영토, 자손이 있다. 수어를 지도하기 위해서 농문화에 대한 이해가 필요하다. 문화와 언어는 불가분 관계이다. 1960년대에 이중문화와 이중언어접근법(Bicultural and Bilingual Approach: 2Bi 접근법)의 필요성이 대두되었다. 그러나 미국수어에 대한 연구가 부재한 상황을 고려하여 먼저 미국수어에 대한 언어학적 연구가 선행되었다. 1980년에 미국수어의 언어학적 연구가 다양하게 발표되면서 2Bi 접근법이 미국 농교육의 중요 교육방법론이 되었다.

청각장애유아에게 국어(영어)보다 먼저 수어와 지문자 등을 지도한다. 그리고 수어를 알게 되면 다음으로 국어를 지도하는 방법이다. 미국의 50개 주(state) 중에서 47개 주에 소재한 청각장애학교가 2Bi 접근법을 채택하고 있다. 학교에서도 초등학교 3학년까지 수어만으로 수업을 진행한다. 그리고 초등학교 4학년이 되면 영어를 병행해서 지도하는 방법을 적용한다.

2Bi 접근법의 당위성을 제안할 수 있는 배경은 농부모의 농자녀(deaf children of deaf parents: DCDP)가 건청부모의 농자녀(deaf children of hearing parents: DCHP)에 비하여 뛰어난 학업성취 및 정서적 심리적 안정을 보인다는 점이다. 청각장애유아에게 미국 수어와 지문자를 지도하는 방법이 바람직하다는 연구결과가 많이 보고되고 있다. 그러나 우리나라는 청각장애의 문화를 문화보다 장애로 접근하는 경향이 강하다는 점에서 2Bi 접근법을 현실적으로 적용하는 데 어려움이 있다.

3) 기타 지원 방안

(1) 큐드스피치

음성언어를 듣는데 한계가 있는 감음신경성 난청아동에게 적용할 수 있는 방안에 큐드스피치(cued speech)가 있다. 큐드스피치는 청각기관으로 음성언어를 듣는 데 어려움을 보이는 청각장애아동을 위한 언어교육방법이다. 1967년 Cornett에 의해 American Annals of the Deaf의 112권 3쪽에서 13쪽에 발표되었다. 발음을 할 때, 시각적으로 구분이 확연하게 나타나는 자음 3-4개로 구성하여 8개의 자음점을 손가락으로 제시하고 있다. 모음점은 4개로 얼굴의 양 볼, 턱, 그리고 목을 지시하도록 하고 있다. /boy/를 발성하기 전에 손가락으로 4를 제시하면 자음의 {b, n, hw} 중에서 하나가 발성될 것이라는 큐(시각적 힌트)를 제공한다. 그리고 검지가 턱을 스치면서 목으로 내리면 /ɔi/ 발성이 된다. 교사는 /boy/를 발성하면서 자음점의 손가락 4개와 모음점의 검지가 턱을 스치면서 목으로 내린다. 이와 같은 연습을 반복하게 되면 청각장애아동은 교사의 손가락 움직임에서 힌트를 얻으면서 교사의 입술 발성을 시각적으로 인지한다. 입술읽기라는 독순이 가능하게 된다.

(2) 토탈커뮤니케이션

토탈커뮤니케이션(Total Communication: TC)이란 수어 또는 구어 일변도 교육의 문제점을 보완하기 위하여 개발된 언어교육방법론이다. 모든 언어는 동등한 자격을 가지며, 아동중심의 교육을 실행하자는 철학을 가지고 있다. 좋은 방안이었지만, 언어에 대한 고착된 인식과 청각장애아동을 지도할 교사양성 등의 한계, 그리고 TC를 통한 언어교육이 청각장애아동에게 효율적이라는 것을 증명하지 못하였다. 미국의 경우 오늘날 2Bi 접근법으로 대체되었다.

(3) 종합적 의사소통 지원

청각장애아동의 잔존청력, 구어능력, 수어능력 등을 모두 활용하여 교육하자는 이론이다. 우리나라의 많은 청각장애학교에서 사용하는 방법이 종합적 의사소통 지원이라고 할 수 있다. 교사 또는 치료사가 청각장애아동에게 말을 하면서 수어를 사용하는 방법이다. 청각장애아동은 자신의 선호하는 또는 자신의 능력에 맞는 언어(구어 또는 수어 등)를 선택적으로 획득할 수 있다는 장점을 가진다. 그러나 청각장애아동이 선택적으로 임의의 언어를 선택한다는 것은 이미 그 언어에 대한 선행지식을 전제할 때 가능하다는 점에 주목해야 한다. 임의의 언어를 사용할 수 있는 능력이 없는 경우는 이와 같은 방법보다 하나의 특정 방법을 적용하는 것이 바람직하다.

(4) 로체스트 방법

로체스트(Rochester)는 음성언어를 지문자로 표기하는 방법이다. 지문자에 대한 이해가 전제되는 청각장애아동은 영어(국어)에 대한 이해가 용이하다. 그러나 영어(국어)에 대한 어휘 및 문장을 모르는 아동에게 로체스트 방법은 한계가 있다. 말과 지문자 및 수어를 동시에 사용하는 Sim-Com(simultaneous communication)의 한 유형이다.

4) 조기교육

청각장애유아의 조기교육은 청력손실 부위와 정도를 초월할 수 있는 교육적 지원이다. 유사한 조건일 경우에 조기교육을 받은 청각장애유아의 정서적 안정 및 학업성취수준 등은 그렇지 않은 집단에 비하여 상대적으로 긍정적 결과가 담보된다. 가정에서의 지원방안에 대하여 서술하고자 한다.

먼저 환경을 통제할 수 있도록 교육해야 한다. 청각장애유아의 듣는 기능에 한계가 있다는 사실을 부모는 익히 알고 있다. 그래서 청각장애유아를 부를 때는 어깨를 손으로 치는 행동으로 신호를 보낸다. 좋지 않은 방법이다. 청각장애유아가 우연히 부모와 눈이 마주쳤을 때, 또는 눈이 마주칠 수 있도록 부모가 기다려야 한다. 인내는 부모의 기본적인 덕목이다.

유아는 부모가 나를 기다릴 수 있다는 것을 인지하면서 환경을 통제할 수 있게 된다. 혼자 놀이를 하면서도, 교실에서 필기를 하면서도, 부모나 교사의 기다림이 있는가를 수시로 확인하는 집중을 보인다. 청각장애유아가 환경을 통제할 수 있다는 능력은 장차 교육적으로 큰 차별성이 기대되는 요인으로 작용한다.

둘째, 유아에게 수어를 지도할 수 있는 연령은 17개월부터 가능하다. 수어지도를 위하여 시간을 할애하는 것보다 일상적인 대화와 생활에서 반복적인 수어사용을 권장한다. 유아가 좋아하는 물건, 신체 이름, 음식 등에 대한 수어를 부모는 익힐 필요가 있다. 유아가 관심을 보이면 부모는 수어로 표현해 주면 된다.

수어 사용이 장차 인공와우 시술에 부정적 영향을 미칠 수 있다고 잘못된 생각을 가진 부모가 있다. 음성언어이든 수화언어이든 모든 언어는 사고와 상호작용한다. 조기에 수어로 의사소통을 한 청각장애유아는 사고발달이 함께 수행된다. 차후에 인공와우 시술을 해도 언어에 대한 사고의 반응이 빨리 나타날 수 있음을 알아야 한다.

셋째, 부모의 자녀에 대한 사랑과 기대이다. 부모의 낮은 기대는 유아의 발달에 부정적인 영향을 미친다. 부모의 슬픔은 유아의 정서적·심리적 발달에 또한 부정적 영향을 미친다. 청각장애유아를 위한 바람직한 양육은 교육적 지원을 위한 자양분이다. 부모는 슬픔과 우려를 가능한 빨리 떨쳐버리고 장애아를 양육하는 것이 아니라, 나의 자식을 훌륭하게 키워야 한다는 점에 집중해야 한다.

학습평가

1. 청각장애의 정의와 분류를 설명할 수 있는가?
2. 청각장애의 특징을 설명할 수 있는가?
3. 청각장애의 원인과 지원방안에 대해 설명할 수 있는가?

참고 문헌

최성규(1997). 청각장애아의 심리. 도서출판 특수교육.

최성규(2011). 장애아동 언어지도. 한국언어치료학회.

최성규, 허명진, 박찬희, 김정규, 박찬영, 김미희, 박은주, 송혜경, 이수연, 이정우, 정승희, 주미영, 박비주, 신지현(2015). 청각학과 언어. 파주: 양서원.

10장 시각장애의 이해

> **학습목표**
> 1. 시각장애의 개념 및 원인을 알고 정의할 수 있다.
> 2. 시각장애 진단평가의 선별기준과 평가 방법에 대해 설명할 수 있다.
> 3. 시각장애의 특성을 이해하고 적절한 지원 방법에 대해 제시할 수 있다.

2018년 특수교육통계에 따르면 전국 특수학교는 총 175개교이며, 시각장애아동을 위한 특수학교는 전체 13개교(약 7.4%)로 보고되고 있다. 또한 특수학교의 전체 대학 진학자 수 173명 중 시각장애 특수학교는 58명(약 33.5%)으로 5개의 장애영역 중 가장 높게 집계되었다(교육부, 2018). 시각장애는 시각적 자극에 대한 정보 수집에만 제한을 받을 뿐 다른 장애영역에 비해 지적능력과 학습능력 등은 일반아동에 비해 상대적으로 낮지 않은 개념적 특성을 가진다. 이 장에서는 시각장애의 개념 및 정의, 원인과 평가 그리고 특성 및 지원에 대하여 상호 연계하여 살펴보면 이해가 수월할 것이다.

1. 개념 및 정의

1) 개념

　시각, 청각, 촉각, 후각, 미각 등의 기본 감각기관은 특정 정보가 제시될 경우 분석을 위해 고유의 역할을 수행한다. 분석 과정에서 추출된 각 감각기관의 세부적인 데이터는 사고를 통하여 변별되어진 후 다시 통합된 형태로 기억된다. 한정된 시간이 주어지고 정보가 산발적으로 표현될 때, 시각은 다른 감각에 비해서 유달리 색상, 모양, 공간, 움직임 등의 다각적인 단서를 빠르게 확보하여 구체적으로 분석하는 데 가장 많은 비중을 차지한다. 또한 시각은 생활 속에서 접하게 되는 대부분의 정보를 처리하고 다른 감각기관으로 중계하는 핵심적인 기관이다.

　따라서 시각기관의 손상으로 인한 장애는 생리 및 안전부터 자아실현까지의 기본적인 욕구와 일생의 전반적인 흐름과 같은 삶의 질적인 측면 등에 대하여 부적인 영향력을 행사할 만큼 치명적이다. 특히 시각기관의 장애를 겪는 시작점에 따라 한 인격체가 일상 속 시각적 경험을 통하여 얻을 수 있는 성장과 발달 과정에는 양질의 차이가 존재한다. 또한 세상을 보았던 기억은 구체적인 개념의 형성에 중요하게 작용하기 때문에 시각장애의 시기에 따라 만 5세를 기점으로 선천성과 후천성으로 분류한다. 시각장애는 시각적 경험의 결손으로 인하여 교육에 있어서 개별화된 특수성을 가진 자료와 주변 환경을 제공해야하는 경우로 저시력과 맹이 모두 포함된다. 저시력은 잔존시각을 가지고 있으나 시각장애를 가진 경우이며, 시력을 교정하더라도 장애를 동반한다. 그러나 교정렌즈, 확대경, 망원경 등을 이용하여 묵자 또는 그림 등을 볼 수 있는 상태이다. 맹은 교육을 위한 목적으로 촉각을 활용한 점자 또는 청각을 활용한 녹음자료 등을 사용해야하는 경우로 실명을 뜻한다.

　동시에 시각적 경험의 결손을 보완해 줄 수 있는 교육을 계획하고 제공하기 위해 잔존하는 시각의 활용 정도를 시력과 시야 그리고 색각에 관계된 능력을 측정한다. 시력은 기본적으로 두 개의 점이 인접하여 존재할 때 점이 두 개라는 것을 인식하는 능력이다. 또한 사물의 경계를 명확하게 구분하거나 정해진 거리 속에서 사물 간의 크기를 비교하는 것도 해당한다. 시야는 한 개의 점을 주시할 때 눈의 움직임 없이 볼 수 있는 범위이다. 또한 정면을 바라볼 때 사물을 볼 수 있는 일반적인 범위는 약 160°~170°에 해당한다. 색각은 사물의 색채를 구별하여 인식하는 능력을 뜻한다.

또한 시각장애로 인하여 특수교육대상자로의 선정 및 사회적 보장을 받기 위한 법적 판별은 주로 시력과 시야에 대한 검사 결과에 기준하고 있다. 다른 기능적인 측면에서는 일상 속에서 이루어지는 유의미한 학습과 생활의 실천을 관찰하여 시각장애를 저시력, 지수, 수동, 광각, 전맹으로 구분하는 교육적 판별도 존재한다. 지수는 자신의 전방 1m 앞에 있는 손가락의 수를 셀 수 있는 상태, 수동은 눈앞에서 좌우로 움직이는 손을 인식할 수 있는 정도, 광각은 빛이 없는 공간에서 빛의 유무를 확인할 수 있는 상태를 뜻한다. 이 세부적인 분류법은 특수교육 및 재활훈련 현장에서 사용되고 있으며, 근본적인 이유는 시각장애를 가진 한 개인에게 실생활의 기능적인 도움과 최적화된 교육을 제공하기 위해 활용되고 있다.

다음은 국내의 「장애인복지법」 및 「장애인 등에 대한 특수교육법」에 따른 법적 정의를 알아보고 그 이외의 기타 정의에 대하여 살펴보고자 한다.

2) 정의

(1) 법적 정의

① 장애인복지법

2021년 4월 13일 개정된 「장애인복지법 시행규칙」 [별표 1]에서 제시된 장애인의 장애 정도(제2조 관련) 중의 시각장애인 관련 부분을 〈표 10-1〉에서 확인할 수 있다. 또한 좋은 눈의 시력에 대한 정의는 공인된 시력표에 의하여 측정한 것을 말하며, 굴절이상이 있는 사람에 대하여는 최대 교정시력을 기준으로 한다. 이는 시력과 시야를 통해 시각장애의 정도를 판별하고 있음을 알 수 있고, 시각장애를 분류하였던 1급에서 6급까지의 기준이 사라진 것을 확인할 수 있다.

〈표 10-1〉 시각장애인의 장애 정도

등급	정도

가. 장애의 정도가 심한 장애인	1) 좋은 눈의 시력이 0.06 이하인 사람
	  - 공인된 시력표로 측정한 것
	  - 굴절이상이 있는 사람은 최대 교정시력을 기준으로 함
	  - 이하 같음
	2) 두 눈의 시야가 각각 모든 방향에서 5도 이하로 남은 사람

나. 장애의 정도가 심하지 않은 장애인	1) 좋은 눈의 시력이 0.2 이하인 사람 2) 두 눈의 시야가 각각 모든 방향에서 10도 이하로 남은 사람 3) 두 눈의 시야가 각각 정상시야의 50퍼센트 이상 감소한 사람 4) 나쁜 눈의 시력이 0.02 이하인 사람 5) 두 눈의 중심 시야에서 20도 이내에 겹보임[복시(複視)]이 있는 사람

② 장애인 등에 대한 특수교육법

「장애인 등에 대한 특수교육법」 제15조(특수교육대상자의 선정)에 따른 시행령 제10조(특수교육대상자의 선정 기준)의 〔별표 1〕에서 제시된 시각장애를 지닌 특수교육대상자 관련 부분을 〈표 10-2〉에서 확인할 수 있다. 또한 맹(시각계의 손상이 심하여 시각기능을 전혀 이용하지 못하는 사람)과 저시력(보조공학기기의 지원을 받아야 시각적 과제를 수행할 수 있는 사람)에 대한 내용이 명시되어 있음을 확인할 수 있다.

〈표 10-2〉 시각장애를 지닌 특수교육대상자의 기준

특수교육대상자(시각장애)
시각계의 손상이 심하여 시각기능을 전혀 이용하지 못하거나 보조공학기기의 지원을 받아야 시각적 과제를 수행할 수 있는 사람으로서 시각에 의한 학습이 곤란하여 특정의 광학기구·학습매체 등을 통하여 학습하거나 촉각 또는 청각을 학습의 주요 수단으로 사용하는 사람

그러나 법적 정의만으로는 재활훈련과 특수교육을 실시하는 현장에서 실질적으로 마

주하는 생활 및 교육 상황에 시각장애아동이 사용하고 선호하는 시각능력을 알기에는 한계가 존재한다. 현장에서 기능적인 측면을 진단하여 적합한 서비스를 제공하기 위한 교육적 정의는 〈표 10-3〉과 같다.

〈표 10-3〉 현장에서 사용되는 교육적 정의

구분	정의
저시력	묵자를 읽지 못하더라도 잔존시력을 통해 일상생활이 가능한 상태
지수	자신의 전방 1m 앞에 있는 손가락의 수를 셀 수 있는 상태
수동	눈앞에서 좌우로 움직이는 손을 인식할 수 있는 정도의 상태
광각	빛이 없는 공간에서 빛의 유무를 확인할 수 있는 상태
전맹	시력이 존재하지 않는 상태

(2) 기타 정의

① 미국

미국의 법적 정의로 사회보장국(Social Security Administration, 2003)에서 명시한 시각장애 기준을 다음 〈표 10-4〉에 제시하였다. 또한 시각장애를 결정하는 지표로 시력과 시야를 활용하는 것을 확인할 수 있으며, 정상적인 시력은 '20ft(6m)/20ft(6m) = 1.0(소수식 시력)'이고 정상적인 시야는 정면을 두 눈으로 바라볼 때 수직시야는 140°이고, 수평시야는 180°를 기준으로 제시하고 있다.

〈표 10-4〉 미국의 정의

구분	정의
맹(실명)	교정된 시력을 통해 잘 보이는 눈이 '20ft/200ft = 0.1' 이하이거나 좋은 쪽 눈이 20° 이내의 시야를 가지는 경우
저시력	교정된 시력을 통해 잘 보이는 눈이 '20ft/70ft ≒ 0.3' ~ '20ft/200ft = 0.1'인 경우

② 세계보건기구

세계보건기구(World Health Organization: WHO)의 과제 수행 수준에 따른 교육적 정의는 〈표 10-5〉와 같다.

〈표 10-5〉 과제 수행 수준에 따른 교육적 정의(WHO, 1980)

구분	시력	과제 수행 수준
정상	정상(근접)시력	도움이 없이도 과제 수행이 가능하다.
	중등도	도움을 받을 경우 일반적으로 정상적인 과제수행이 가능하다.
저시력	중도	속도, 정확도, 지속도가 하향된 수준이기 때문에 도움을 받으면 시각적인 과제의 수행이 가능하다.
	최중도	일반적인 시각적인 과제에서도 전반적으로 어려움이 있으므로 시각적인 과제가 심화되어 제시될 경우 수행이 불가능하다.
맹	실명근접시력	의존할 만한 시력이 아니므로 남아 있는 다른 감각에 의존해야 한다.
	맹	시력이 전혀 없으므로 남아 있는 다른 감각에만 의존해야 한다.

2. 원인

1) 생의학적 원인

시각장애의 생의학적 원인은 빛이 들어오는 눈에서부터 지각되는 뇌까지의 시각계를 살펴보면(Hallahan & Kauffman, 2000; Smith, 2005) 각막, 중막, 망막, 수정체, 방수, 시신경(시각신경) 등의 질환과 외안근 및 굴절 등의 이상으로 설명할 수 있다.

(1) 각막 질환

각막 질환 중 원추각막은 각막 중심부가 얇아져 서서히 원뿔 모양으로 변화되며 앞으로 튀어나오는 질환이다. 증상으로는 뿌옇게 보이거나 양쪽 눈 모두 영향을 받아 시력이 감소된다. 때문에 의학적인 대처방법으로 초기 시력은 안경으로 교정 가능하지만 심해질 경우 특수제작 콘택트렌즈가 필요하다. 또한 원추각막을 가진 사람들 중 약 20%는 각막 이식이 필요한 경우도 존재한다.

(2) 중막 질환

중막 질환 중 무홍채증은 선천적 유전성으로 홍채의 일부만 있거나 홍채가 자라지 않는 질환이다. 증상으로는 시력 감소, 눈부심, 백내장과 녹내장 등의 현상을 겪게 된다. 때문에 일반적으로 동공용 미용 콘택트렌즈, 색안경, 선글라스, 흐린 조명 등의 시각 보조구를 사용하여 빛의 양을 조절할 필요가 있다.

(3) 망막 질환

망막 질환으로는 당뇨망막병증, 미숙아망막병증, 망막박리, 황반변성, 백색증 등을 제시할 수 있다. 각각의 질환에 대한 설명과 증상 등은 다음과 같다.

① 당뇨망막병증

당뇨망막병증(diabetic retinopathy)은 당뇨병이 진행되며 시력을 상실하게 되는 망막에 발생한 합병증적 질환이다. 증상으로는 점차적으로 촉각이 둔해지며, 심해질 경우 망막에 비정상적인 신생혈관이 형성되고 상처를 내기 때문에 망막박리가 나타날 수 있다. 관련 의학적인 대처방법으로는 인슐린 의존형의 경우에는 매일 인슐린을 맞도록 격려하고, 레이저 광응고와 유리체 절제술 등의 시술이 있다.

② 미숙아망막병증

미숙아망막병증(retinopathy of prematurity)은 인큐베이터 안의 미숙아에게 고농도의 산소를 제공하고, 인큐베이터 밖으로 나올 경우 공기 중 산소의 농도 차이로 인해서 혈관과 눈의 성장을 방해하여 시각장애를 유발하는 질환이다. 관련 의학적인 대처방법으로는 비타민 E요법, 초자체 절제술, 레이저광선 소작법 등의 시술이 있다.

③ 망막박리

망막박리(detachment of the retina)는 망막층이 찢어져 눈 속의 수분이 새어 들어가 망막의 일부분 또는 전부가 색소상피와 떨어져 생기는 질환이다. 관련 의학적인 대처방법으로는 조기에 망막을 다시 재접합하는 수술이 있다.

④ 황반변성

황반변성(macular degeneration)은 망막 중심부에 위치한 황반부가 변형되어 생기는 질환이다. 증상으로는 그림을 감상할 때 일부분이 지워져 공백이 있는 것처럼 보이며, 문장을 읽을 때 글씨체가 요동치는 것처럼 보인다. 관련 의학적인 대처방법으로는 레이저 광응고 시술이 있다.

⑤ 백색증

백색증(albinism)은 멜라닌 합성의 결핍이 원인으로 신체 전반의 색소가 부족하거나 존재하지 않는 유전 질환이다. 증상으로는 시력 감소, 광선공포, 고도 근시, 난시, 사시 등을 겪게 된다. 때문에 일반적으로 확대자료 제공, 야외 활동 시 태양광에 의한 화상을 피하기 위해 동그란 챙이 달린 모자와 선글라스 등의 시각 보조구를 사용하여 생활할 필요가 있다.

(4) 수정체 질환

수정체 질환 중 백내장은 안구의 손상 및 외상, 영양부족, 유전 등의 원인으로 인해 수정체가 뿌옇고 흐리게 보여서 빛의 통과가 원활하지 못하게 되는 질환이다. 이는 유전성인 경우 임신기의 감염 및 중독, 태아의 산소결핍 등으로 발생하는 선천성 백내장과 노인성 및 외상성으로 인한 후천성 백내장이 존재한다. 의학적인 대처방법으로는 렌즈의 이식 또는 수술 후 각막 콘택트렌즈를 사용한다.

(5) 방수 질환

방수 질환 중 녹내장은 안구에 영향을 주는 내부 압력이 상승하며, 시신경이 눌리거나 혈액 공급이 부족하여 시야와 시력이 약해지고 최악의 경우 실명에 이르는 질환이다. 증상으로는 시각기능의 변화, 주변시야의 상실, 야맹증, 동공 확장, 충혈 등을 나타낸다. 의학적인 대처방법으로는 안압을 낮추기 위해 사용되는 안약이 처방되며, 항상 정해진 시간에 투약을 실시하고 상황에 따라서는 수술이 필요할 수도 있다.

(6) 외안근 이상

외안근 이상으로는 사시와 안구진탕 등을 제시할 수 있다. 각각의 이상에 대한 설명과 대처방법 등은 다음과 같다.

① 사시

사시(strabismus)는 안 근육의 불균형으로 인해 두 눈이 한 물체에 초점을 맞추지 못하는 이상 상태이다. 보통 선천적으로 나타지만 질병과 손상으로도 발생한다. 의학적인 대처방법으로는 조기 진단될 경우 일반적인 사시는 교정가능하며, 교정 안경, 안 근육 운동, 수술 등을 사용하여 치료할 수 있다.

② 안구진탕

안구진탕(nystagmus)은 단안 또는 양안 모두 불수의적으로 움직이는 이상 상태이다. 증상으로는 한 곳을 지속적으로 응시할 수 없으며, 시력감소, 현기증 등을 보인다. 의학적인 대처방법으로는 안근육 수술이 있다.

(7) 굴절 이상

굴절 이상으로는 근시, 원시, 난시 등을 제시할 수 있다. 각각의 이상에 대한 설명과 대처방법 등은 다음과 같다.

① 근시

근시(myopia)는 먼 곳을 바라볼 때 물체의 상이 망막의 앞쪽에 맺히는 굴절 이상 상태이다. 의학적인 대처방법으로는 굴절 수술요법을 통해 각막이나 수정체를 교정할 수 있으며, 안경 또는 콘택트렌즈를 써서 교정가능하다.

② 원시

원시(hyperopia)는 먼 곳을 바라볼 때 물체의 상이 망막의 뒤쪽에 맺히는 굴절 이상 상태이다. 의학적인 대처방법으로는 독서안경, 다초점렌즈, 콘택트렌즈를 써서 교정가능하다.

③ 난시

난시(astigmatism)는 눈에 들어온 빛이 망막의 한 점에서 초점을 맺지 못하고 두 점 이상의 초점을 갖는 굴절 이상 상태이다. 의학적인 대처방법으로는 일반적인 난시는 원주렌즈로 교정하고 불규칙적인 난시는 하드콘택트렌즈를 사용하여 교정 가능하다.

2) 환경적 원인

환경적 원인으로 바르지 못한 생활습관과 안전사고 및 교통사고로 인한 실명 등을 제시할 수 있다. 특히 모니터, 스마트폰, LED 조명 등의 보급으로 인하여 전자기기들이 하루 일과에서 비중 있는 삶의 한 부분적 요소가 되어가고 있다. 앞서 제시한 전자기기에서는 블루라이트(blue light)가 많이 방출된다. 이에 장시간 노출될 경우 눈의 피로와 안구건조증 등의 안질환을 유발하며, 심할 경우 망막 또는 수정체의 손상이 뒤따를 수 있다. 그리고 밤늦은 시간 스마트폰과 PC 그리고 TV를 오래 볼 경우 잠을 유도하는 호르몬이 낮게 분비되므로 수면에 방해가 될 수 있다. 덧붙여 과로 및 과음으로 인한 피로, 불규칙한 생활 리듬, 스트레스 등으로 인하여 서서히 눈 건강에 치명적인 영향을 불러올 수 있다. 따라서 생활 습관의 개선으로 안질환 예방과 눈 건강을 위한 스스로의 자각과 노력이 필요하다.

3. 진단평가

1) 선별 기준

국립특수교육원(2010)에서 개발한 특수교육대상아동 선별검사 및 진단검사 지침의 [부록 1]은 시각장애 진단검사를 위한 선별검사 문항이다. 따라서 선별검사는 시각장애의 진단검사 이전에 실시되어져야 하고 진단검사의 실시 여부를 판별할 수 있어야 한다. 해당되는 관련 문항들은 〈표 10-6〉과 같다. 또한 아동의 연령과 관계없이 선별검사를 실시할 수 있는 유·초·중·고등학생용임을 명시하고 있다.

〈표 10-6〉 시각장애 진단검사를 위한 선별검사 문항

I. 맹	
검사문항	해당 여부
① 눈꺼풀이 처져 있거나 눈이 감겨져 있다.	
② 시각으로 사물, 글자, 그림 등을 전혀 식별하지 못한다.	
③ 시각이 아닌 촉각이나 청각 등의 감각에 의지하여 생활한다.	
④ 사물의 형체를 알아보지는 못하지만 빛을 감지할 수 있다.	
⑤ 사물을 보지 못해 이동할 때 자주 부딪히거나 걸려 넘어진다.	

※ 1~5번 중 2개 이상의 항목이 확인된 경우 여기서 검사를 중단함.
　단, 해당항목이 전혀 없거나 1개만 확인된 경우
→ II. 저시력 1번 항목부터 다시 검사 실시

II. 저시력	
검사문항	해당 여부
① 사시가 있어 초점을 맞추지 못한다.	
② 안경이나 렌즈를 끼고도 사물을 분명하게 식별하기 어려워한다.	
③ 가까이에 있는 사물을 볼 때 눈을 지나치게 근접시켜 본다.	
④ 자신과 떨어진 거리에 있는 사물을 눈을 찌푸러서 가늘게 뜨고 본다.	
⑤ 시각이 집중적으로 요구되는 활동에서 자주 눈을 문지르거나 깜빡거리면서 피로감을 보인다.	
⑥ 글자를 눈에 가까이 대고 읽어 속도가 느리고 틀리게 혹은 빼고 읽는다.	
⑦ 글자를 또래보다 지나치게 크게 쓰고 줄을 맞춰서 바르게 쓰지 못한다.	

※ 진단검사가 필요한 아동의 선별 조건
　: 아동의 연령에 관계없이 다음 ㉠ 또는 ㉡에 해당되는 아동
　　㉠ I. 맹에서 2문항 이상 해당된 경우, ㉡ II. 저시력인 경우에서 2문항 이상 해당된 경우

2) 평가 방법

「장애인 등에 대한 특수교육법」 제14조(장애의 조기발견 등) 제1항 또는 제3항에 따른 시행규칙 제2조 제1항 관련 〔별표 1〕에서 제시된 시각장애 특수교육대상자 진단·평가 영역 관련 부분을 〈표 10-7〉에 제시하였다. 또한 특수교육대상자 선정을 위한 장애유형별 진단·평가 시 장애인증명서·장애인수첩 또는 진단서 등을 참고자료로 활용할 수 있다.

〈표 10-7〉 시각장애관련 특수교육대상자 진단·평가 영역

| • 기초학습기능검사 | • 시력검사 | • 시기능검사 및 촉기능검사 |

시각장애아동의 진단 및 평가도구는 시력검사와 시기능검사 및 촉기능검사뿐만 아니라 지능검사, 기초학습기능검사, 사회·생활 기술검사 등으로 광범위하게 적용하여 실시할 수 있다. 이 장에서는 시각장애와 가장 연관성이 높은 시력검사와 시기능검사, 그리고 촉기능검사만을 다루도록 한다.

(1) 시력검사

시력검사는 시각의 기능을 임상적 자료로 활용하기 위해 측정하는 검사방법이다. 거리에 따른 원거리 시력검사와 근거리 시력검사가 존재한다. 원거리 시력검사는 약 5m ~ 6m 떨어진 거리에서 측정하며 [그림 10-1]에 일반적으로 사용되는 원거리 시력검사표를 제시하였다. 근거리 시력검사는 약 30cm의 가까운 곳을 보는 능력을 측정하며, 스넬렌 시력표, 한식표준소아용시력표, 진용한 근거리 시력표, Near vision test for children과 Near vision test-numbers, 그리고 Sloan test reading cards for low vision patients 등의 근거리 시력검사표 및 도구가 있다.

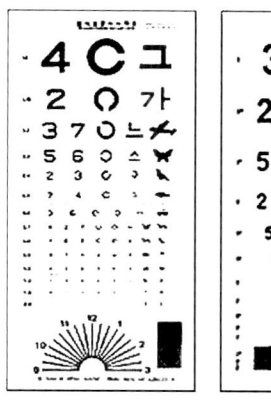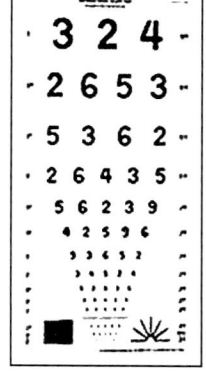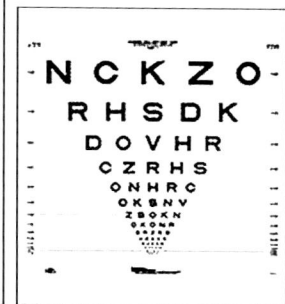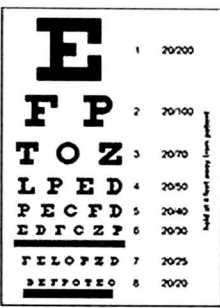

〔그림 10-1〕 원거리 시력검사표

(순서: 한천석시력표, 진용한시력표, ETDRS시력표, 스넬렌시력표)

출처: 서울대학교병원 의학정보

그러나 만 3세 이전까지의 영유아는 시력표를 이용한 시력 측정이 어려우므로 주시선호도검사, 시유발전위도검사 등을 실시한다. 주시선호도검사는 줄무늬 그림판을 이용하며, 이 때 검사자는 숨어서 대상 유아의 주시 행동을 관찰하는 방법이다. 시유발전위도검사는 빛자극을 제시하며 이때 뇌의 시피질 활동성을 두피에서 측정하는 방법이다.

(2) 시기능검사

시기능은 주어진 과제의 수행과정에서 사용되는 시각적인 능력을 뜻한다. 검사 영역으로 시각기술, 시지각, 시각 환경으로 분류된다. 시각기술에는 주시하기, 추적하기, 추시하기 등이 있다. 시지각은 변별하기, 점검하기, 짝짓기 등이 있다. 시각 환경은 시각기술과 시지각을 활용하는 데 필요로 하는 최적의 환경이다. 관련 도구로는 New Outlook for the Blind에서 개발한 Functional vision screening for severely handicapped children과 Stoelting Company에서 출판한 Visual functioning assessment tool 등이 있다.

(3) 촉기능검사

촉기능검사는 시각장애아동이 점자를 사용해야 하는 경우에 실시된다. 특히 점자는 시각장애아동의 문자를 대표한다. 또한 맹아동의 점자학습적인 측면에 있어서 촉기능은 필수적으로 요구된다. 관련 검사로는 오리건 발달 평가도구의 '점자 학습 준비기술' 영역과 감각 활성도 평가 등이 있다.

4. 특성

1) 운동 및 신체적 특성

영유아는 흥미를 가진 사물을 바라보기 위해 목을 가누거나 좌우로 돌리는 등의 운동기능을 자연스럽게 습득한다. 그러나 시각장애영유아는 시각적인 제한으로 인하여 주위를 적극적으로 탐색하는 데 어렵기 때문에 기기와 앉기 그리고 걷기 등의 단계적 발달이 다소 지연될 가능성이 존재한다. 따라서 움직임을 격려하기 위한 동기유발이 가능한 수준의 청각 및 촉각을 자극하는 단서 제공이 적시에 이루어지지 못할 경우 움직임에 대한 동기가 결여될 수 있다. 또한 시각 자극의 결핍으로 인하여 주위 환경에 인접한 사물에 대한 정보를 알 수 없으므로 함부로 물체를 향해 손을 뻗거나 이동을 시도하는 등의 빈도가 부족하다.

신체의 근육 긴장도와 공간 감각이 낮은 편이기 때문에 보행에 대한 자세와 패턴이 어색하다. 머리와 신체의 조절에서 어려움이 존재하므로 늦어진 걷기와 어색한 걸음 등으로 인해 근력과 근긴장도가 적절히 발달되지 못할 수 있다. 또한 성인이 보여주는 신체적 움직임을 보고 따라 하는 관찰학습 능력이 부족한 점은 운동기술의 발달적인 측면에서 지체될 수 있다.

즉 공간 속에서 자신의 위치를 파악하고 중심을 잡는 능력의 부족과 바르지 못한 자세 그리고 대근육 운동부터 소근육 운동까지 발달이 지체될 가능성도 존재한다.

2) 인지 및 학업적 특성

선천적이거나 영유아기에 시각장애가 발생할 경우 시각적 정보수집 능력이 떨어지게 되므로 인지적 개념 형성에 치명적이다. 시각 이외의 다른 잔존 감각을 통해 정보를 수집할 때 간혹 잘못된 개념을 가질 수 있다. 특히 청각은 거리와 방향에 대한 단서만을 제공할 뿐 크기와 형태에 대한 정보는 알 수 없는 한계가 있으며, 촉각으로 불, 공원, 스포츠 등에 대한 정보를 모두 알기에는 위험하거나 광범위하여 다소 제한적이다.

지능은 비장애아동들과 비교하면 상대적으로 낮지 않기 때문에 학업적인 부분 역시 일반학교의 교육과정을 그대로 적용하여 공부 할 수 있다. 그러나 시각적 자극이 부족하므로 모델링을 통한 모방과 관찰의 기회가 부족하며, 추상적인 개념과 유추하기 그리고 관용의 표현에 대하여 이해하는 것을 어려워하는 편이다. 따라서 개념을 이해시키기 위해서 반복적이고 직접적으로 다른 감각에 자주 노출시키는 것이 중요하다.

즉 주변 환경을 탐색할 수 있는 기회가 부족하기 때문에 감각운동기에 습득해야하는 사물의 항상성 개념과 인과적 개념 습득이 자연적으로 지연된다. 따라서 지능은 정상적인 범주에 속하지만 학습에 대한 낮은 기대와 조기교육의 부족 그리고 점자 기술의 부족 등으로 인하여 학업성취가 떨어지는 경향을 보인다.

3) 심리사회적 특성

위험하거나 위급한 상황에서 빠르게 변화하는 시각적 정보를 미리 예측해서 알려주기에는 한계가 존재한다. 특히 시각장애영유아 시기에는 작은 자극에도 일반영유아에 비해 상대적으로 더 불안해하고 위축되는 특성을 보이기 때문에 자칫하면 트라우마를 겪게 될 가능성이 크다. 또한 부모 및 또래들과 눈 맞춤이나 미소에 해당하는 비수지 신호를 보고 따라하는 경험이 없다. 이와 관련된 정서적 교류 행동을 배우지 못하기 때문에 사회성과 대인관계에 지장을 받기도 한다. 일반적으로 사회성 기술은 관찰과 모방을 통해 자연스럽게 습득하지만 그렇지 못한 시각장애아동들은 상황별 적절한 지도가 필요하다. 또한 대인관계에 있어서 사회적 상호작용을 시작하고 유지하는 방법을 몰라서 어려워한다. 간혹 주위에 타인이 있음에도 불구하고 몸을 앞-뒤 또는 좌-우로 흔들거나 손으로 눈을 과도하게 누르는 등의 행동을 지속적으로 보이기도 한다. 이러한 모든 부분을 간과하고 지나칠 경우 심리적인 부분에 영향을 주어 결국에는 스스로 사회적 고립에 빠지게 만들 가능성도 존재한다.

시각장애아동의 시각적 결손으로 인한 전체적 특성을 보완하기 위한 방법은 다음과 같다.

첫째, 청각 및 촉각 등의 다양한 감각으로 시각을 대체해준다. 자신의 모든 신체 부분은 생활 속에서 탐색하고 배우는 데 사용되는 것임을 자연스럽게 알려준다.

둘째, 공간 속에서 보행할 수 있는 여러 가지 방법을 교육한다. 가까이에서 함께 안내보행을 해주거나 손으로 신체의 움직임을 만질 수 있도록 기회를 제공하며, 여러 감각을 제공하여 보행을 촉진한다. 동시에 자연스러운 자세와 보행 방법을 지도한다.

셋째, 청각과 촉각 그리고 후각 등의 감각 활용 습관을 가정과 연계하여 교육한다. 시각장애아동의 흥미적인 측면을 고려하면, 습관 형성 초기에는 의도적이고 계속적인 주변의 도움이 필요하므로 가정과의 연계는 필수적이다. 또한 가족과의 생활을 통해 연령에 적합한 정상적인 발달단계를 자연스럽게 습득할 수 있다.

넷째, 인지발달 단계를 고려한 조기교육은 필수적이다. 시각장애의 영향으로 인한 인지발달의 지연을 최소화하기 위해 조기교육을 실시한다.

다섯째, 시각적 결손을 보상해줄 수 있는 다양한 사회적 및 교육적 경험을 제공한다. 잔존시력이 존재할 경우 최대한 활용하며, 스스로 사용가능한 모든 감각을 활용하여 조직화된 개념을 형성할 수 있는 구체적인 프로그램을 제공한다.

5. 지원방안

1) 시각적 지원

(1) 점자 지도

점자는 지면 위에 튀어나온 점을 촉각으로 읽는 시각장애인을 위한 문자이다. 구성은 세로 3점, 가로 2점으로 총 6점의 형태이며, 이 6개의 점을 조합하면 64개의 점형이 생성된다. 점자쓰기를 할 때는 점자판과 점필을 사용하여 종이의 오른쪽에서 왼쪽 방향으로 점자를 찍어나가며, 제시된 점자일람표는 읽기용 기준이므로 쓰기는 가로 점끼리(1점-4점, 2점-5점, 3점-6점) 서로 바꾸어서 찍는다. 점자 읽기를 할 때에는 왼쪽에서 오른쪽 방향으로 점자일람표를 확인하고 자음과 모음 그리고 약자 등을 조합하여 문자를 만들어 해석할 수 있다.

① 지도 대상

점자를 지도해야 할 대상의 조건으로 시력과 시효율 그리고 시기능을 제시할 수 있다. 우선 시력적인 조건에는 1994년 「특수교육진흥법 시행령」에서 아동의 교정시력이 약 0.03 이하일 경우에 점자를 사용함을 명시하고 있다. 이후 2007년에 개정 고시된 「장애인 등에 대한 특수교육법」의 기준은 맹(교정시력 0.1)에 해당할 경우를 제시하고 있다. 시효율적인 조건에는 시각능력을 활용하여 생활하고 있는 현재의 상태와 장래를 예측하여 선정할 수 있다. 시기능적인 조건에는 읽기 속도, 글자 크기, 독서 피로도, 신체 능력, 지능, 실명 가능성 등을 고려해서 선정할 수 있다.

② 점자일람표

다음 [그림 10-2]는 사단법인 한국시각장애인연합회 홈페이지에서 제공하는 점자일람표의 일부분이다.

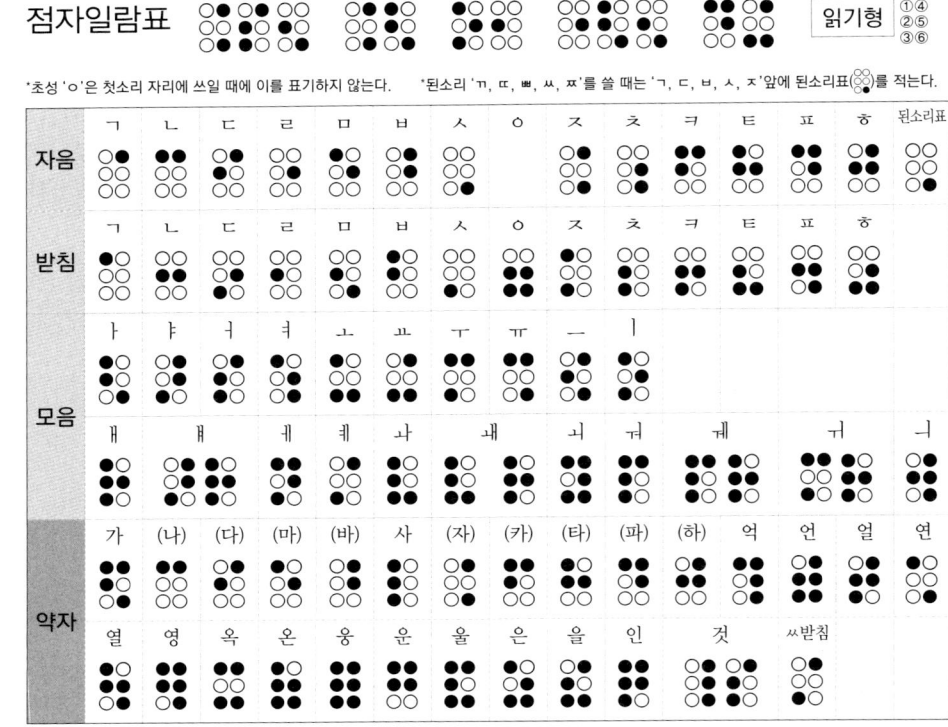

[그림 10-2] 점자일람표

출처: 사단법인 한국시각장애인연합회 홈페이지 점자일람표

(2) 보행 지도

보행은 인지적 측면의 방향정위와 신체적 측면의 이동력을 통해서 목적지까지 안전하게 이동하는 것을 뜻한다. 또한 방향정위와 이동력은 서로 상호보완적인 관계에 있으며, 이들을 활용한 보행교육은 시각장애아동의 자존감 형성에 긍정적인 영향을 제공한다. 보행의 종류로는 보호법, 지팡이, 안내견, 전자 보행기구 등을 활용한 보행이 있다. 보행훈련의 최종 목적은 스스로가 목적지까지 잔존하는 감각과 인지기능을 모두 발휘하여 안전하고 효율적인 독립보행을 수행하는 것이다.

① 방향정위

방향정위는 시각장애아동이 마주하는 일상생활 속에서 관계된 대상들을 인지하며, 그 속에서 스스로 보유한 잔존 감각을 활용하여 자신의 위치를 파악하는 과정이다. 진행 과정에는 지각, 분석, 선별, 계획, 실행의 순서로 이루어지며(Hill&Ponder, 1976), 과정별 내용과 그 속에서 필요한 기본 요소들은 〈표 10-8〉과 〈표 10-9〉에 각각 제시하였다.

〈표 10-8〉 방향정위의 진행 과정

과정	내용
지각	잔존시력, 후각, 청각 등의 감각을 사용하여 환경적 자료에 접근하여 수집한다.
분석	수집된 지각정보를 안전성, 친숙성, 신뢰성, 변칙성 등으로 분류한다.
선별	분석된 정보에서 환경적 상황과 대응되는 최적의 자료들을 선택한다.
계획	선택된 최적의 자료들을 기반으로 전체 보행경로에 대한 이동계획을 설계한다.
실행	계획된 보행경로에 대하여 이동을 실시한다.

방향정위의 진행은 실행이 끝나면 다시 지각으로 연결되어 반복적으로 실시할 수 있다. 또한 이 진행 과정 모두는 상호 간의 관련성이 높아서 동시적으로 실시하기도 한다.

〈표 10-9〉 방향정위의 기본 요소

요소	내용
단서	청각, 촉각 등으로 위치를 확인하거나 이동방향 결정에 쉽게 활용할 수 있다. 음식 냄새, 자동차 소리 등 상황에 따른 상태의 변화가 다르게 나타난다.
랜드마크	친숙한 사물 및 소리 그리고 촉각 등의 단서들로 재확인되기 쉽다. 계단, 신호등 등과 같이 상태의 변화가 고정적인 항상 활용 가능한 단서이다.
번호체계	건물의 내부와 외부 환경이 가지고 있는 고유의 숫자적 구성 체계에 활용한다.

② 이동력

이동력은 보유한 감각을 활용하여 체득한 방향정위를 활용하며, 동시에 출발 지점부터 도착 지점까지 안전과 효율 그리고 독립적으로 이동할 수 있는 신체적인 능력이다. 이를 향상시키기 위한 실내 단독 이동, 안내법, 흰지팡이, 안내견 등을 활용한 이동 기술이 있다.

2) 보조공학적 지원

(1) 맹

맹아동을 위한 보조공학은 촉각이나 청각을 활용하는 방법을 통해 지원해주는 것이다. 관련 보조공학으로는 음성(인식) 입력, 광학문자인식시스템(OCR), 점역프로그램, 화면 낭독 프로그램(스크린리더), 점자 정보 단말기 등이 있다. 각 내용은 다음 〈표 10-10〉에 제시하였다.

〈표 10-10〉 맹아동을 위한 보조공학

명칭	내용
음성(인식) 입력	음성 명령을 입력하면 공학기기가 인식하여 문자로 변환하여 입력한다.
광학문자인식시스템(OCR)	인쇄물을 스캔하여 이미지 형태로 만든 후 그림과 문자 영역을 구분하여 문자 영역을 문서 파일화한다.
점역프로그램	입력된 텍스트를 점자프린터로 출력하기 위하여 그 내용을 점자로 변역해준다.
점자 정보 단말기	텍스트 파일 읽기, 점자로 문서 작성, 인터넷 등의 작업을 할 수 있기 때문에 노트북과 유사한 기능을 한다.

(2) 저시력

저시력아동을 위한 보조공학은 남아 있는 시력을 최대한 활용하는 방법을 통해 지원

해주는 것이다. 관련 보조공학으로는 확대독서기(CCTV), 저시력용 스캐닝 시스템, 화면 확대 프로그램 등이 있다. 각 명칭별 내용은 다음 〈표 10-11〉에 제시하였다.

〈표 10-11〉 저시력아동을 위한 보조공학

명칭	내용
확대독서기(CCTV)	묵자 책 또는 프린트 등의 자료를 해당 위치에 올려놓으면 해당 자료의 확대된 부분을 모니터 속에서 실시간으로 보여준다.
저시력용 스캐닝 시스템	특별한 스캐너를 사용하여 책 내용을 확대시켜 볼 수 있다.
화면 확대 프로그램	PC화면의 내용에 있는 활자, 그림 등을 직접 확대 또는 축소시켜 볼 수 있다.

학습평가

1. 시각장애의 개념 및 원인을 알고 정의할 수 있는가?
2. 시각장애 진단평가의 선별기준과 평가 방법에 대해 설명할 수 있는가?
3. 시각장애의 특성을 이해하고 적절한 지원 방법에 대해 제시할 수 있는가?

참고 문헌

교육부(2018). 특수교육통계. 교육부.

국립특수교육원(2009). 특수교육학 용어사전. 서울: 하우출판사.

국립특수교육원(2010). 특수교육 실태조사를 위한 특수교육대상아동 선별검사 및 진단검사 지침. 교육부.

Hallahan, D. P., & Kauffman, J. M. (2000). *Exceptional learners: Introduction to special education* (8th ed.) Boston, MA: Allyn and Bacon.

Hill, E., & Ponder, P. (1976). *Orientation and mobility techniques: A guide for the practitioner*. New York: American Foundation for the Blind.

Smith, D. D. (2005). *Introduction to special education: Teaching in an age of opportunity* (5th ed.). Boston, MA: Pearson Education Inc.

World Health Organization (1980). *International classification of impairments, disabilities, and handicaps: A manual classification relating to the consequence of disease*. Geneva, Switzerland.

11장 장애아동 교육방법

> **학습목표**
> 1. 특수교육과 통합교육의 개념을 설명하고, 통합교육의 찬반의견을 제시할 수 있다.
> 2. 장애아동에게 적합한 교수학습 전략에 대해 토의할 수 있다.
> 3. 개별화교육계획의 구성요소와 작성방법에 대해 설명할 수 있다.
> 4. 특수교육대상아동에게 적합한 직업수업의 형태에 대해 설명할 수 있다.

장애아동에게 가장 의미 있는 특수교육은 보편적인 교육적 혜택과 동시에 개별적으로 계획된 특수하고도 집중적인 목표 지향적 교수이다. 장애아동을 학교 현장에서 교육하는 방법은 특수교육대상자가 요구하는 통합교육 환경에서 개별화된 교육계획에 의거하여, 장애아동의 특성과 적성, 흥미에 부합하는 교수학습을 실시하는 것이다. 이 장에서는 특수교육의 개념, 통합교육, 교수학습 전략, 개별화교육계획, 그리고 미래의 직업 환경 등에 대하여 서술한다. 그러나 모든 주제가 장애아동의 이해를 위해 중요한 내용이므로 많은 지면을 할애해야 하지만, 핵심 내용을 중심으로 설명하고자 한다.

1. 특수교육

1) 특수교육의 개념

특수교육의 필요성은 개인차와 인지능력의 차이에 기초한다. 오늘날 특수교육은 개별화교육계획을 필요로 하는 특수아동을 특수교육 분야의 전문가들이 체계적인 교수학습계획하에 아동의 필요에 따라 특수하게 조절된 교수학습 방법으로 다양한 교수환경에서 교수학습하는 것으로 정의할 수 있다. 「장애인 등에 대한 특수교육법」에서 특수교육을 다음과 같이 정의한다.

> "특수교육"이란 특수교육대상자의 교육적 요구를 충족시키기 위하여 특성에 적합한 교육과정 및 제2호에 따른 특수교육 관련서비스 제공을 통하여 이루어지는 교육을 말한다.

따라서 특수교육은 장애아동을 지도하기 위한 교육과정과 이를 효율적으로 지원하기 위한 관련 서비스로 설명되고 있음을 알 수 있다.

2) 특수교육 교육과정

(1) 개념 및 특성

특수교육 교육과정은 장애아동의 특성을 고려한 교육과정 또는 일반교육과정을 장애아동의 특성에 맞도록 수정하여 적용하는 교육과정이다. 다음은 특수교육 교육과정에 대한 「장애인 등에 대한 특수교육법」의 내용이다.

> **특수교육 교육과정(「장애인 등에 대한 특수교육법」 제4장 제20조 교육과정의 운영 등)**
> ① 특수교육기관의 유치원·초등학교·중학교·고등학교과정의 교육과정은 장애의 유형 및 정도를 고려하여 국가교육위원회가 정하고, 영아교육과정과 전공과의 교육과정은 교육감의 승인을 받아 학교장이 정한다.
> ② 특수교육기관의 장 및 특수교육대상자가 배치된 일반학교의 장은 제1항에 따른 교육과정의 범위 안에서 특수교육대상자 개인의 장애유형과 정도, 연령, 현재 및 미래의 교육요구 등을 고려하여 교육과정의 내용을 조정하여 운영할 수 있다

특수교육 교육과정의 특성은 장애영역과 장애정도에 기초하여 다양성을 가진다. 장애특성 및 교육적 요구가 다양하기 때문에 학교나 학습에서는 구체적이고 차별화된 교육과정의 조정 및 수정 대체가 필요하다(이유훈 외, 2016).

(2) 구성 및 적용

① 구성

유치원 교육과정, 공통교육과정, 기본 교육과정, 선택중심 교육과정으로 구성되어 있으며 편성 운영 지침에 의한 교과군은 〈표 11-1〉과 같다.

〈표 11-1〉 특수교육 교육과정 편성·운영 현황

특수교육 교육과정 구성	편성·운영	편성 교육과정
유치원 교육과정	• 유치원 교육과정은 3~5세 연령별 누리과정을 근간으로 편성 운영함.	• 누리과정을 바탕으로 각 기관의 실정에 적합한 계획을 수립
공통 교육과정 및 선택중심 교육과정	• 초등학교 1학년부터 중학교 3학년까지 공통 교육과정 운영함. • 학점 기반 선택 중심 교육과정은 고등학교 1학년부터 3학년까지 편성·운영함.	• 공통 교육과정 교과: −초: 바른 생활, 슬기로운 생활, 즐거운 생활, 국어, 사회, 수학, 과학/실과, 체육, 예술(음악/미술) −중: 국어, 사회(역사 포함)/도덕, 수학, 과학/기술·가정/정보, 체육, 예술(음악/미술), 영어

	• 특수학교에서는 시각·청각·지체장애 학생을 위해 [별책 2]에 제시된 별도의 교육과정을 활용할 수 있다. ▪ 시각장애: 체육, 미술, 점자, 시각장애인 자립생활 ▪ 청각장애: 국어, 수어, 농인의 생활과 문화 ▪ 지체장애: 체육	–고: 보통 교과의 교과(군)는 국어, 수학, 영어, 사회(역사/도덕 포함), 과학, 체육, 예술, 기술·가정/정보/제2외국어/한문/교양 보통 교과는 공통 과목과 선택 과목으로 구분 선택 과목은 일반 선택 과목, 진로 선택 과목, 융합 선택 과목으로 구분 • 특수교육 전문 교과의 교과(군): 직업·생활, 이료 과목 • 창의적 체험활동: 자율·자치 활동, 동리 활동, 진로 활동
기본 교육과정	• 특수학교에 재학 중인 초등학교 1학년부터 고등학교 3학년까지의 학생을 대상으로 편성·운영함.	• 기본 교육과정 교과: –초: 바른 생활, 슬기로운 생활, 즐거운 생활, 국어, 사회, 수학, 과학/실과, 체육,예술(음악/미술) –중·고: 국어, 사회, 수학, 과학, 진로와 직업, 체육, 예술(음악/미술), 선택교과는 정보통신활용, 생활영어, 보건 • 창의적 체험활동: 자율·자치 활동, 동리 활동, 진로 활동 • **일상생활 활동**: 의사소통, 자립생활, 신체활동, 여가활동, 생활적응 등 생활 기술을 중심으로 편성·운영

출처: 교육부(2022a). 2022 특수교육 교육과정 개정 총론(별책1).

② 적용

특수교육 교육과정의 학교급별 적용 학년은 〈표 11-2〉와 같다.

〈표 11-2〉 특수교육 교육과정의 적용 범위

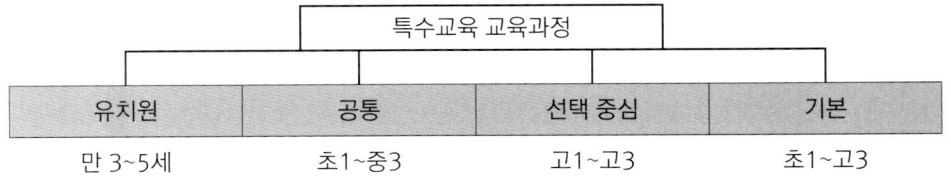

(3) 2022 개정 특수교육 교육과정의 개요

우리나라 특수학교는 일반학교와는 달리 장애영역별로 다양하고, 유·초·중등이 함께 운영되고 있어 교육과정의 제·개정 시기가 각기 다르다. 2024학년 유치원, 초등학교 1, 2학년을 시작으로 2027학년도 중3, 고3까지 전면시행, 적용되는 2022 개정 특수교육 교육과정의 개정방향과 주요내용을 살펴보기로 한다.

① 개정의 방향

2022 특수교육과정의 개정 방향은 통합교육 확대에 따른 초·중등학교 교육과정과 특수교육 교육과정의 연계 강화와 개별 학생의 장애특성과 교육적 요구 등을 고려하여 특수교육 교육과정을 강화하였다. 기본 교육과정의 성격 확립, 장애 정도가 심한 학생의 맞춤형 교육을 위한 일상생활 활동 신설, 통합교육 내실화를 위한 지원을 강화하였고, 특수교육 고등학교 전문교과 재구조화 등으로 개선하였다(교육부. 2022a. 별책1).

② 주요 개정 내용

2022 개정 특수교육 교육과정의 주요 개정 내용을 제시하면 〈표11-3〉과 같다.

② 주요 개정 내용

2015 개정 특수교육 교육과정의 주요 개정 내용을 제시하면 〈표 11-3〉과 같다.

〈표 11-3〉 2022 개정 특수교육 교육과정 주요 내용

구분	2022 개정 특수교육 교육과정
편제 및 시간 배당 기준	▶ 교과(군), 창의적 체험활동, **일상생활 활동(신설)**
일상생활 활동	▶ (영역) 의사소통, 자립생활, 신체활동, 여가활동, 생활적응

교육과정 구성	▶ 교과(군)별, **창의적 체험활동, 일상생활 활동 간 50% 증·감축**으로 확대 • (장애 정도가 심한 학생)교과(군)별 50% 범위 내에서 시수 감축하여 **일상생활 활동**으로 편성 가능
	▶ 창의적 체험활동 개선(봉사활동 통합·운영) (**자율·자치/동아리/진로활동**으로 구성)
	▶ 학생의 장애 특성 및 교육적 요구에 따른 교육내용 창의적 체험, **일상생활 활동**으로 편성·운영 가능
	▶ (초·중·고) 시각·청각·지체장애학생 별도 교육과정 활용 가능 **과목 확대** • (시각) 체육, 미술, 점자(영어 포함), 시각장애인 자립생활 • (청각) 국어, 수어, 농인의 생활과 문화 • (지체) 체육
초등학교	▶ (초1~2) 통합교과로 **안전한 생활 내용 흡수·통합**
중학교	▶ 자유학기(중1) + **진로연계학기(중3-2)로 개선** ▶ 학교스포츠클럽 활동 개선(학년별 연간 34시간 매학기 편성)
고등학교	▶ 고교학점제 **전면 도입('25.부터)** ▶ 학점제(1학점 50분기준 16회), **192학점** ▶ 특수교육 전문교과(직업·생활, 이료) **재구조화**로 **학생 선택권 확대** 및 학교교육 다양화(특수교육 전문교과 용어변경) • 직업 → **직업·생활(사회적응** 과목 신설, 창의적 체험활동의 시각장애인 자립생활, 농인의 생활과 문화 교과 전환) ▶ **학교밖교육 등 인정**

　개정된 현재의 특수교육 교육과정은 통합교육의 지원과 특수교육대상자의 특성에 맞는 교육과정 지원 강화가 강조되고 있다. 그리고 학교 교육과정에 대한 자율성이 확대되어 학교 교육과정의 계획과 운영이 무엇보다 중요시 된다. 이에 학교, 학부모, 아동의 의견을 잘 수렴하여 장애아동에게 다가올 미래의 삶에 도움을 줄 수 있는 교육이 되어야 할 것이다.

3) 특수교육 관련서비스

특수교육 관련서비스(장애인 등에 대한 특수교육법 제1장 28조)
① 교육감은 특수교육대상자와 그 가족에 대하여 가족상담, 부모교육 등 가족지원을 제공하여야 한다.
② 교육감은 특수교육대상자에게 필요한 경우 물리치료, 작업치료 등 치료지원을 제공하여야 한다. 이 경우 특수교육대상자의 장애유형과 장애정도를 고려한 맞춤형 치료지원이 제공될 수 있도록 하여야 한다.
③ 교육감은 각급학교의 장이 특수교육대상자를 위하여 필요한 경우 지원인력을 제공할 수 있도록 지원하여야 한다.
④ 각급학교의 장은 특수교육대상자의 교육을 위하여 필요한 장애인용 각종 교구, 각종 학습보조기, 보조공학기기 등의 설비를 제공하여야 한다.
⑤ 각급학교의 장은 특수교육대상자의 취학 편의를 위하여 통학차량 지원, 통학비 지원, 통학 지원인력의 배치 등 통학 지원 대책을 마련하여야 한다.
⑥ 각급학교의 장은 특수교육대상자의 생활지도 및 보호를 위하여 기숙사를 설치·운영할 수 있다. 기숙사를 설치·운영하는 특수학교에는 특수교육대상자의 생활지도 및 보호를 위하여 교육부령으로 정하는 자격이 있는 생활지도원을 두는 외에 간호사 또는 간호조무사를 두어야 한다.

법적인 의미의 특수교육 관련서비스뿐만 아니라 실제적 특수교육 서비스는 장애아동이 교육현장에 배치되기 전 의뢰되었을 때의 절차, 진단평가, 전문가 등에 의한 개별화프로그램의 계획, 교육 배치와 평가까지 전반적인 교육적 협력체제로 아동의 교육이 이루어질 수 있도록 중재해주는 서비스의 의미를 지닌다.

2. 통합교육

1) 의미와 배경

"통합교육"이란 특수교육대상자가 일반학교에서 장애유형·장애정도에 따라 차별을 받지 아니하고 또래와 함께 개개인의 교육적 요구에 적합한 교육을 받는 것으로 정의하고 있다(「장애인 등에 대한 특수교육법」 제1장 제2조 제6항).

(1) 의미

통합교육의 의미는 인본주의 철학에 기초한다. 장애로 인한 제약을 최소화하는데 의미를 둔다. 통합교육은 장애에 대한 접근보다 모든 사람을 위한 평등과 자유에 의미를 또한 두고 있다. 통합교육을 받는 장애아동은 성장 후에 사회통합에서 바람직한 삶을 영위하는 데 효과적이라는 명제를 전제한다.

(2) 역사 및 배경

① 정상화의 원리: 장애인과 비장애인이 함께 살아가는 사회를 추구하는 운동으로 탈수용화와 주류화를 창안하는 배경이 된다.
② 탈시설화와 주류화: 사회복지를 중심으로 탈시설화가 필요하며, 교육에서는 주류화가 요구된다는 것이다. 정신과 치료를 받는 사람이 수용시설에 머물 이유가 없으며, 장애아동이 특수학교 환경에서 수학할 이유가 없다는 것이다. 주류화는 특수학급 설치의 당위성을 제공하는 배경이 되었다.
③ 최소제한적 환경: 미국 공법 PL 94-142의 6대 강령 중의 하나로 장애아동이 어떠한 환경에서 수학을 하든 제한적 요인을 최소화시켜야 한다는 것이다. 통합교육 지원의 당위성을 지원하는 미국의 법적 용어이다.

④ **일반교육 주도화(regular education initiative: REI)**: 통합교육은 특수교사가 아닌 일반교사에 의해 수행된다는 점에서 일반교사가 주도적으로 통합교육을 실현해 달라는 의미의 운동이다. 경증장애아동을 중심으로 통합교육이 실행되는 계기가 마련되었다.

⑤ **통합교육**: 선분리 후 통합(integration), 통합 후 분리(inclusion) 등의 차별성을 통해 이제는 완전통합교육을 표방하게 되었다. 완전통합교육은 어떠한 경우에도 장애아동은 교육과정 환경에서 분리될 필요가 없다. 장애아동을 찾아가는 교육과 관련 서비스로 이해된다. 완전통합교육은 1994년 살라만카(Salamanca) 선언에서 명시하고 있다.

2) 통합교육에서의 교육과정

우리나라 학교급별 장애아동의 배치에 따라 교육과정은 다르게 운영되는데, 장애아동의 장애특성, 흥미, 요구에 의해 탄력적으로 운영이 가능하다.

- 특수학교: 유치원 교육과정, 기본 교육과정, 공통교육과정, 선택중심 교육과정
- 특수학급: 유치원 교육과정, 공통교육과정, 기본 교육과정, 선택중심 교육과정
- 일반학급: 공통교육과정, 선택중심 교육과정

3) 통합교육에 대한 논의

통합교육의 효율성을 보장하기 위하여 비장애인의 장애인에 대한 인식개선이 주요 과제로 대두되었다. 장애아동을 위한 교육에서 일반교사의 장애아동에 대한 인식은 또래의 인식에도 긍정적 영향을 미친다. 그리고 일반교사의 장애아동에 대한 인식은 특수교육적 지원의 당위성에 정당성을 부여하는 효과가 나타났다. 그러나 미래 특수교육은 통합교육이라는 환경의 배치보다는 교육지원의 효율성을 전제하면서 장애아동을 위한 특수교육적 지원의 필요성이 요구되는 구조로 가야 한다(최성규, 2015). 또한 통합교육은 교수적 통합을 넘어선 사회통합 수준에 도달해야 할 것이다.

3. 장애아동 교수학습방법

1) 구성주의에 의한 교수학습이론

구성주의는 학습자가 지식을 구성하는 방법에 대한 관점이다. 일반적으로 Vygotsky 구성주의와 Piaget 구성주의 방법으로 구분한다. 비록 Vygotsky 구성주의 방법이 많은 장점을 내포하고 있지만, 장애아동의 특성상, 특히 인지발달에 기초한 교수학습방법에서는 Piaget 구성주의 방법이 효율적이다. 그러나 장애유형과 장애정도, 그리고 교과나 단원의 특성 등에 따라서 탄력성 있는 구성주의 관점이 요구된다.

2) 장애아동을 위한 교수학습 전략

(1) 직접교수 학습전략

가르치는 방법의 의미를 지닌 직접교수는 '교수기법'에 의한 아동의 목표, 반응, 오류 등을 교수자가 설정, 반응, 교정을 실시하는 전략이다(정동영 외, 2016). 직접교수의 방법에 대한 접근은 학자들마다 조금씩 다르지만 대체적으로 종합해보면 첫째, 행동주의 접근에 의한 교수학습 전략이다. 둘째, 교사가 주도적으로 수업을 이끌면서 아동과의 상호작용을 중심에 두며 진행된다. 셋째, 교육과정을 분석하여 통합화 교수학습 과정을 만들어야 한다. 넷째, 교사의 시범, 아동의 연습과 피드백, 개별 연습 반복의 과정으로 진행된다(최기, 2013). 직접교수법을 활용한 수업의 결과는 학업성취도에 긍정적 영향을 미쳤고, 시험전략을 일반화, 활성화하는 단계에서는 학업성취 진전도가 많이 향상되었다고 보고되었다(황문영, 강옥려, 2014). 효과적인 직접교수 절차를 도식화하여 예를 들면 〈표 11-4〉와 같다.

〈표 11-4〉 직접교수 절차

단계	단계명	목표	활동내용
1	진단검사 및 배울 약속 얻기	학습할 내용에 대한 진단/학습할 내용의 결과에 대한 약속을 정할 수 있다.	학습할 내용의 결과에 대한 약속하기
2	설명하기	학습내용에 대한 상황과 각 단계를 알 수 있다.	수업내용에 대한 정의, 필요성, 진행표, 각 단계설명, 중요성 알기
3	시범 보이기	중요한 내용을 기억장치로 외울 수 있다.	교사의 주요내용 사용 시범 보이기, 기억하여 외우기 시범
4	소리내어 연습하기	공부한 내용을 외울 수 있다.	소리 내어 연습하기, 암시카드 보고 빨리 외우기, 암시카드 없이 빨리 외우기, 릴레이 게임하기
5	통제된 연습하기	전략이 통제된(소리내어 연습하지 않는 상황) 연습에서 숙달된 수준으로 도달할 수 있다.	기억장치 점검하기, 피드백, 계속연습하기
6	일반화시킬 약속정하기	학습전략을 일반화시킬 약속을 정할 수 있다.	기억장치 점검하기, 피드백, 계속연습, 미 숙달 시 앞 단계로 돌아가기
7	일반화	실생활에 수업전략을 적용할 수 있다.	활성화, 유지 단계로 점검하기

출처: 황문영, 강옥려(2014). 직접교수법에 기반을 둔 시험전략 교수가 읽기학습부진 학생의 학업성취도 및 학습동기에 미치는 영향. 한국학습장애학회, 11(2), 27-255.

(2) 학습자 중심의 교수학습 전략

2015 개정 특수교육 교육과정이 공통교육과정 보편성과 장애아동의 개별화된 교육과정 적용이라는 개정방향에 따라 공통교육과정에서 주류를 이루고 있는 학습자 중심의 교수학습 전략도 살펴볼 필요가 있다. 학습자 중심의 교수학습 전략은 학습자들은 자신의 수업에 책임을 지고 참여하며 교사는 안내자의 역할을 한다. 학교 현장에서 가장 보편적으로 사용되고 있는 네 개의 학습자 중심 교수학습에 대한 대략적인 전략을 살펴보기로 한다.

① 토의·토론학습

토의·토론 수업은 그 과정 속에서 비판적 사고력, 창의적 사고력, 문제해결력, 의사결정력, 메타인지력 등의 고차적 사고력을 신장시키는데 영향을 줄 수 있다(곽재호, 이경화, 2017). 토의·토론학습에서 토의는 모두가 힘을 합쳐 주어진 과제에 대한 최선의 답을 찾는 과정이고, 토론은 과제에 대해 찬성과 반대 입장을 먼저 정한 후 자신의 논리를 전개하여 상대에게 자신의 생각을 설득시키려고 한다는 점에서 차이가 있다.

② 협동학습

협동학습은 소집단으로 구성된 학습자들이 서로 상호작용을 통해 공동의 목표를 달성해 나가도록 하는 것을 목적으로 하며 학습자 중심의 학습 환경의 필요성이 대두됨에 따라 그 중요성이 강조되고 있다(임규연, 김시원, 김영주, 2015). 이 학습전략으로 집단구성원들의 성공적인 학습을 위하여 서로 격려하고 도움으로써 학습부진을 개선할 수 있을 것이다.

③ 프로젝트학습

프로젝트학습은 문제해결학습의 일종으로 팀을 구성하여 문제를 발견, 대안 제시, 정책 실행, 결과 분석 등의 단계를 통해 문제해결능력을 향상시키는 학습방법이다. 이 수업형태는 핵심역량을 길러주는 프로젝트가 있다고 보고 특정 교과 활동에서 핵심 프로젝트를 찾아내서 개발하는 것이 중요하고 효과적인 방법이라고 본다(조용, 2018).

④ 탐구학습

탐구학습은 문제해결 중심 학습으로 반성적 사고과정이 중심이다. 문제해결법은 문제를 제시하여 이를 해결하는 과정에서 기존의 배운 내용이나 지식을 활용하여 문제를 파악하고 분석하며 해결책을 고안하는 등 지식, 기능, 태도 등을 종합적으로 획득하도록 하는 학습 방법이다(강성구, 2015). 이 학습방법은 아동 스스로의 활동에 의해 과제를 해결하고 논리적으로 사고하는 능력, 즉 발산적 사고력을 기를 수 있다는 데 의의가 있다. 논의를 강조한 탐구학습법을 특수교육대상자에게도 적용해 본 결과 자기 주도적인 경험 및 비판적 사고력의 증가가 일어났고, 자기결정력을 증진시켜 줄 것으로 예상된다고 연구되었다(박영근 외, 2013).

(3) 또래교수 학습전략

또래교수는 교수학습 과제를 해결하기 위하여 동일한 혹은 다른 능력, 연령이나 학년의 아동들을 짝을 이루도록 하고, 이 중 한쪽의 아동이 교사 역할을 맡아 다른 쪽의 아동을 지도하는 체계적인 아동 중재의 수업전략이다. 또래교수는 실제와 개별화 교수를 통합하고 아동의 요구를 충족시키며, 장애아동의 일반학교 교육과정에 대한 접근을 촉진시키는 교수방법이라고 할 수 있다(정동영 외, 2016). 또래교수를 통한 학습부진아 혹은 개별적인 교육이 필요한 아동들의 학습 성취뿐만 아니라 학습태도 등에도 바람직한 변화가 나타났다는 결과는 학교 현장에서 찾아볼 수 있다(오정은, 곽승철, 2018). 또래교수의 절차를 예를 들면 다음과 같이 집약하여 나타낼 수 있다.

〈표 11-5〉 또래교수 학습 절차

학습과정		시간	학습활동	학습내용
교사의 전체학습		20분	학습주제에 대한 설명, 기본 문제 풀이	교과서
또래교수	개인문제 해결	7분	교수자-학습자 개개인 문제풀이	(수학)익힘책
	상호학습	10분	상호 문제해결방법 탐색 및 해결	
학습정리		3분	학습내용정리 및 차시예고	

출처: 최윤자, 손현동(2017). 아동의 학업성취도와 교우관계 향상을 위한 또래교수 실행연구. 교사교육연구, 56(1), 43-62.

(4) 인지적 교수학습 전략

인지적 교수학습 전략은 인지적 행동수정 전략과 함께 교수학습 상황에서 아동들의 자기조정과 문제 해결 능력을 가르치며, 교사와 아동 상호 간의 대화를 통해 학습내용을 습득하고 자기조정과 수정을 통해 학습목표를 달성하는 전략이다. 인지적 전략 교수모형에 의한 교육의 단계는 다음과 같다(정동영 외, 2016 재인용).

① 사전검사, 수업참여 약속의 단계
② 학습전략 설명 단계
③ 학습전략의 모델링 단계
④ 학습 전략의 언어적 정교화 및 시연의 단계
⑤ 통제된 연습과 피드백의 단계: 쉬운 자료 제공, 안내된 연습기회 제공
⑥ 심화된 연습과 피드백의 단계
⑦ 학습 전략 습득 평가와 일반화 약속의 단계
⑧ 일반화 촉진의 단계

앞에서 언급한 직접교수는 교사 중심의 접근방법으로 기본적인 기술과 정보를 습득시키는 데 목적을 둔다면, 인지적 교수학습 전략은 아동 중심의 접근법으로 정보를 수집하는 방법과 회상하는 방법을 가르치는 것이며, 이 두 가지 학습 전략이 결합되고 보완적으로 활용되면 좋을 것이다.

4. 개별화교육계획 개발 및 실행

1) 개별화교육계획의 정의

미국 장애아동교육향상법(2004)에 명시된 개별화교육계획(Individualized Education

Plan: IEP)은 장애를 지닌 아동에게 필요한 문서로 회의를 통해 만들어지고, 재검토되며 수정되는 것이다. 다음은 「장애인 등에 대한 특수교육법」에 의한 개별화교육의 정의이다.

> **개별화교육이란?(「장애인 등에 대한 특수교육법」 제1장 제2조 제7항)**
> "개별화교육"이란 각급학교의 장이 특수교육대상자 개인의 능력을 계발하기 위하여 장애유형 및 장애특성에 적합한 교육목표·교육방법·교육내용·특수교육 관련서비스 등이 포함된 계획을 수립하여 실시하는 교육을 말한다.

2) 개별화교육계획의 구성 요소

> **개별화교육계획 구성요소(「장애인 등에 대한 특수교육법 시행규칙」 제4조 제3항)**
> ③ 개별화교육계획에는 특수교육대상자의 인적사항과 특별한 교육지원이 필요한 영역의 현재 학습수행수준, 교육목표, 교육내용, 교육방법, 평가계획 및 제공할 특수교육 관련서비스의 내용과 방법 등이 포함되어야 한다.

3) 개별화교육지원팀의 운영

> **개별화교육지원팀의 구성 등(「장애인 등에 대한 특수교육법 시행규칙」 제4조 제1,2항)**
> ① 각급학교의 장은 법 제22조 1항에 따라 매 학년의 시작일부터 2주 이내에 각각의 특수교육대상자에 대한 개별화교육지원팀을 구성하여야 한다.
> ② 개별화교육지원팀은 매 학기의 시작 일부터 30일 이내에 개별화교육계획을 작성하여야 한다.

우리나라의 개별화교육지원팀의 구성원은 각 학교별 사정에 따라 다르게 운영된다.

주로 '개별화운영위원회'라는 명칭을 사용하기도 하며 학교장이 위원장, 교감, 소속부의 부장교사, 특수교사, 통합학급 담임, 학부모가 필수 위원이다. 학교에 따라 보건교사, 진로상담교사, 외부 전문가를 위원으로 위촉할 수 있다.

4) 개별화교육계획의 작성 방법

(1) 현재 학습 수행수준

현재의 학습 수행수준에는 아동의 검사·평가자료, 시각과 청각 선별, 의사소통 기술, 강점과 약점(학문적/사회적), 사회적 적응기술, 대근육 기술과 소근육 기술, 정신운동 기술, 특수학급에서 아동의 향상 검토 등이 포함될 수 있다(Lauri & Lori, 2009). 작성방법은 서술식으로 표현해야 하며 그 내용이 세부적이고, 객관적이며, 측정 가능하여야 한다.

(2) 교육목표의 설정과 진술

우리나라 개별화교육계획 교육목표는 학기별, 월별, 주별로 구분되어 있다. 교육목표를 설정하고 진술함에 있어 위의 현재 학습 수행수준이 기술되면 아동에게 맞는 목표가 다차원적으로 연구되어 작성되어야 한다.

① 학기별 같은 장기목표는 IEP 수행의 현재 수준에서 규명된 아동의 약점을 다루기 위해 진술한다. 목표는 일반적으로 아동이 IEP가 종료되는 날에 성취할 수 있는 것을 진술한다. 장기목표는 관찰 가능하고, 구체적이며, 측정 가능하며, 아동이 보일 진전을 예측하면서 아동의 능력을 반영할 수 있도록 조절되어야 한다(예측이 부정확하다면, IEP목표는 수정될 수 있다)(Lauri & Lori 2009).
   예 "경험한 일이나 일어난 일을 시간순서대로 말할 수 있다."

② 월별과 주별 같은 단기 목표 진술의 경우도 교사가 학습자의 능력을 고려하기 전에 교사가 학습자가 나타낼 수 있기를 원하는 수행을 기술한다. 교수자체의 과정보다는 교수의 의도된 결과를 기술한다. 목표는 연간목표를 지원하고 측정 가능해야만

한다(Lauri & Lori, 2009)고 규정한다.

> 예 "경험이나 사실을 구분하여 두 가지 이상 발표할 수 있다."
> "그림 자료로 제시한 경험한 일이나 일어난 일을 시간 순서대로 나열할 수 있다."

한편 미국의 IDEA(2004)에서는 개별화교육계획의 단기 목표를 삭제할 수 있으며, 장기 목표도 1년에서 3년으로 연장할 수 있도록 규정하고 있다.

(3) 교육방법

한 단원이나 월별, 주별 교육계획에 맞는 교육방법을 설정하여 서술한다.

> 예 "학교와 가정에서 경험한 것을 발표할 수 있도록 독려한다."
> "가정에서의 경험을 함께 말하고 써보는 과제를 주어, 미리 정리한 내용을 바탕으로 수업시간에 자유롭게 발표하게 한다."
> "발표, 토의·토론수업", "역할놀이" 교육방법

(4) 평가계획

우리나라의 경우 일반학교의 특수학급에 소속된 아동의 평가관련에 나타나고 있는 현실적인 문제가 많이 논의되고 있다. 평가준거 관련 IEP작성의 예를 우리나라 기준으로 들면 다음과 같다.

> 예 "경험한 일이나 일어난 일을 시간순서대로 설명하는지 평가한다."
> "경험이나 사실을 두 문장 이상 말할 수 있는지 평가한다."
> "먼저 일어난 일과 나중에 일어난 일을 구별해서 그림 자료로 찾을 수 있는지 평가한다."

(5) 특수교육 관련서비스의 내용과 방법

특수교육 관련서비스는 특수교육 프로그램과 관련된 아동이 서비스를 받는 내용이 포함된다. 방과후 특기적성 활동의 지원, 치료지원 등이 이에 해당된다. 주요한 관련서비스 영역은 작업치료, 물리치료, 수송 서비스, 상담 서비스 등이다.

5) 개별화교육계획의 작성 절차

개별화교육계획의 작성 절차를 단계별로 정리하여 제시하면 〈표 11-6〉과 같다.

〈표 11-6〉 개별화교육계획 작성 절차

1단계
초안작성: 개별화교육지원팀의 구성원은 회의 전에 각자 해당 영역에 대한 개별화교육계획의 초안을 작성하여 회의에 참석한다.

2단계
협의 및 결정: 개별화교육지원팀은 회의를 통하여 교육 목표, 교육 내용, 교육 방법, 평가 계획 및 특수교육 관련서비스 내용 및 방법을 협의하여 결정한다.

3단계
최종 기록 및 서명: 기록자는 결정된 사항을 종합하여 개별화교육프로그램을 작성한다. 구성원은 작성된 개별화교육프로그램에 서명한다.

출처: 장혜성, 김수진, 김지영(2016). 기능적 기술 습득을 위한 개별화교육프로그램의 실제. 경기도: 교육과학사.

5. 장애아동 직업교육 방법

1) 진로와 직업과 교육과정 내용체계

진로와 직업과에서는 특수교육 대상 학생의 흥미, 적성, 특성 등에 기반한 교육적 요구를 반영하여 진로 방향을 설정하고, 4차 산업혁명 시대의 생태적 요구를 반영하여 다양한 직업의 세계를 능동적이고 주도적으로 탐색·체험·실습하는 직접적인 경험을 강조하였다.

생애 주기별 진로 발달단계인 진로 인식, 진로 탐색, 진로 준비에 이르는 일련의 경험 과정에 기초하여 학생이 학교 교육을 마친 후 지역사회에서의 자립생활 및 직업생활로 나아갈 수 있도록 하는 전환교육의 관점에 중점을 둔 것이다. 이러한 진로 발달단계를 기반으로 졸업 후 자신의 진로와 직업을 준비할 수 있도록 '자기 인식', '직업의 세계', '작업 기초 능력', '직업 태도', '진로 설계', '진로 준비'의 6개 영역으로 교육과정을 구성하였다(교육부, 2022b, 별책3). 기본 교육과정의 진로와 직업과 내용체계는 〈표 11-7〉과 같다.

(1) 자기 인식

〈표 11-7〉 진로와 직업과 내용체계

범주	내용 요소	
핵심 아이디어	• 미래 설계는 자신의 특성을 알고 진로 및 직업과 연결하는 과정에서 시작된다. • 자기 이해와 긍정적 자아 개념의 확립은 자기주도적 진로 탐색의 기초가 된다.	
	중학교 1~3학년	고등학교 1~3학년
지식·이해	• 자신의 기본 정보와 특성 • 자신의 특성과 미래 모습	• 자신의 직업 특성 • 직업 특성과 졸업 후 미래
과정·기능	• 인적사항, 흥미, 적성 등 나를 소개하기 • 자신의 특성과 직업 관계 찾기 • 자신의 미래 모습 표현하기	• 자신의 신체적·심리적 특성 등 파악하기 • 직업적 강점 강화 방안 찾기 • 졸업 후 삶의 모습 구상하기
가치·태도	• 자신을 소중히 여기는 마음 • 자신의 미래를 그려보는 주체적인 태도	• 자신의 미래에 대한 긍정적 태도 • 자기 인식을 통한 주체적인 자기개발 자세

(2) 직업의 세계

핵심 아이디어	• 직업은 사회적·경제적으로 다양한 의미가 있고 사람들은 일을 통해 가치와 보람을 느낀다. • 다양한 직업과 미래의 직업에 대한 정보를 수집하는 것은 직업 탐색의 기초가 된다. • 직업을 선택하기 위해 다양한 직군과 직종에서 하는 일을 탐색하고 직접 체험하는 과정이 필요하다.

범주	내용 요소	
	중학교 1~3학년	고등학교 1~3학년
지식·이해	• 직업의 의미 • 다양한 직업을 가진 사람들	• 일을 통한 가치와 보람 • 현재와 미래의 직업
과정·기능	• 직업의 의미 조사하기 • 다양한 직업에서 하는 일 조사하기 • 학교 및 지역사회의 직군 탐색하기	• 일을 통한 가치와 보람 찾기 • 미래 변화에 따른 새로운 직업 조사하기 • 학교 및 지역사회의 직종 탐색하기
가치·태도	• 일에 대한 소중한 마음 • 직업에 대한 관심 있는 태도	• 직업인으로서의 긍지심 • 직업 변화에 대한 적응력

(3) 작업 기초 능력

핵심 아이디어	• 작업 기초 능력을 기르는 것은 직업 생활을 유지하는 데 기초가 된다. • 올바른 작업 수행은 작업의 정확성, 지속성, 신속성을 향상시켜 작업의 효율을 높인다. • 직군과 직종에 적합한 도구와 기기의 효과적인 사용은 작업의 능률을 높이며 안전한 작업을 가능하게 한다.

범주	내용 요소	
	중학교 1~3학년	고등학교 1~3학년
지식·이해	• 직군별 작업 과정과 방법 • 직군별 작업 도구	• 직종별 작업 단계와 기술 • 직종별 작업 기기
과정·기능	• 직군별 작업 과정의 순서 확인하기 • 직군별 올바른 작업 방법 체험하기 • 직군별 사용하는 도구 활용하기	• 직종별 작업 단계의 절차 점검하기 • 직종별 올바른 작업 기술 실습하기 • 직종별 사용하는 기기 활용하기
가치·태도	• 올바른 방법으로 도구를 사용하려는 자세 • 안전에 유의하는 작업 태도	• 올바른 방법으로 기기를 사용하는 작업 습관 형성 • 안전하고 효율적인 작업을 위한 노력

(4) 직업 태도

핵심 아이디어	• 바른 직업 태도는 직업인으로서의 기본적인 자세를 갖추고 자신의 역할과 책임을 수행하는 데서 출발한다. • 자기 관리 및 긍정적인 대인 관계 형성은 직업을 유지하는 중요한 기술이다. • 안전한 직업 태도는 작업 현장의 사고를 예방하게 하며 성공적인 직업생활을 가능하게 한다.

범주	내용 요소	
	중학교 1~3학년	고등학교 1~3학년
지식·이해	• 기본적 자기 관리 • 대인 관계	• 직업적 자기 관리 • 직장 예절
과정·기능	• 기본적인 자기 관리 실천하기 • 간단한 지시 따르기 • 원만한 대인 관계 형성하기 • 학교 안전 규칙 지키기	• 직업적인 자기 관리 점검하기 • 연속된 지시 이행하기 • 원만한 대인 관계 유지하기 • 직장 안전 규칙 준수하기
가치·태도	• 근면성과 독립성 • 사회성과 협력 • 안전에 대한 인식	• 직업적 책무성 • 경청과 공감 • 안전 의식 형성

(5) 진로 설계

핵심 아이디어	• 진로 방향과 목표의 설계는 정확한 진로 정보의 수집과 분석을 기반으로 한다. • 합리적인 진로 의사 결정은 진로 정보와 자신의 직업 특성을 연계하는 능력을 통해 이루어진다. • 능동적인 진로 선택 및 계획의 수립은 행복하고 성공적인 미래 설계의 기초가 된다.

범주	내용 요소	
	중학교 1~3학년	고등학교 1~3학년
지식·이해	• 진학 정보 • 진학 계획	• 진로 정보 • 진로 계획
과정·기능	• 고등학교 진학과 관련된 정보 분석하기 • 자신의 특성과 진학 정보를 연계하기 • 진학 계획하기	• 졸업 후 진로 방향과 관련된 정보 분석하기 • 자신의 직업 특성과 진로 정보를 연계하기 • 진로 계획하기
가치·태도	• 진학 의사 결정에 대한 책임감 • 진학 계획에 능동적으로 참여하는 자세	• 다양한 정보를 종합적으로 살펴보는 태도 • 진로 계획을 점검하고 보완하려는 노력

(6) 진로 준비

핵심 아이디어	• 진로 설계 이후 결정된 사항을 수행하기 위해 구체적이고 실제적으로 진로를 준비하는 과정이 필요하다. • 능동적인 진로 준비 태도와 다양한 교내외 현장실습은 성공적인 전환과 진로 목표 달성에 기여한다.	
범주	내용 요소	
	중학교 1~3학년	고등학교 1~3학년
지식·이해	• 진학 준비 • 진로 체험	• 전환 준비 • 현장실습
과정·기능	• 선택한 고등학교 정보 수집하기 • 선택한 고등학교 교육과정 탐색하기 • 진로 체험 활동에 참여하기	• 지역사회 전환 기관 이용 정보 조사하기 • 전환 서류 및 면접 준비하기 • 교내외 현장실습에 참여하기
가치·태도	• 진학 준비를 위한 노력	• 능동적인 진로 준비 태도

2) 실제적인 직업교육 방법

(1) 학교 현장에서의 직업교육 방법

장애아동의 직업교육이 효과를 발휘할 수 있는 형태는 역할놀이, 실습, 작업 등으로 운영되는 경우가 많다(교육부, 2015b). 그 중 사회극 역할놀이 훈련은 교과서 중심의 수업에서 벗어나 아동들의 교육적 요구에 부합하는 방법을 적용할 수 있게 한다. 이 교수법으로 아동들의 자기 주도적 학습 능력이 향상될 수 있으며, 교사들은 수업기술에 대한 다양한 실천적 지식을 얻을 수도 있을 것이다.

학교 현장에서의 협력교수에 대한 연구결과도 주목된다. 직업교사, 특수교사, 일반교사에 의한 협력적 직업교육이 실시되었을 때, 발달장애아동들의 직업교육의 효과가 증대되는 순서로는 실기 중심 훈련, 기업체 및 복지관과 연계한 직업경험 활동, 현장 방문 및 견학 활동 순이었다고 하며(황리라, 정은희, 2018), 협력교수의 효과를 높이기 위해서는 학교 현장에서 강도 높은 실행력을 가질 필요가 있다.

(2) 지역사회 및 산업체 현장중심 실습 교육

기본 교육과정의 진로와 직업 교과의 교수학습 방법에 관한 내용에서 특히 지역사회 현장중심 실습 교육이 강조되고 있다. 지역사회 내 장애인복지관, 직업재활시설, 사업체 등 관련 기관과의 연계 속에서 다양한 시설이나 설비, 기구 등을 활용하여 체험, 활동, 실습을 할 수 있도록 한다고 제시한 것이다(교육부, 2015b).

장애아동을 대상으로 직업교육 프로그램을 지역사회에서 병행하여 실시할 수 있는 방법은 우선 교실에서 과제분석을 통한 교사의 직접교수를 시행한 후 비디오 모델링을 통한 직업적 기술을 연마하는 것이 좋을 것이며, 그 후 지역사회 연계 기관을 방문하여 현장실습을 실시하는 것이 효과적이다. 지역사회 연계기관은 우체국, 도서관, 복지관, 대학, 병원, 산업체 등 다양할 것이다. 이렇게 지역사회에서의 체험적 직업교육이 실시되기 위해서는 지역사회의 인식전환, 장애아동의 직업교육에 대한 이해, 협조적인 의사소통에 의한 상호 보완 등이 이루어져야 가능하며, 이것은 생애적인 관점에서의 전환교육으로 이어지는 바탕이 될 수 있다.

3) 장애아동의 미래 직업 환경

장애아동을 위한 직업교육은 장애로 인한 직무기능, 적성, 흥미를 고려한 적합한 직업의 종류를 선택해야 하며, 그 방법은 직업의 종류를 구체화한 현장 중심의 교육이 필요하다.

미래의 발달장애인을 비롯한 직업을 가지게 되는 장애인의 평생교육을 활성화하기 위해서는 그들의 특성과 요구에 부합하는 다양한 프로그램을 운영하고 장애인 연금, 공공 임대 주택 알선 및 활동보조인력 등을 지원하여 지역사회의 다양한 활동에 참여할 수 있도록 기회를 제공하며 발달장애인 평생학습기관에 전문 인력을 배치하여 운영하는 것이 바람직하다고 할 수 있다(김창호, 2018). 발달장애인에게 평생교육체제 구축의 정책적 지원내용으로는 교육 도우미 제도의 확충, 발달장애인의 평생교육 의무화, 바우처 카드 제도의 성인기 지원, 체계적인 관리를 위한 네트워크 형성, 예산확보 및 지원 등의 제도적인 지원이 있다(김경열, 2018).

장애아동의 미래는 삶의 질을 견인할 수 있는 구조에 영향을 받을 것이다. 삶의 질을 보장받기 위해서 직업은 필요수단이며 미래를 지원하기 위한 교과이다.

> **학습평가**
>
> 1. 특수교육과 통합교육의 개념을 설명하고, 통합교육의 찬반의견을 제시할 수 있는가?
> 2. 장애아동에게 적합한 교수학습 전략에 대해 토의할 수 있는가?
> 3. 개별화교육계획의 구성요소와 작성방법에 대해 설명할 수 있는가?
> 4. 특수교육대상아동에게 적합한 직업수업의 형태에 대해 설명할 수 있는가?

참고 문헌

강성구(2015). 탐구학습 중심의 과학수업이 정신지체학생의 과학탐구능력에 미치는 영향. 특수교육 교과교육연구, 8(3), 1-19.

곽재호, 이경화(2017). 하브루타식 토론수업이 초등학생의 창의적 문제해결력 향상에 미치는 효과. 교육방법연구, 29(3), 467-488.

교육부(2022a). 2022 특수교육 교육과정 개정 총론(별책1). 교육부 고시 제2022-34호 [별책 1]

교육부(2022b). 2022 특수교육 교육과정 개정 기본(별책3). 교육부 고시 제2022-34호 [별책 3]

교육부(2018). 장애인 등에 대한 특수교육법. 교육부.

김경열(2018). 발달장애인의 평생교육체제 구축방안에 관한 탐색적 연구. 발달장애연구, 22(2), 27-42.

김창호(2018). 발달장애인 평생학습에 대한 장애당사자, 부모, 종사자의 인식. 특수교육연구, 25(2), 98-124.

박영근, 윤세열, Bian Hand, William Therrien, Mack shelley(2013). 논의를 강조한 탐구 학습법에 따른 초등학교 특수교육 대상학생의 비판적 사고력 및 과학 학업성취도 향상. 특수아동교육연구, 15(4), 491-515.

오정은, 곽승철(2018). 상급학생 또래교수가 경도지적장애 학생의 바리스타 직무수행능력에 미치는 영향. 특수교육논집, 22(2), 1-24.

이유훈, 심형일, 정동영, 정희섭(2016). 특수교육 교육과정. 서울: 교육과학사.

임규연, 김시원, 김영주(2015). 협력학습환경에서 메타인지적 자기조절, 정서조절과 성취도 간의 관계. 학습자중심교과교육연구, 15(1), 685-707.

장혜성, 김수진, 김지영(2016). 기능적 기술 습득을 위한 개별화교육프로그램의 실제. 경기도: 교육과학사.

정동영, 강경숙, 남윤석, 박중휘, 오세웅, 유장순, 이미선, 이옥인, 정인숙, 정해동, 조규명, 진흥신(2016). 특수교육교과 교재연구 및 지도법. 서울: 교육과학사.

조용(2018). 중학교 기술과의 핵심역량 함양을 위한 핵심 프로젝트 학습 설계 방안 탐색. 한국기술교육학회지, 18(3), 83-105.

최기(2013). 직접교수가 학습부진 중학생의 학습기술, 학습동기 및 시험불안에 미치는 효과. 국민대학교 대학원 석사학위 청구논문.

최성규(2015). 통합교육 시대의 특수교육 교과교육 효율성을 전제한 특수교육적 지원 방안. 한국청각 언어장애교육연구, 6(2), 1-21.

최윤자, 손현동(2017). 아동의 학업성취도와 교우관계 향상을 위한 또래교수 실행연구. 교사교육연구, 56(1), 43-62.

황리라, 정은희(2018). 성화 고등학교 장애학생 직업교육에서 특수교사와 통합학급교사의 협력교수 실태 및 인식 비교. 지체·중복·건강장애연구, 61(1), 261-283.

황문영, 강옥려(2014). 직접교수법에 기반을 둔 시험전략 교수가 읽기학습부진 학생의 학업성취도 및 학습동기에 미치는 영향. 한국학습장애학회, 11(2), 27-255.

Laurie U. deBettencourt & Lori A. Howard(2009). 정정진, 전병운, 강영심, 이대식(공역). 21세기 특수교사. 서울: 시그마프레스.

12장 긍정적 행동지원

> **학습목표**
> 1. 긍정적 행동지원의 3단계 예방 모델에 대해 설명할 수 있다.
> 2. 긍정적 행동지원의 전략을 설명할 수 있다.
> 3. 표적행동 지원을 위한 강화기법을 설명할 수 있다.

긍정적 행동지원은 표적행동(아동이 보이는 행동의 특이성을 이상행동 또는 문제가 되는 행동으로 보지 않고 아동의 바람직한 발달을 위하여 수정이 필요한 선택된 행동)이 발생한 이후에 반응적으로 대처하는 전통적인 행동중재와 달리 적절한 행동을 사전에 지도하는 데 관심을 두는 예방적인 접근이다. 즉 긍정적 행동지원은 표적행동에 접근하기 위하여 교사의 행동변화를 요구하고, 모든 행동에는 그 행동을 유발하는 상황적 맥락에서 이유가 있기에 표적행동 발생을 예측할 수 있으며, 표적행동에 대한 처벌적인 접근보다 바람직한 행동에 집중하고, 긍정적인 방법을 체계적으로 적용함으로써 아동의 행동을 보다 효율적으로 변화시킬 수 있음을 강조하고 있다(김진호 외, 2017).

1. 긍정적 행동지원의 개념

1) 행동지원의 역사적 배경

오늘날 우리가 지향하는 긍정적 행동지원의 역사는 행동수정의 발달에 기초한다. 행동수정의 기초가 된 이론을 개발한 몇 명의 주요 인물을 살펴보면 다음과 같다.

(1) Ivan P. Pavlov(1849~1936)

Pavlov는 기초적인 수동적 조건형성 과정을 설명하는 실험을 하였다. 그는 반사(음식에 대한 반응으로 침 분비)가 중성자극으로 조건화 될 수 있었다는 사실을 증명하였다. Pavlov 실험에서 그는 개에게 음식과 중성자극(메트로놈 소리)을 동시에 제시하였다. 그 후 개는 메트로놈 소리에 대한 반응으로 침을 흘리게 되었다. Pavlov는 이를 조건반사라고 했다(Pavlov, 1927).

(2) Edward L. Thorndike(1874~1949)

Thorndike의 주요 업적은 효과의 법칙(law of effect)을 설명하였다는 것이다. 효과의 법칙이란 그 환경에서 유익한 효과를 나타내는 행동은 미래에 반복될 가능성이 더 크다는 것을 의미한다. Thorndike는 그의 유명한 실험에서 고양이를 우리에 넣고 고양이가 볼 수 있도록 우리 밖에 음식을 놓아두었다. 고양이는 우리 문을 열기 위하여 발로 지렛대를 눌러야만 했다. Thorndike는 고양이가 지렛대를 누르는 것을 학습하고 우리 문을 연다는 것을 입증하였다. 고양이가 우리 안에 있을 때마다 더 빨리 지렛대를 누르게 되었는데, 그 이유는 지렛대를 누르는 행동이 그 환경에서 유익한 효과(음식)를 나타냈기 때문이다(Thorndike, 1911).

(3) Jhon B. Watson(1878~1958)

Watson은 1913년 「행동주의자로서 바라보는 심리학에 대한 견해(Psychology as the Behaviorist View It)」라는 논문에서 관찰 가능한 행동은 적절한 심리학 주제가 될 수 있으며, 모든 행동은 환경사건을 통해 통제될 수 있다고 주장하였다. 특히 그는 환경사건(자극)이 반응을 유발한다는 자극-반응 심리학을 주장하였다. Watson은 이러한 심리학 운동을 행동주의라 부르기 시작했다(Watson, 1913, 1924).

(4) B. F. Skinner(1904~1990)

Skinner는 Watson이 처음 설명한 행동주의 분야를 확장시켰다. Skinner는 수동적 조건형성(Pavlov와 Watson이 설명한 조건화된 반사)과 조작적 조건형성(행동의 결과가 미래에 그 행동이 다시 발생하는 것을 통제한다는 Thorndike의 효과의 법칙)간의 차이를 설명하였다. Skinner는 연구를 통해 조작적 행동에 대한 기초 원리를 자세히 설명하였다. Skinner는 기본 행동원리를 증명한 실험연구 외에도 인간행동에 대한 행동분석 원리를 응용한 많은 책을 저술하였다. Skinner의 업적은 행동수정의 기초가 되고 있다(Skinner, 1938, 1953).

2) 긍정적 행동지원의 패러다임의 변화

최근 특수교육현장에서는 장애아동이 보이는 표적행동의 수정 및 지원에 대한 시각의 변화로 긍정적 행동지원에 관심을 가지게 되었다. 미국의 특수교육 프로그램 기술지원센터(U.S. Office of Special Education Programs Technical Assistance Center)는 긍정적 행동지원이란 사회적으로 의미 있는 행동의 변화를 성취하기 위하여 긍정적인 행동중재 프로그램과 시스템을 적용하는 것을 지칭하는 일반적인 용어로 정의한다. 긍정적 행동지원은 행동에 대한 어떤 새로운 중재기법이나 이론을 말하는 것은 아니며, 행동에 기반을 둔 체제적 접근 방법을 적용하는 것이다. 즉 긍정적 행동지원이란 아동들의 행동과 관련된 효과적인 환경을 만들기 위하여 학교나 가족, 지역사회의 역량을 향상시키는 체제적인 방법을 적용하는 것이다. 그러므로 긍정적 행동지원은 모든 아동들을 대상으로 생활의 다양한 영역에서의 결과(성격, 신체, 사회, 가족, 직업, 여가 등)를 향상시키는 학교환경을 조성하고 유지하는 것을 중요하게 여기며, 이를 통하여 표적행동은 감소시키고 바람직한 행동은 더욱 기능적으로 향상시키려고 한다. 그리고 사회문화적으로도 적절한 행동중재 프로그램을 사용하는 것도 강조하고 있다(Sugai et al., 2000, 133-134, 재인용).

긍정적 행동지원은 표적행동에 대하여 처벌적이고 사후 반응적인 관점에서 벗어나 표적행동이 일어나는 것을 사전에 예방하는 것을 강조하며 바른 행동을 가르치고 학습환경을 잘 관리하기 위하여 긍정적이고 교육적이며 연구에 기반을 둔 중재기법을 사용하는 것을 강조한다. 긍정적 행동중재와 지원은 모든 아동들의 성취를 향상시키기 위한 목적으로 개별차원, 교실 차원, 학교차원의 중재 프로그램을 구성하기 위하여 여러 가지 기법들인 행동과학, 실제적인 중재기법, 사회적 가치, 체제적 접근을 통합적으로 사용한다(Office of Special Education Programs, 2010). [그림 12-1]은 긍정적 행동지원의 3단계 예방모델(연속적 행동지원 체계)를 나타내고 있다.

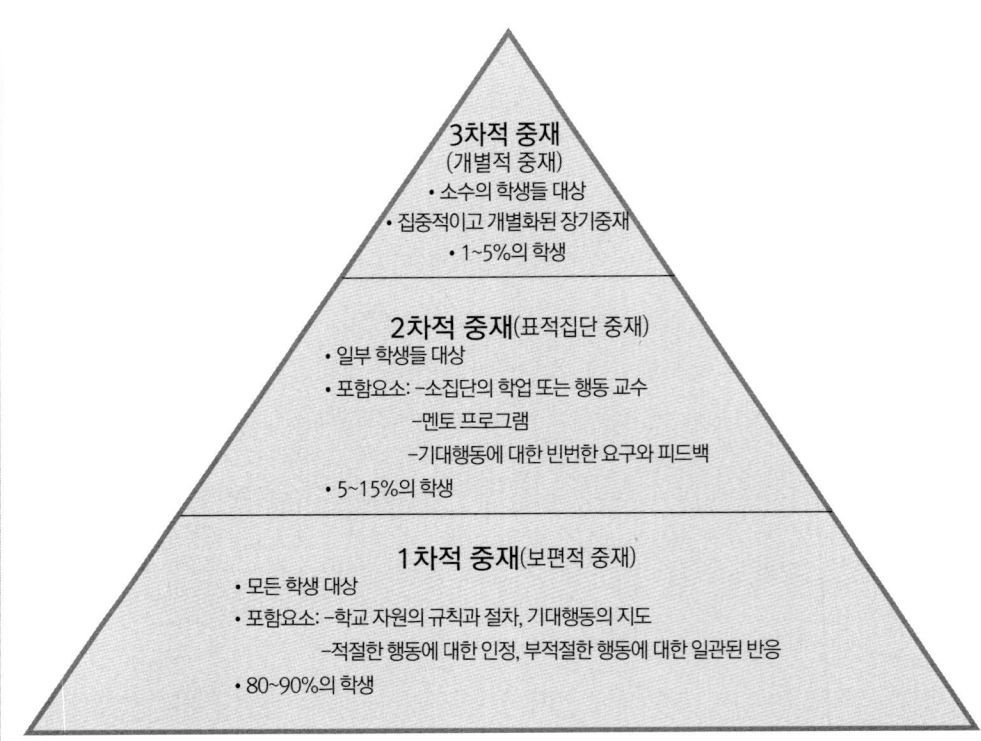

〔그림 12-1〕 3단계 예방 모델

출처: Technical Assistance Center on Positive Behavioral Interventions and Support. www.pbis.org.

2. 긍정적 행동지원의 특성과 절차

1) 긍정적 행동지원의 특성

긍정적 행동지원의 특성은 〈표 12-1〉과 같다(Neitzel, 2010; Sharma, Singh, & Geromette, 2008).

⟨표 12-1⟩ 긍정적 행동지원의 특성

내용	특성
생태학적 접근	인간의 행동이 환경과 상호작용하므로 표적행동은 특정 환경적 상황으로 인하여 발생한다는 생태학적이고 행동주의적 견해를 취한다.
진단중심의 접근	환경적 사건과 아동의 행동간 관계를 진단하는 기능평가에 근거하여 중재접근을 한다.
개별화된 접근	개별 아동의 요구되는 필요와 선호도, 주변 환경에 따라 효과적인 중재 접근을 개별화한다.
예방적 접근	아동으로 하여금 실패가 예견되는 상황을 피하고 자신의 감정과 행동을 성공적으로 조절할 수 있도록 초점을 맞춘다
교육적 접근	아동의 표적행동은 변화된 환경과 학습된 기술의 결과로 감소된다고 가정하고, 의사소통기술과 사회성기술 등을 교수하는데 초점을 둔다.
삶의 질 강화	삶의 질을 강화시키는 중재로 또래와의 우정 증진, 학교와 가정 및 지역사회 활동 참여, 가족들과의 상호작용 증진, 자기결정력 등을 증진시킨다.
종합적 전략	선행사건 중심의 중재, 후속결과 중심의 중재, 기술습득 중심의 중재 및 삶의 질을 향상시키기 위한 중다 중재 전략을 포괄적으로 포함한다.
팀 접근	부모, 교사, 학교 관리자, 상담교사 등으로 구성된 팀 구성원들의 진단, 중재 계획과 실행 및 평가의 전 과정에 협력한다.
대상자 존중 접근	중재 대상자의 필요와 관심과 선호도를 존중하고, 아동의 연령에 적절하고 정상화에 기초한 중재 접근을 적용한다.
장기적 지원	단기적인 효과에 초점을 맞추기보다는 지속적인 환경수정과 교수를 제공함으로써 새로운 표적행동이 발생하지 않도록 장기적인 측면의 지원에 초점을 맞춘다.

2) 긍정적 행동지원의 절차

장애아동의 표적행동을 지도하기 위한 긍정적 행동지원은 다음과 같은 실행절차에 따라 실시될 수 있으며, [그림 12-2]에 제시하였다(이소현, 박은혜, 2011).

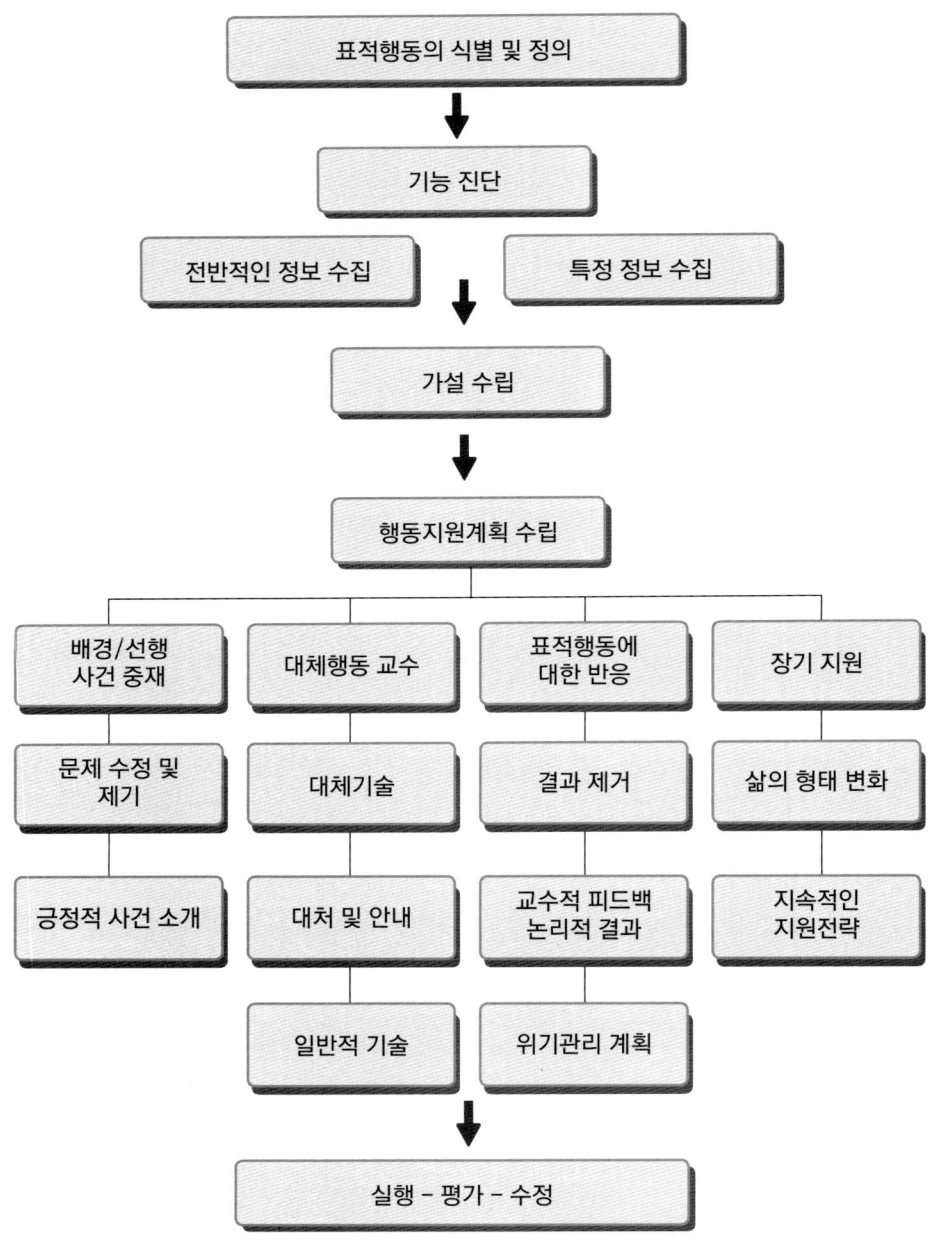

〔그림 12-2〕 긍정적 행동지원의 절차

첫 번째 단계는 아동의 표적행동이 무엇이며 개별화된 행동지원 계획이 필요한지를 결정하는 것이다. 행동중재의 우선순위를 결정하는 데 있어서 1순위는 자신이나 다른 사람에게 해를 입히거나 생명을 위협하는 파괴행동이다. 2순위는 자신이나 다른 아동의 학습과 사회적 관계를 방해하는 행동이며, 3순위는 물건에 손상을 입히며 방치할 경우에 방해 행동으로 발전할 가능성이 있는 경미한 방해 행동이다. 표적행동을 식별한 후에 식별된 표적행동을 누가 무엇을 어떻게 하는지에 대해 정확하고 상세하게 제시함으로써 분명하고 명료하게 정의하여야 한다.

두 번째 단계는 표적행동의 기능을 진단하기 위하여 주요 생활사건, 건강 및 신체적 문제, 표적행동의 내력, 과거에 실시된 중재, 과제 수행, 강점과 약점, 선호성, 전반적인 삶의 질 등에 대한 정보뿐만 아니라 표적행동을 유발한 선행사건, 배경사건 및 후속결과에 대한 정보도 수집하여야 한다. 표적행동의 기능은 사람의 관심을 끌기 위해 표적행동을 보이는 사회적 강화, 표적행동을 통해 원하는 것을 얻는 물질적 강화, 자신이 싫어하는 과제, 사람, 환경으로부터 회피하기 위한 부적 강화, 표적행동이 제공하는 감각 자극을 얻기 위한 자동 강화를 포함한다. 한 가지 표적행동이 여러 가지 기능을 가질 수도 있고, 여러 표적행동들이 한 가지 기능 때문에 발생할 수도 있다.

세 번째 단계는 표적행동에 대한 가설은 일반적으로 특정 선행사건이나 배경사건을 제시하고 표적행동을 설명한 뒤 행동의 기능을 설명한다. 예를 들어 '철수는 선호하지 않는 수학 과제를 해야 할 때 과제 수행을 회피하기 위하여 책을 집어던진다'라고 기술한다.

네 번째 단계는 긍정적 행동지원의 계획을 수립하는 것이다. 일반적으로 전통적인 행동수정프로그램에서는 단일 중재를 적용하는 반면에 긍정적 행동지원은 여러 가지 중재 전략을 적용하여 종합적이고 다각적인 접근을 한다. 긍정적 행동지원의 종합적인 계획은 선행사건 또는 배경사건 중심의 중재, 후속결과 중심의 중재, 기술 습득 중심의 중재, 삶의 형태를 변화시키기 위한 장기적이고 지속적인 지원의 네 가지 주요 내용으로 구성된다.

다섯 번째 단계는 계획을 실제로 실행하고 평가하고 필요한 수정을 하는 것이다. 평가는 표적행동이 만족할 정도로 변했는지, 대체행동을 교수하였는지, 사회적 및 학업 수행에 폭넓은 영향을 미쳤는지를 기준으로 하여야 한다.

3. 긍정적 행동지원 전략

1) 학교차원의 긍정적 행동지원

학교차원의 긍정적 행동중재와 지원(school wide positive behavioral intervention and support: SW-PBIS)은 '모든 아동들이 학업 및 행동적으로 중요한 성과를 이루기 위해 증거기반중재의 연속적 행동지원 체계의 적용 및 실행을 강화하는 다층적 지원체계이다.' 〈표 12-2〉의 연속적 행동지원 체계는 앞서 말한 세 가지 예방 모델과 같은 맥락을 가진다.

〈표 12-2〉 연속적 행동지원 체계

구분	내용
보편적 중재	• 공동의 목표 아래 학교 내 모든 장소에서 모든 아동에게 동일하게 적용되는 훈육 및 지원 • 교실 및 교실 외 장소에서 정기적으로 지도할 3~5개의 명확하게 기술된 기대행동 • 기대행동 수행에 대한 학교차원의 인정 및 강화 체계 • 표적행동에 대한 대응계획과 후속결과 체계 • 의사 결정을 위한 자료 수집과 활용 • 전교생 중 80~90%의 아동에 대한 성공적인 표적행동 예방 (보편적 중재가 충실하게 실행되었을 때) • 증거기반의 학급 관리 실제
표적집단 중재	• 학교차원의 기대(expections) 행동과 일관된 교실의 일과(routines)와 단서(cues)지도 • 적극적 감독 • 경미하거나 저빈도로 발생하는 행동 실수에 대한 재지도(redirection) • 효과적인 학업 교수와 교육과정 • 표적집단에 대한 명백한 기술 지도 • 적절한 행동에 대한 인정 • 성인의 지원 증가 • 목표행동의 수행에 대한 빈번한 피드백 • 일반화와 유지를 위한 계획

개별적 중재	• 아동이 소속된 학교와 그 학교가 소속된 교육구(district)에서 위촉된 행동지원 전문성을 가진 개별 중재팀원들 • 기능기반의 행동지원계획 • 자료에 기반을 둔 팀의 의사결정 • 자기조절방법 지도 • 사회성 기술 지도 • 소그룹 활동의 조정과 개별화된 교수와 교육과정

출처: 박지연, 김예리(2019). 표적집단을 위한 긍정적 행동지원. 서울: 학지사.

충실하게 실행된 SW-PBIS는 긍정적인 학교 분위기를 조성하고 학교 내 모든 이의 안전을 강화한다. SW-PBIS의 체제의 특성은 〈표 12-3〉에서 살펴볼 수 있다.

〈표 12-3〉 SW-PBIS의 체제의 특성

영역	SW-PBIS의 체제의 특성
물리적 환경의 수정	학교 전체에 적용되는 3~5개의 규칙을 개발하고 이러한 규칙을 상기시키는 표시(규칙 안내 게시물, 공고, 포스터 등)를 학교 전체에 게시한다.
	학교차원의 주된 활동과 학교 내 모든 영역에서 적용되는 규칙별로 기대되는 행동을 정의하기 위해 규칙 매트릭스를 개발한다.
교수적 수정	학교 규칙을 지도하고 필요한 경우 재지도를 위해 학교 내 모든 아동들에게 체계적이고 계획된 교수를 제공한다.
	인정체계를 통한 아동들의 규칙 준수 행동에 대한 피드백과 강화를 제공한다.
	학급관리 차원의 위반행동과 공식관리 차원의 위반행동을 구분하여 규정한다.
	표적행동 수정을 위해 사전에 결정되고 일관된 후속결과 체계를 개발한다.

2) 학급차원의 긍정적 행동지원

학급차원의 긍정적 행동지원은 규칙과 절차를 통한 표적행동 예방에 집중한다. 학급규칙을 결정하고 절차를 개발한 다음 이러한 규칙과 절차를 가르칠 수 있는 시간을 계획해야 한다. 이와 같은 계획은 학기 시작 첫 번째 주에 집중해서 실시한다. 여기에는 학급규칙과 관련된 절차와 학교규칙을 가르치는 시간을 포함해야 한다. 규칙과 절차에 관한 명시적 교수는 모든 아동들이 바람직한 행동을 할 수 있도록 도움을 줄 것이다(MacSuga-Gafe et al., 2012). 그러므로 중요한 예방적 단계에서는 규칙과 절차를 가르치고 그것을 아동들이 연습하게 하는 것이 중요하다. 학기 초뿐만 아니라 그 학년도의 남은 기간 내내 필요에 따라(규칙 혹은 절차를 어기는 행동이 증가하는 때) 규칙과 절차에 대해 주기적으로 검토를 해야 한다. 규칙과 절차에 대한 교수에는 장애아동들의 다양한 학습 요구에 맞는 교수를 갖추어야 한다.

학급규칙을 정할 때 중요한 것은 규칙을 긍정적으로 서술하는 것이다. 규칙을 서술할 때는 표적행동을 예방하기 위해 기대되는 행동을 판별하여 그것을 묘사해야 한다. 학급규칙은 아동이 하면 안 되는 행동이 아닌 해야 할 행동을 알려주어야 한다(Colvin et al., 1993). 긍정적으로 서술해야 한다는 점과 아동이 해야 할 일을 알려 주어야 한다는 점 외에 학급규칙이 갖추어야 할 조건은 다음 〈표 12-4〉와 같다.

〈표 12-4〉 학급규칙의 조건

조건	• 학급규칙은 다섯 가지를 넘지 않아야 한다. • 관찰 가능하고 측정 가능해야 한다. • 학교차원의 기대와 일관되어야 한다. • 쉬운 말로 기술되어야 한다. • 학급 아동들의 발달 수준에 맞아야 한다. • 학급의 요구(needs)를 보여주는 자료에 근거해야 한다. • 규칙을 만들 때 아동의 참여를 가능한 한 최대화해야 한다. • 교사의 적극적 모델링과 교수가 수반되어야 한다.

출처: Sugai & Horner, 2002; Kern & Clemens, 2007; Newcomer, 2008).

학급규칙을 만들 때는 규칙과 기대의 차이에 유념해야 한다. 규칙은 '태도, 행동, 과정, 계획을 결정하는 원칙이나 규정'으로 정의되는 반면, 기대는 '기다리고 바라는 바'로 정의된다(Rule, 2011; Expectation, 2011). 규칙은 교실의 질서를 유지하기 위해 특정된 것이고, 기대는 여러 환경에서 성공을 증진시키는 광범위한 행동 기준인 셈이다(Newcomer, 2008). [그림 12-3]과 〈표 12-5〉는 학교차원의 기대행동과 기대에 따른 학급규칙의 예를 보여 준다.

교실에서 / 계단에서

복도에서 / 신발장에서

급식실에서

[그림 12-3] 학교차원의 기대행동

출처: 특수학교차원의 긍정적 행동지원 운영 사례 설명회(한국경진학교) 자료집(2017)

〈표 12-5〉 학교차원의 기대에 따른 학급규칙

기대	학급규칙
질서	• 손발은 가지런히, 내 물건은 제자리에 둡니다. • 발표하고 싶을 때는 손을 들고 선생님이 이름을 부를 때까지 기다립니다.
약속	• 수업이 끝날 때마다 알림장에 숙제를 적어 둡니다. • 조용히 과제를 해야 하는 시간에는 선생님의 허락을 받은 후 말합니다. • 과제는 마감 시간 전이나 마감 시간에 맞추어 제출합니다.
준비	• 종이 울리기 전에 학용품(책, 종이, 펜)을 준비하여 책상 앞에 앉습니다. • 선생님이 시키는 일은 바로 실천합니다.

출처: 박지연, 김예리(2019). 표적집단을 위한 긍정적 행동지원. 서울: 학지사.

3) 개별적 중재와 지원을 통한 행동지원 전략

(1) 기능평가를 통한 행동지원 전략

표적행동이 왜 발생하는지를 파악하는 것에 관한 보편적 아이디어로서의 기능평가(Functional Assessment)의 목적과 내용을 살펴보면 다음과 같다.

첫째, 긍정적 행동지원은 응용행동분석의 핵심요소인 행동과 환경 사이에서 나타나는 선행사건-행동-후속결과(A-B-C)의 관계에 기초한다. 둘째, 표적행동과 환경사이에 존재하는 법칙적이고 기능적인 관계를 알게 되면 표적행동을 예측하거나 변화시킬 수 있게 된다(Dunlap, Harrower, & Fox, 2005). 셋째, 기능평가는 이러한 환경과 표적행동 사이의 관계를 이해하기 위해 사용되며, 현재의 관계를 변화시키거나 표적행동을 감소시키기 위한 새로운 관계를 만들어내고자 할 때 중재를 투입하게 된다. 넷째, 응용행동분석은 두 가지 주요한 특성, 즉 행동과 환경사이의 관계를 확인 하는 것과 거기서 확인된 관계를 변화시킴으로써 개인의 삶을 개선시킬 것을 강조한다. 다섯째, 행동의 기능에 근거하지 않은 중재는 비효과적이며 불필요한 매우 제한된 절차를 초래한다. 여섯째, 기능평가는 표적행동의 발생과 관련된 선행사건이나 후속결과에 대한 정보를 수집하는 과정을 포함해야 한다.

기능평가는 일련의 정보수집 전략이자 도구이다. 행동에 앞서는 것이 무엇이고, 행동 이후에 뒤따르는 것이 무엇인지에 근거하여 가설을 설정하게 된다. 반면에 기능 분석은 아동의 환경을 조작하고 그것이 행동에 끼치는 영향을 관찰하는 전략이다. 이와 같은 절차를 통하여 다음의 질문에 답할 수 있게 된다.

- 행동 발생에 앞서 나타나는 일관적인 행동이나 사건 패턴이 있는가?
- 행동 발생에 뒤따르는 일관적인 행동이나 사건 패턴이 있는가?
  (그리고 누가 그 행동에 관여하는가?)
- 부적절한 행동과 동일한 기능을 달성하는 대안적인 적절한 행동을 아동에게 가르칠 수 있는가?
- 행동, 선제자극, 후속결과가 발생하는 상황에 관한 것으로 배경 사건은 무엇인가?

(2) 행동지원계획 수립

행동지원계획의 수립은 그림에서 제시하는 단계로 진행된다. 단계는 교사가 계속되는 도전적 행동을 인식하고 문서화하는 것으로 시작하여 기능평가 혹은 기능분석 절차를 거쳐 실행과 중재 절차를 점검으로 종료된다. [그림 12-4]와 행동지원계획의 수립 절차를 〈표 12-6〉은 표적행동에 대한 조작적 정의를 설명하고 있다.

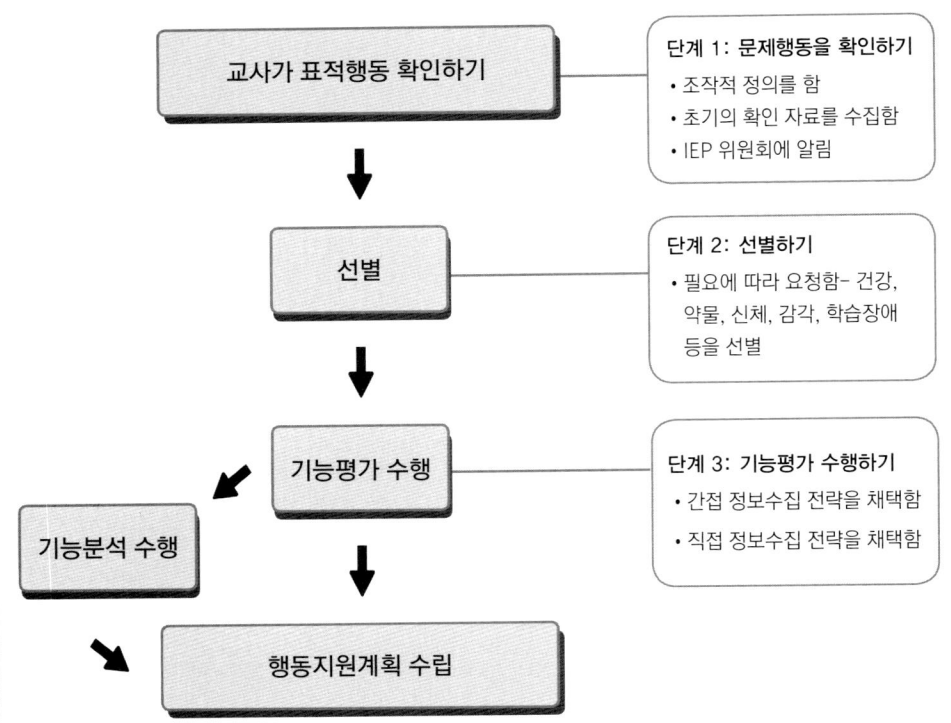

[그림 12-4] 행동지원계획의 수립

〈표 12-6〉 표적행동에 대한 조작적 정의

	수업시간 중 표적행동		이동시간 중 표적행동
교사지시 거부하기	• 교사가 수업관련 설명을 하거나 과제를 부여할 때 설명에 집중하지 않고 다른 곳을 보거나 과제를 수행하지 않는 행동	소음내기	• 소리 지르기 • 울기
옆 친구 방해하기	• 수업 중 허락 없이 다른 아동과 이야기를 하거나 물건을 두드리는 등으로 소음을 내어 수업에 방해가 되는 행동	친구 몸 집적대기	• 다른 아동을 손이나 발 혹은 다른 기구(예 필통, 신발주머니, 공책 등)로 치는 행동 • 다른 아동의 목을 팔로 감는 행동을 하는 것

출처: 박계신(2019). 긍정적 행동지원에서의 기능평가. 2019년도 직무연수 긍정적 행동지원 핵심 교원 연수 자료. 국립특수교육원.

4. 긍정적 행동지원을 위한 강화전략

강화란 행동과 후속결과 간의 관계, 행동의 빈도, 비율, 강도, 지속시간 또는 형태를 증가시키기 위한 긍정적 행동지원의 주요 기법이다. 〈표 12-7〉은 긍정적 행동지원 전략에 따른 강화기법을 나타내고 있다.

〈표 12-7〉 긍정적 행동지원 전략에 따른 강화기법

지원전략	강화기법
바람직한 행동 증가시키기	• 강화: 정적강화, 부적강화 • 도피 및 회피 조건형성 • 토큰경제
바람직하지 않은 행동 감소시키기	• 차별강화: 상반행동 차별강화, 대안행동 차별강화, 타행동 차별강화, 저비율행동 차별강화 • 비수반 강화(비유관 강화) • 소거 • 벌
바람직한 행동 유지시키기	• 간헐강화: 고정간격강화, 변동간격강화, 고정비율강화, 변동비율강화
새로운 행동 가르치기	• 용암법 • 조형법 • 연쇄법
기타 기법	• 자극식별훈련 • 일반화훈련 • 체계적 탈감법 • 홍수법

출처: 이승희(2015). 자폐스펙트럼 장애의 이해(제2판). 서울: 학지사.

1) 바람직한 행동 증가시키는 기법

바람직한 행동을 증가시키기 위한 기법으로 정적강화, 부적강화, 도피 및 회피 조건형성, 토큰경제가 있다. 〈표 12-8〉은 바람직한 행동을 증가시키기 위한 강화기법의 유형에 대한 방법을 설명하고 있다.

〈표 12-8〉 바람직한 행동을 증가시키기 위한 강화 기법

강화기법	내용
정적 강화 (positive reinforcement)	어떤 행동 뒤에 긍정적이고 유쾌한 것을 제시하여 그 행동의 빈도(또는 지속시간이나 강도)를 증가시키는 것이다. 이때 행동 뒤에 제시되는 긍정적이고 유쾌한 것을 정적 강화물이라고 한다. 즉 정적 강화물(positive reinforcer)이란 행동의 빈도(또는 지속시간이나 강도)를 증가시키기 위하여 행동 뒤에 제시되는 자극이라고 할 수 있는데 보상(reward)라고도 한다.
부적 강화 (negative reinforcement)	어떤 행동 뒤에 부정적이고 불쾌한 것을 제거하여 그 행동의 빈도(또는 지속시간이나 강도)를 증가시키는 것이다. 이때 행동 뒤에 제거되는 부정적이고 불쾌한 것을 부적 강화물이라고 한다. 즉, 부적 강화물(negative reinforcement)이란 행동의 빈도(또는 지속시간이나 강도)를 증가시키기 위하여 행동 뒤에 제거되는 자극이라고 할 수 있다.
도피 및 회피 조건형성	도피 조건형성이란 어떤 행동 뒤에 혐오자극을 제거해 줌으로써 그 행동을 증가시키는 것을 말하며 회피 조건형성이란 어떤 행동이 혐오자극의 발생을 저해함으로써 그 행동이 증가되는 것을 말한다. 이와 같이 도피 조건형성과 회피 조건형성은 모두 특정한 행동이 발생할 가능성을 증가시키는 공통점은 있지만 도피 조건형성에서는 이미 존재하는 혐오자극을 종결하는 반면, 회피조건형성에서는 혐오자극이 발생하는 것 자체를 방지하는 차이점이 있다.
토큰경제	어떤 행동 뒤에 지원강화물로 교환 할 수 있는 토큰이 제공됨으로써 그 행동을 증가시키는 것을 말한다. 토큰은 본래 강화력은 없으나 지원강화물로 교환할 수 있기 때문에 강화력을 갖는 조건강화물이다. 토큰경제를 실행할 때는 증가시켜야 할 바람직한 표적행동의 결정, 조건 강화물로 사용될 토큰의 선정, 토큰과 교환될 지원강화물의 선정, 토큰 지급 및 교환 방법의 결정 등과 같은 체계적인 준비가 필요하다.

2) 바람직하지 않은 행동 감소시키는 기법

바람직하지 않은 행동을 감소시키는 기법으로 차별강화, 비수반 강화, 소거, 벌이 있다.

(1) 차별강화

차별강화란 바람직한 행동을 강화함으로써 상대적으로 바람직하지 못한 행동을 감소시키는 것이다. 이와 같은 차별강화에는 상반행동 차별강화, 대체행동 차별강화, 타행동 차별강화, 저비율행동 차별강화의 네 가지 유형이 있다. 〈표 12-9〉는 차별강화기법의 유형에 대한 방법을 설명하고 있다.

〈표 12-9〉 차별강화기법

차별 강화기법	내용
상반행동 차별강화	바람직하지 않은 행동과 상반되는 행동, 즉 상반행동을 강화함으로써 바람직하지 않은 행동을 감소시키는 것이다. 상반행동은 동시에 발생할 수 없는 행동을 말한다.
대체행동 차별강화	바람직하지 않은 행동과 상반되지 않지만 적절한 대안행동을 강화함으로써 바람직하지 않은 행동을 감소시키는 것이다. 즉 대안행동은 적절한 행동이지만 바람직하지 않은 행동과 상반되지 않는 행동을 말한다.
타행동 차별강화	바람직하지 않은 행동이 일정시간 발생하지 않을 때 강화물을 제공함으로써 바람직하지 않은 행동을 완전히 제거하는 것이다. 타행동 차별강화는 용어상 타행동을 강화하는 것으로 오인할 수 있으나 사실은 바람직하지 않은 행동의 부재를 강화한다.
저비율행동 차별강화	바람직하지 않은 행동이 낮은 비율로 나타날 때 강화함으로써 바람직하지 않은 행동의 발생비율을 낮추는 것이다. 즉, 저비율행동 차별강화의 목표는 표적행동의 완전한 제거가 아니라 표적행동의 감소이다.

(2) 비수반 강화

비수반 강화란 행동과는 무관하게 미리 설정된 시간 간격에 따라 강화물을 제공하여 바람직하지 않은 행동의 발생동기를 사전에 제거함으로써 행동을 감소시키는 것이다.

(3) 소거

소거란 특정행동을 유지시키는 것으로 보이는 강화물을 제거함으로써 행동을 감소시키는 것이다. 소거와 관련하여 유념해야 할 세 가지 개념으로 소거저항, 소거폭발, 그리고 자발적 회복이 있다.

(4) 벌

벌이란 행동 뒤에 미래의 행동발생 가능성을 감소시키는 결과, 즉 벌칙이 뒤따르게 함으로써 행동의 빈도를 감소시키는 것이다. 벌에는 부적 벌과 정적 벌의 두 가지 유형이 있다.

3) 바람직한 행동 유지시키기

바람직한 행동이 적절한 수준으로 나타날 때 그 행동을 유지시키는 기법으로 간헐강화가 있다. 〈표 12-10〉은 간헐적 강화기법의 유형에 대한 방법을 설명하고 있다.

〈표 12-10〉 간헐강화기법

간헐강화기법	내용
고정간격강화	정해진 일정한 시간의 경과에 따라 한 번씩 강화하는 것을 말하며 5분 고정간격의 경우 5분이 지난 다음에 첫 번째 발생한 행동을 강화시켜 준다. 고정간격 강화계획은 강화할 시간이 임박한 때에만 부지런히 반응하고, 그 시간이 지나면 다음 주기의 시간이 올 때까지 반응을 중단하는 현상이 발생한다.
고정비율강화	아동이 일정 수의 행동을 한 다음에 한 번씩 강화하는 것으로 과수원에서 사과 한 바구니를 딸 때마다 일꾼에게 1,000원씩 지불하는 경우이다. 고정비율 강화계획은 강화를 받은 다음 즉시 얼마 동안 아무런 행동도 하지 않고 쉬는 현상이 벌어진다.
변동간격강화	일정한 평균시간을 중심으로 그때마다 시간 간격을 변경하여 강화하는 것으로 아동들을 꾸준히 공부시키려면 중간시험이나 학기말 시험을 늘 일정한 시기에 치르는 것보다 수시로 시험을 치르는 것이 효과적이다.
변동비율강화	일정수의 행동을 한 다음에 한 번씩 강화하는 것이지만 그 비율은 고정된 것이 아니고 그 때마다 변경하는 것을 말한다. 변동비율 강화계획은 강화 후 중단 현상이 나타나지 않는 가장 높은 반응률을 얻을 수 있는 계획이다.

4) 새로운 행동 가르치기

새로운 행동을 가르치기 위한 강화기법으로 용암법, 조형법, 연쇄법이 있다. 〈표 12-11〉은 새로운 행동을 가르치기 위한 강화기법의 유형을 설명하고 있다.

〈표 12-11〉 새로운 행동을 가르치기 위한 강화기법

강화기법	내용
용암법	행동을 유발하는 자극을 점진적으로 통제함으로써 목표자극에 의해 표적행동이 유발되도록 하는 것이다. 목표자극은 용암법 절차의 최종단계에서 행동을 유발시키는 자극이라고 할 수 있는데 최종단계 이전에 행동이 일어나도록 돕기 위하여 추가된 선행자극을 촉구라고 한다. 촉구에는 언어적 촉구, 동작적 촉구, 모델링 촉구, 신체적 촉구가 있다.
조형법	조형법이란 표적행동에 조금씩 근접된 행동을 할 때마다 강화하여 점진적으로 표적행동에 도달하도록 하는 것이다.
연쇄법	연쇄법이란 행동연쇄를 구성하는 각 단계를 점진적으로 배우는 모든 연쇄단계들로 구성된 표적행동에 도달하도록 하는 것이다.

학습평가

1. 긍정적 행동지원의 3단계 예방 모델에 대해 설명할 수 있는가?
2. 긍정적 행동지원의 전략 3가지를 설명할 수 있는가?
3. 표적행동 지원을 위한 강화기법을 설명할 수 있는가?

참고 문헌

김진호, 김미선, 김은경, 박지연(2017). 긍정적 행동중재와 지원. 서울: 시그마프레스.

박계신(2019). 긍정적 행동지원에서의 기능평가. 2019년도 직무연수 긍정적 행동지원 핵심 교원 연수 자료. 국립특수교육원.

박지연, 김예리(2019). 표적집단을 위한 긍정적 행동지원. 서울: 학지사.

이소현, 박은혜(2011). 특수아동교육 (제3판). 서울: 학지사.

이승희(2015). 자폐스펙트럼 장애의 이해 (제2판). 서울: 학지사.

Colvin, G., Kame'enui, E. J., & Sugai, G. (1993). School-wide and classroom management: Reconceptualizing the integration and management of students with behavior problems in general education. *Educatiion and Treatment of Children, 16*, 361-381.

Dunlap, G., Harrower, J., & Fox, L. (2005). Understanding the environmental determinants of problem behaviors. In L. Bambrar & L. Kern (Eds.), Individualized supports for students with problem behaviors: Desingning positive behavior plans(pp. 25-46). NY: Guilford Press.

Expectation. (2011). *Definition*. Retrieved form http://dictionary.reference.com/browse/Expectation

Kern, L., & Clemens, N. H. (2007). Antecedent strategies to promote appropriate classroom behavior. *Psychology in the Schools, 44*(1), 65-75.

MacSuga-Gage, Ashley S.; Simonsen, Brandi; Briere, Donald E. (2012). Effective teaching practices that promote a positive classroom enviroment. *Beyond Behavior, 22*(2), 14-22.

Neitzel, J. (2010). Positive behavior supports for children and youth with autism spectrum disorders. *Preventing School Failure: Alternative Education for Children and Youth, 54*(4), 247-255.

Office of Special Education Programs. (2010). *Wtaparound service and possitive behavior support*. Retrieved from http://www. pbis.org/school/ tertiary_level/wraparound.aspx

Rule. (2011). *Definition*. Retrieved form http;//dictionary. reference.com/browse/Rule

Sharma, R. N., Singh, S. and Geromette, J. (2008). Positive behavior support strategies for young children with severe disrupive behavior. *Journal of the International Association of Special Education, 9*, 117−123.

Sugai, G., & Horner, R. (2002). Introduction to the special series on positive behavior support in schools. *Journal of emotional and behavioral disorders, 10*(3), 130−135.

Sugi, G., Horner, R., Dunlap, G., Hieneman, M., Lewis, T., Nelson, C., Scott, T., Liaupsin, C., Sailor, W., Turnbull, A., Tunbull, H., Wickham, D., Wilcox, B., & Ruef, W. (2000). Applying positive behavior support and functional behavioral assessment in schools. *Journal of Positive behavior Interventiions, 2*(3), 134−143.

13장 장애아동 지원 체계

학습목표

1. 사회서비스에 대해서 기술할 수 있다.
2. 개인별지원계획에 대해서 설명할 수 있다.
3. 협력적 팀 접근에 대해서 서술할 수 있다.

장애아동 지원 체계에는 여러 가지가 있다. 「장애아동복지지원법」 제4장 복지지원의 내용에는 의료비, 보조기구, 발달재활서비스, 보육지원, 가족지원, 돌봄 및 일시적 휴식지원, 지역사회전환서비스, 문화·예술 등 복지, 취약가정 복지지원 등이 있다. 「발달장애인법」 제3장 복지지원 및 서비스에는 개인별지원계획의 수립이 명시되어 있다.

이 장은 개인별지원계획 중 장애아동에게 실시되는 발달재활서비스, 장애아가족양육지원사업, 장애인활동지원사업 등 복지지원에 대해서 살펴보고 개인별지원계획의 수립 원칙과 절차에 대해서 제시하였다. 그리고 장애아동을 위한 교육 프로그램과 특수교육 지원을 계획하고 실행하는 협력적 팀 접근의 장점에 대해서 알아보고자 한다.

1. 사회서비스

사회서비스란 개인 또는 사회전체의 복지 증진 및 삶의 질 향상을 위해서 사회적으로 공급되는 서비스를 말한다. 그리고 바우처(voucher)는 재화나 서비스를 제한된 범위 안에서 선택할 수 있도록 구매력을 제한하여 개인에게 지급하는 보조금을 말한다. 그러므로 사회서비스 바우처는 교육, 보건, 복지, 문화 등 일상생활에서 필요로 하는 사회서비스를 편리하게 이용할 수 있도록 현금카드로 지급되는 것이다. 보건복지부에서 실시되고 있는 사회서비스 전자바우처의 종류는 매우 다양하다. 여러 가지 사회서비스 중에서 장애아동과 관련된 발달장애인지원사업 중 발달재활서비스, 장애인활동지원서비스와 장애아가족 양육지원사업에 대해서 알아보고자 한다.

1) 발달재활서비스

(1) 목적

발달재활서비스는 2009년 '장애아동재활치료사업'으로 시작하였으며, 2012년 8월에 '발달재활서비스'로 명칭이 변경되었다. 발달재활서비스는 성장기의 정신적·감각적 장애아동의 인지, 의사소통, 적응행동, 감각·운동 등의 기능 향상과 행동발달을 위한 적절한 발달재활치료를 지원하고 정보를 제공하는 것이다. 또한 높은 발달재활서비스 비용으로 인한 장애아동 양육가족의 경제적 부담을 덜어주기 위한 목적으로 시행되고 있다.

(2) 추진근거

발달재활서비스는 2012년 8월 「장애아동복지지원법」에 의거하여 장애아동에게 발달재활치료를 실시할 수 있는 법적 근거를 제시할 수 있게 되었다. 다음은 「장애아동복지지원법」 제21조에 있는 '발달재활서비스지원'에 관한 내용이다.

〈표 13-1〉「장애아동복지지원법」 중 발달재활서비스지원

제21조(발달재활서비스지원)

① 국가와 지방자치단체는 장애아동의 인지, 의사소통, 적응행동, 감각·운동 등의 기능향상과 행동발달을 위하여 적절한 발달재활서비스(이하 "발달재활서비스"라 한다)를 지원할 수 있다.
② 제1항에 따른 발달재활서비스를 지원할 때에는 장애아동의 장애유형·장애정도와 그 가족의 경제적 능력 등을 고려하여 지원할 대상 및 내용을 결정할 수 있다.
③ 지방자치단체는 발달재활서비스의 제공경험 및 전문성, 서비스 내용의 적정성 등을 고려하여 발달재활서비스를 제공하는 기관(이하 "발달재활서비스 제공기관"이라 한다)을 지정하여 운영할 수 있다.
④ 발달재활서비스 제공기관은 장애아동에게 적합한 발달재활서비스를 제공하기 위하여 발달재활서비스 제공계획을 수립하고 실시하여야 한다.
⑤ 지방자치단체의 장은 발달재활서비스 제공기관이 다음 각 호의 어느 하나에 해당하는 때에는 그 지정을 취소할 수 있다.
  1. 거짓이나 그 밖의 부정한 방법으로 지정을 받은 경우
  2. 당초의 지정조건을 충족하지 못하게 된 경우
  3. 제33조의 정보제공의무를 위반한 경우
⑥ 제1항과 제2항에 따른 발달재활서비스의 지원 기준·방법·기간 등에 필요한 사항은 보건복지부령으로 정한다.
⑦ 제3항부터 제5항까지의 규정에 따른 발달재활서비스 제공기관의 지정 및 지정취소의 기준·절차, 지정기간 및 운영 등에 필요한 사항은 보건복지부령으로 정한다.

출처: 보건복지부(2019). 장애아동복지지원법. http://www.mohw.go.kr

(3) 대상자

대상자는「장애인복지법」 제2조 장애의 종류 및 기준에 제시되어 있는 15개의 장애유형 중 시각·청각·언어·지적·자폐성·뇌병변 및 중복장애를 가진 만18세 미만 장애아동이다. 연령은 신청일을 기준으로 판정하되, 지원기간은 대상자로 선정된 달의 다음달부터 장애아동이 만18세가 되는 달까지 한다. 그러나 발달재활서비스 대상 장애아동이「초중등교육법」 제2조에 따른 학교에 재학 중인 경우에는 만20세가 되는 달까지 지원을

연장할 수 있다. 만20세가 되기 전에 학교를 졸업하는 경우에는 졸업하는 달까지 발달재활서비스를 받을 수 있다.

영유아(만6세 미만)의 경우 시각·청각·언어·지적·자폐성·뇌병변 장애가 예견되어 발달재활서비스가 필요할 경우는 발달재활서비스 의뢰서와 세부영역 검사결과서 및 검사자료를 제출하면 발달재활서비스를 받을 수 있다. 연령은 신청일을 기준으로 판정하되 대상자로 선정된 후 만6세가 되는 달까지 발달재활서비스를 받을 수 있다. 그러나 전문의가 육안검사로만 발달재활서비스 의뢰서를 작성한 경우에는 발달재활서비스를 받을 수 없다. 장애유형별로 전문의가 검사자료를 바탕으로 진단하여야 인정이 되며, 장애유형별 전문의가 진단한 경우에만 인정된다. 다음은 장애유형별 진단기관과 전문의를 분류해 놓은 것이다.

- **시각장애**: 시력 또는 시야결손 정도의 측정이 가능한 의료기관의 안과 전문의
- **청각장애**: 청력검사실과 청력검사기가 있는 의료기관의 이비인후과 전문의
- **언어장애**: 의료기관의 재활의학과·이비인후과·정신과·신경·구강외과·소아청소년과 전문의
- **지적장애**: 의료기관의 정신과·재활의학과·소아청소년과 전문의
- **자폐성장애**: 의료기관의 정신과 전문의
- **뇌병변장애**: 의료기관의 재활의학과·신경외과 또는 신경과·소아청소년과 전문의

(4) 대상자 선정 절차

① 발달재활서비스를 필요로 하는 장애아동, 부모, 대리인과 복지담당공무원이 직권으로 주민등록상 주소지 읍·면·동주민센터에서 신청할 수 있다.
② 신청서류는 사회보장급여신청서, 사회서비스 전용 국민행복카드 발급 신청서, 사회서비스 전용 국민행복카드 발급을 위한 법정대리인 동의서, 국민행복카드 상담전화를 위한 개인정보 제공동의서, 개인정보 수집·이용 및 제3자 제공 동의서이다.

③ 지자체에서는 소득조사를 거쳐 서비스 대상자 여부 및 등급을 결정한다.
④ 시·군·구 담당자는 대상자 선정 결과를 신청자에게 통지하고 서비스 이용 방법을 안내한다.

(5) 서비스 내용

적용 영역은 언어재활, 청능재활, 미술재활, 음악재활, 놀이심리재활, 행동재활, 재활심리, 감각재활, 운동재활 등으로 한다. 장애 조기 발견 및 발달진단서비스, 중재를 위한 부모 상담 서비스를 제공한다. 그러나 의료행위인 물리치료와 작업치료 등 의료기관에서 행해지는 의료지원은 불가하다. 제공방식은 기관방문형과 재가방문형이 있다. 인근에 제공기관이 없는 경우이거나 도서·벽지 지역에 거주하는 장애아동일 경우, 이동이 불편하거나 보호자가 없어 기관 방문이 어려운 장애아동의 경우 등에는 재가 방문 서비스를 지원한다. 제공기관의 서비스 및 인력현황을 조사한 연구에서 제공기관과 이용자 수가 언어재활이 가장 많은 것으로 나타났다(김정희 외, 2014).

(6) 서비스 제공 인력

「장애아동복지지원법 시행규칙」 제8조 제1항 관련 〔별표 1〕 제2호 다목에서 위임한 사항에 따라 자격기준 및 이수과목을 구체화하였다. 제공 인력 자격은 첫째, 언어재활사의 자격을 소지한 자, 둘째, 대학 또는 이와 동등한 학교에서 영역별 교육과정 14개 과목, 42학점 이상을 이수한 자, 셋째, 대학원에서 영역별 교육과정 7개 과목, 21학점 이상 이수한 자이다. 다음은 발달재활서비스 제공 인력 자격과 관련 이수 과목에 대해서 보건복지부 고시 내용을 소개하고 있다.

〈표 13-2〉 보건복지부 고시 제167호 발달재활서비스 제공 인력의 자격 및 인정 절차 기준

제3조(국가자격증) 발달재활서비스 관련 국가자격증은 언어재활사로 한다.

제4조(발달재활서비스 제공 인력 자격) 시행규칙 별표 1 제2호 다목에 따른 발달재활서비스 제공 인력 자격은 다음 각 호와 같다.

1. 언어재활사의 자격을 소지한 자.
2. 대학 또는 이와 동등한 학교에서 영역별 교육과정 14개 과목, 42학점 이상 이수한 자.
3. 대학원에서 영역별 교육과정 7개 과목, 21학점 이상 이수한 자.

제5조(발달재활서비스 관련 이수 과목) 시행규칙 별표 1 제2호 다목에 따른 발달재활서비스 관련 이수 과목은 다음 각 호와 같다.

1. 발달재활서비스 관련 과목은 공통과목과 전공과목으로 구분하고, 공통과목은 제공 인력이 공통적으로 이수해야하는 과목이며, 전공과목은 해당 영역별로 제공인력이 이수하는 과목으로 한다.
    가. 대학 또는 이와 동등한 학교의 공통과목의 경우 '장애아동의 이해' 과목을 포함하여 2과목 이상을 이수해야 한다. 전공과목의 경우 영역별 전공필수와 전공선택으로 구분하고, 전공필수 과목은 해당분야 신청자가 반드시 이수해야 한다.
    나. 대학원의 공통과목의 경우 '장애아동의 이해' 과목을 포함하여 1과목 이상을 이수해야 한다. 전공과목의 경우 영역별 전공필수와 전공선택으로 구분하고, 전공필수 과목은 해당분야 신청자가 반드시 이수해야 한다.
2. 각 발달재활서비스 관련영역에서 추가로 필요한 과정은 추가과정(교과, 임상실습, 연구, 인턴십 등)'으로 명시하여 운영할 수 있다.
3. 공통과목은 [별표 1]에서 정하는 과목으로 하고, 각 영역별 전공과목은 [별표 2]에서 정하는 과목으로 한다.
⑦ 제3항부터 제5항까지의 규정에 따른 발달재활서비스 제공기관의 지정 및 지정취소의 기준·절차, 지정기간 및 운영 등에 필요한 사항은 보건복지부령으로 정한다.

출처: 보건복지부(2019). http://www.mohw.go.kr

2) 장애아동가족 양육지원 사업

(1) 목적

장애아동가족 양육지원 사업의 목적은 장애아동 가족의 일상적인 양육부담을 경감하고 보호자의 정상적인 사회활동을 돕기 위하여 돌봄 및 일시적 휴식지원 서비스를 제공하는 것이다. 그러므로 실제로 돌봄이 필요한 장애아동에게 적기에 돌봄 서비스가 제공되도록 지원하고, 장애아동 가정에 대해 실질적인 휴식지원을 제공하는 것이다. 장애아동가정의 돌봄 부담 경감 및 그 가족에 대한 지원은 2가지 관점에서 필요하였다. 첫째, 양육자의 상시적인 돌봄 부담으로 비장애 형제자매 등 다른 가족원에게 필요한 가족 기능이 제대로 수행되지 못하는데 따른 가족 갈등을 사전에 예방할 필요성이 있다. 둘째, 기존 장애인 정책이 장애 당사자의 자립, 생활안정, 사회활동지원을 중심으로 하고 있어서 장애아동가족을 위한 지원을 강화할 필요성이 있기 때문이다.

(2) 추진근거

장애아동가족 양육지원 사업은 「장애아동복지지원법」 제24조(돌봄 및 일시적 휴식지원 서비스지원) 제1항에 법적 근거를 가지고 추진하였다. 그리고 2017년에는 「발달장애인 권리보장 및 지원에 관한 법률 시행규칙」 제22조 '돌봄 및 일시적 휴식지원의 대상·기준 및 방법'에서 '돌봄 및 일시적 휴식 지원의 내용은 양육 지원, 주간·단기보호, 문화·여가프로그램, 가족 캠프 등으로 하고, 정서발달과 심리적 부담 해소 등을 위한 프로그램의 내용은 심리상담, 휴식지원 등으로 한다.'라고 되어 있다. 다음 〈표 13-3〉은 「장애아동복지지원법」 제23조와 제24조에 있는 '가족지원'과 '돌봄 및 일시적 휴식지원 서비스지원'에 관한 내용이며, 〈표 13-4〉는 「발달장애인 권리보장 및 지원에 관한 법률 시행규칙」 제21조와 제22조에 있는 내용이다.

〈표 13-3〉「장애아동복지지원법」중 가족지원

제23조(가족지원)
① 국가와 지방자치단체는 장애아동의 가족이 장애아동에게 적합한 양육방법을 습득하고 가족의 역량을 키울 수 있도록 가족상담·교육 등의 가족지원을 제공할 수 있다.
② 지방자치단체는 제1항에 따른 가족지원 업무를 비영리법인에 위탁할 수 있으며 필요한 경우 예산의 범위에서 그 비용을 지원할 수 있다.

제24조(돌봄 및 일시적 휴식지원 서비스지원)
① 국가와 지방자치단체는 장애아동 가족의 일상적인 양육부담을 경감하고 보호자의 정상적인 사회활동을 돕기 위하여 돌봄 및 일시적 휴식지원 서비스를 제공할 수 있다.
② 제1항에 따른 복지지원을 제공할 때에는 장애아동의 장애유형·장애정도와 그 가족의 경제적 능력 등을 고려하여 지원할 대상 및 내용을 결정할 수 있다.
③ 제1항 및 제2항에 따른 복지지원의 대상·지원기준 및 방법 등에 필요한 사항은 보건복지부령으로 정한다.

출처: 국가법령정보센터(2019). 장애아동복지지원법. http://www.law.go.kr

〈표 13-4〉「발달장애인 권리보장 및 지원에 관한 법률 시행규칙」

제21조(보호자에 대한 심리상담 서비스의 내용과 방법)
① 법 제31조 제1항에 따른 심리상담 서비스(이하 "심리상담 서비스"라 한다)는 개인 심리상담, 부부 심리상담 또는 가족 심리상담, 동료 상담 등으로 한다.
② 국가와 지방자치단체는 발달장애인 복지서비스 제공기관, 복지시설 및 장애인복지단체 등을 지정하여 심리상담 서비스를 제공할 수 있다.

제22조(돌봄 및 일시적 휴식지원의 대상·기준 및 방법)
① 법 제32조 제1항에 따른 돌봄 및 일시적 휴식 지원(이하 "돌봄지원등"이라 한다)의 내용은 양육 지원, 주간·단기보호, 문화·여가프로그램, 가족 캠프 등으로 하고, 같은 조 제2항에 따른 정서발달과 심리적 부담 해소 등을 위한 프로그램(이하 "심리부담해소프로그램"이라 한다)의 내용은 심리상담, 휴식지원 등으로 한다.
② 보건복지부장관은 법 제32조 제3항에 따라 매년 예산의 범위에서 돌봄지원등 및 심리부담해소프로그램 지원 기준을 마련하고, 국가와 지방자치단체는 그 기준에 따라 돌봄지원등 및 심리부담해소프로그램 지원 대상 및 내용을 결정할 수 있다.
③ 국가와 지방자치단체는 별표 1의 심리상담 서비스의 제공인력 자격기준을 갖춘 사람으로 하여금 돌봄지원등 및 심리부담해소프로그램 지원을 하게 할 수 있다.

출처: 국가법령정보센터(2019). 발달장애인 권리보장 및 지원에 관한 법률 시행규칙. http://www.law.go.kr

(3) 대상자

① 돌봄서비스 대상자

돌봄서비스 대상자는 만18세 미만 「장애인복지법」에 제시된 장애아와 생계·주거를 같이하는 전국가구평균소득 100% 이하인 가정이다. 맞벌이 가구의 경우는 맞벌이 합산소득의 20%를 감경하여 적용한다. 농어촌 등 지역적 특성에 따라 취업 증명 및 소득 증빙이 어려운 경우 지자체별 증명완화 기준을 마련해서 돌봄서비스 대상자를 선정하는 것이 가능하다. 그렇지만 감액된 소득액이 부부소득 중 낮은 소득액보다 많은 경우는 낮은 소득액만큼만 감액하여 가구 소득을 계산한다. 예를 들면, 부 소득 330만 원, 모 소득 70만 원일 경우, 합산소득의 25% 감액시 100만 원 감액이지만 실제 적용은 낮은 소득액 70만 원만 감액하여 가구 소득을 계산한다.

② 휴식지원프로그램 대상자

휴식지원프로그램 대상자는 소득기준에 상관없이 만18세 미만의 장애아동가족으로 돌봄서비스를 받지 않는 가정도 지원이 가능하다. 하지만 돌봄서비스를 받는 가정을 우선적으로 지원한다. 돌봄서비스를 받는 가정의 50% 이상에 휴식지원프로그램을 제공한다.

(4) 대상자 선정 절차

장애아동가족지원서비스를 필요로 하는 본인, 부모 또는 가구원, 대리인 및 복지담당공무원이 직원으로 신청할 수 있다. 다음은 대상자 선정 절차를 간단하게 정리해 놓은 것이다.

① 주민등록상 주소지 관할 읍·면·동 또는 시·군·구에 신청서를 접수한다.
② 시·군·구에서 소득조사 결과 및 기타 자격요건 조사·확인 후 대상자를 선정한다.

③ 시·군·구의 장애인 복지담당자가 대상자에게 선정 결과를 통지한다.

(5) 서비스 내용

① 돌봄서비스

돌봄서비스는 양육자의 질병, 사회활동 등 일시적 돌봄서비스 필요시 일정한 교육과정을 수료한 돌보미를 파견하여 장애아동을 보호하고 휴식을 지원하는 서비스이다. 장애아동의 가정이나 돌보미의 가정에서 돌봄서비스를 제공한다. 1명의 장애아동당 연 528시간 범위 내에서 선정된 가정이 사용하지 않은 잔여시간은 추가 선정하여 지원한다. 특별한 경우는 연장 지원이 가능하다. 예를 들면, 한부모가정, 조손가정, 장애부모가정, 다자녀가정, 출산모가정, 맞벌이가정, 양육자 질병 및 사고로 입원한 가정 등이 될 수 있다. 그리고 서비스제공 시간은 월 88시간 이내로 사용하는 것을 원칙으로 한다.

② 휴식지원프로그램

휴식지원프로그램은 가족관계 회복 및 돌봄노동 분담을 위해 장애아동가족 문화·교육프로그램, 휴식 박람회, 가족 캠프 등 휴식지원 프로그램을 지원하는 서비스이다. 돌보미를 통한 장애아동가족 상담서비스, 생활지도 등을 제공하고 자조모임 결성 등을 통해 양육의 어려움을 경감시키고 정보를 공유하도록 지원한다. 가족휴식지원 및 가족역량 강화 프로그램을 확대하기 위해 가족상담(치료) 프로그램과 부모교육, 비장애 형제자매교육, 가족관계 개선 등 가족교육프로그램을 지원한다.

(6) 서비스 제공 인력

장애아돌보미 자격 기준은 건강상태가 양호한 70세 이하 활동 가능한 자이다. 특수교사, 사회복지사, 재활관련·장애인복지 관련 전공자, 유사경력자에 해당하는 경우는 양성교육시간을 감면하여 적용한다. 장애아돌보미의 양성교육시간은 총 40시간으로 이론

30시간과 실습 10시간이다. 그리고 장애아돌보미로 활동한지 6개월 후부터는 연 8시간 보수교육을 의무적으로 참석하여야 한다.

3) 장애인활동지원 서비스

(1) 목적

장애인활동지원 서비스는 2007년 4월에 장애인 활동보조사업으로 시작하여 2011년 10월 「장애인활동지원제도에 관한 법률」이 제정되면서 '장애인활동지원 서비스'로 명칭이 변경되었다. 장애인활동지원 서비스는 신체적·정신적 장애 등의 사유로 혼자서 일상생활과 사회생활을 하기 어려운 장애인에게 활동지원급여 등을 제공하여 장애인의 자립생활을 지원하고 그 가족의 부담을 줄임으로써 장애인의 삶의 질을 높이는 것을 목적으로 한다.

(2) 추진근거

장애인활동지원 서비스는 「장애인활동지원제도에 관한 법률」 제1조에서 법적 근거를 제시할 수 있다. 그리고 「장애인복지법」 제53조 '자립생활지원'에서 '국가와 지방자치단체는 장애인의 자기결정에 의한 자립생활을 위하여 활동지원사의 파견 등 활동보조서비스 또는 장애인보조기구의 제공, 그 밖의 각종 편의 및 정보제공 등 필요한 시책을 강구하여야 한다.'라고 되어 있다. 다음 〈표 13-5〉는 「장애인활동지원제도에 관한 법률」 제1조 목적에 대한 내용이고 〈표 13-6〉은 「장애인복지법」 제53조 자립생활의 지원에 관한 내용이다.

〈표 13-5〉 「장애인활동지원제도에 관한 법률」 중 목적

제1장 총칙

제1조(목적) 이 법은 신체적·정신적 장애 등의 사유로 혼자서 일상생활과 사회생활을 하기 어려운 장애인에게 제공하는 활동지원급여 등에 관한 사항을 규정하여 장애인의 자립생활을 지원하고 그 가족의 부담을 줄임으로써 장애인의 삶의 질을 높이는 것을 목적으로 한다.

출처: 국가법령정보센터(2019). 장애인활동지원제도에 관한 법률. http://www.law.go.kr

〈표 13-6〉 「장애인복지법」 중 자립생활의 지원

제4장 자립생활의 지원

제53조(자립생활지원) 국가와 지방자치단체는 장애인의 자기결정에 의한 자립생활을 위하여 활동지원사의 파견 등 활동보조서비스 또는 장애인보조기구의 제공, 그 밖의 각종 편의 및 정보제공 등 필요한 시책을 강구하여야 한다.

출처: 국가법령정보센터(2019). 장애인복지법. http://www.law.go.kr

(3) 대상자

장애인활동지원서비스 대상자는 만6세 이상에서 만65세 미만의 「장애인복지법」의 기준에 따른 장애인이다. 연령은 신청일을 기준으로 판정하고 장애인활동지원서비스 수급자로 선정된 후에 만65세가 될 경우는 해당 월의 다음 달까지 수급자격을 유지한다. 장애인활동지원서비스 수급자였다가 만65세 이후에 「노인장기요양보험법」에 따른 장기요양급여를 받지 못하게 된 사람으로서 장애특성상 장애인활동지원서비스가 필요하다고 판단되어 장애인활동지원서비스를 희망하는 경우는 신청할 수 있다. 만65세 미만의 장애인활동지원서비스 수급자 또는 수급자였던 사람이 노인장기요양수급자가 된 경우에는 노인장기요양 인정등급을 포기하게 되면 장애인활동지원서비스를 신청할 수 있다. 시설

입소, 의료기관 입원 및 교정시설 또는 치료감호시설에 수용 중인 사람이 퇴소 또는 퇴원 1개월 전에 미리 장애인활동지원서비스를 신청할 수 있다. 장애인활동지원서비스는 소득 수준과 무관하게 신청이 가능하다. 다음 〈표 13-7〉은 「장애인활동지원제도에 관한 법률」 중 활동지원급여의 신청자격에 관한 내용이다.

〈표 13-7〉 「장애인활동지원제도에 관한 법률」 중 활동지원급여의 신청자격

제5조(활동지원급여의 신청자격) 활동지원급여를 신청할 수 있는 사람은 다음 각 호의 자격을 모두 갖추어야 한다. 〈개정 2017. 12. 19.〉
1. 혼자서 일상생활과 사회생활을 하기 어려운 장애인
2. 「노인장기요양보험법」 제2조 제1호에 따른 노인등이 아닌 사람으로서 대통령령으로 정하는 연령 이상인 사람. 다만, 이 법에 따른 수급자였다가 65세 이후에 「노인장기요양보험법」에 따른 장기요양급여를 받지 못하게 된 사람으로서 보건복지부장관이 정하는 기준에 해당하는 사람은 신청자격을 갖는다.
3. 활동지원급여와 비슷한 다른 급여를 받고 있거나 「국민기초생활 보장법」 제32조에 따른 보장시설에 입소한 경우 등 대통령령으로 정하는 경우에 해당하지 아니하는 사람

출처: 국가법령정보센터(2019). 장애인활동지원제도에 관한 법률. http://www.law.go.kr

(4) 대상자 선정 절차

장애인활동지원서비스는 활동지원급여를 받으려는 사람 또는 수급자가 신체적·정신적 사유로 신청한다. 수급자격의 갱신 신청 또는 활동지원등급 변경 신청을 직접할 수 없는 경우는 신청인 가족이나 친족 및 그 밖의 관계인 사회복지전담 공무원 등 대리인이 신청할 수 있다.

① 신청장소는 급여 대상 장애인의 주민등록상 주소지 읍·면·동에 신청서를 접수한다.
② 읍·면·동은 신청서 내용 및 구비서류를 확인하고 신청자격이 있는 경우 접수 등록 후 행복e음을 통해 시·군·구로 전송한다.
③ 시·군·구는 읍·면·동으로부터 전송받은 신청자를 행복e음을 통해 공단으로 전송한다.

(5) 활동지원급여

장애인활동지원서비스의 활동지원급여의 종류는 활동보조, 방문목욕, 방문간호로 3가지이다.

- 활동보조: 활동지원사가 수급자의 가정 등을 방문하여 신체활동, 가사활동 및 이동보조 등을 지원하는 것이다.
- 방문목욕: 활동지원인력이 목욕설비를 갖춘 장비를 이용하여 수급자의 가정 등을 방문하여 목욕을 제공하는 것이다.
- 방문간호: 활동지원인력인 간호사 등이 의사, 한의사 또는 치과의사의 지시서(이하 "방문간호지시서"라 한다)에 따라 수급자의 가정 등을 방문하여 간호, 진료의 보조, 요양에 관한 상담 또는 구강위생 등을 제공하는 것이다.

(6) 활동지원인력

① 활동보조는 활동보조인 교육기관에서 교육과정을 수료한 사람이거나 「노인복지법」에 따른 요양보호사, 「사회복지법」에 따른 사회복지사, 「의료법」에 따른 간호사·간호조무사 및 유사 경력자 중 이론 및 실기 32시간과 현장실습 10시간을 이수한 사람이다. 「장애인활동지원제도에 관한 법률」 제27조 제1항 활동보조인 교육과정에는 장애 8시간, 활동보조인 15시간, 실천 17시간, 현장실습 10시간을 이수해야 한다고 되어 있다.

② 방문목욕은 「노인복지법」에 따른 요양보호사 중 1급 자격증을 소지한 사람이다.

③ 방문간호는 「의료법」에 따른 간호사로서 2년 이상의 간호업무 경력자, 「의료법」에 따른 간호조무사로서 3년 이상의 간호보조업무 경력자 및 「노인장기요양보험법 시행령」 제11조 제3호 나목에 따른 교육이수자, 「의료기사 등에 관한 법률」에 따른 치과위생사이다. 다음의 〈표 13-8〉은 「장애인활동지원제도에 관한 법률」 중 활동지원인력에 관한 내용이다.

〈표 13-8〉 장애인활동지원에 관한 법률 중 활동지원인력

제5장 활동지원인력

제26조(활동지원인력의 요건 등)

제16조 제1항 각 호에 따른 활동지원급여의 종류별 활동지원인력의 범위·업무 및 교육 등에 필요한 사항은 대통령령으로 정한다.

제27조(활동보조인)

① 제16조 제1항 제1호에 따른 활동보조급여를 제공하는 활동지원인력(이하 "활동보조인"이라 한다)이 되려는 사람은 제28조 제1항에 따른 활동보조인교육기관에서 교육과정을 수료하거나, 대통령령으로 정하는 일정 자격을 갖추어야 한다.
② 제1항에 따른 활동보조인의 교육과정, 교육내용과 그 밖에 필요한 사항은 보건복지부령으로 정한다.

제27조(활동지원사)

① 제16조 제1항 제1호에 따른 활동보조급여를 제공하는 활동지원인력(이하 "활동지원사"라 한다)이 되려는 사람은 제28조 제1항에 따른 활동지원사교육기관에서 교육과정을 수료하거나, 대통령령으로 정하는 일정 자격을 갖추어야 한다.
② 제1항에 따른 활동지원사의 교육과정, 교육내용과 그 밖에 필요한 사항은 보건복지부령으로 정한다.

출처: 국가법령정보센터(2019). 장애인활동지원에 관한 법률. http://www.law.go.kr

2. 개인별지원계획

1) 개인별지원계획의 정의

「발달장애인 권리보장 및 지원에 관한 법률(약칭: 발달장애인법)」의 개인별지원계획(Individualized Support Plan: ISP)은 인간을 각기 다른 주체로 보고 발달장애인과 가족의 다양한 욕구를 고려하여 발달장애인의 생애주기에 맞춰 욕구에 적합한 서비스를 체

계적이고 통합적으로 지원하기 위한 계획이다(윤용현, 정연수, 2018). 발달장애인법 제18조에서는 발달장애인 개인의 특성을 고려한 복지서비스를 제공받을 수 있도록 개인별 복지서비스에 관한 개인별지원계획을 수립하여야 한다고 되어 있다. 또한 개인별지원계획이란 서비스 이용자와 가족의 복합적 욕구를 고려하여 생애주기에 따라 욕구에 맞는 서비스를 통합적으로 지원하기 위한 계획이다(김성천 외, 2012; 이승기, 김지우, 2015 재인용).

2) 개인별지원계획 수립 원칙

발달장애인지원센터 사업 안내에서 개인별지원계획의 수립 원칙은 8가지이며, 자세한 내용은 다음과 같다(보건복지부, 2018).

① 발달장애인 중심의 계획 수립: 개인별지원계획은 발달장애인의 개별화된 특성과 생애 주기별 욕구에 기반을 두어 수립한다.

② 강점관리 기반의 계획 수립: 개인별지원계획은 발달장애인과 가족의 강점에 기반을 두어 수립한다.

③ 발달장애인의 참여 보장: 개인별 지원계획의 수립 과정에 발달장애인에게 적합한 의사소통의 방식으로 의견 진술의 기회를 충분히 제공함으로써 발달장애인의 참여를 전적으로 보장한다.

④ 발달장애인에게 적합한 의사소통 지원: 의사소통에 어려움이 있거나 제한이 있는 발달장애인에게 읽고 이해하기 쉬운 자료 및 정보를 제공하고 필요에 따라 보완대체 의사소통을 지원하는 등 발달장애인의 의사소통에 제한이 없도록 적합한 의사소통을 지원한다.

⑤ 개인별지원계획 내용에 대한 자기결정권: 개인별지원계획 수립 시 발달장애인의 의사결정권을 존중하고, 발달장애인이 욕구에 기반한 자기 선택권을 행사할 수 있도록 기회를 충분히 제공한다.

⑥ 지역사회 통합 지향: 개인별지원계획 수립은 지역사회에 발달장애인이 완전히 통합되어 한명의 인격체로서 온전히 살아갈 수 있도록 지원하는 방향으로 수립될 수

있도록 지향한다.
⑦ **지역사회 서비스의 총체적 연계**: 개인별지원계획 수립 시 발달장애인이 이용 가능한 지역사회의 공공 및 민간 복지서비스를 최대한 활용하고 연계할 수 있도록 지원한다.
⑧ **개인별지원계획 수립의 보편성**: 필요에 의해 개별화지원계획 수립을 신청하는 모든 발달장애인에게 예외없이 개인별지원계획을 수립하여 지원한다.

3) 개인별지원계획 수립 절차

「발달장애인법」 중 제19조 개인별지원계획의 수립 절차는 다음과 같다.

① 특별자치시장·특별자치도지사·시장·군수·구청장은 개인별지원계획의 수립을 신청받은 경우 대상자 선정 여부 및 복지서비스 내용을 결정하여 지역발달장애인지원센터의 장에게 개인별지원계획의 수립을 의뢰하여야 한다.
② 지역발달장애인지원센터의 장은 개인별지원계획의 수립을 의뢰 받은 경우 제1항에 따라 결정된 복지서비스의 범위에서 발달장애인 및 그 가족의 특성을 고려하여 복지서비스의 내용, 방법 등이 포함된 개인별지원계획을 수립하여야 한다.
③ 개인별지원계획을 수립할 때에는 발달장애인에게 적합한 의사소통의 방식으로 의견진술의 기회가 충분히 제공되어야 한다.
④ 지역발달장애인지원센터의 장은 복지서비스 대상자에 대하여 수립된 개인별지원계획의 승인을 특별자치시장·특별자치도지사·시장·군수·구청장에게 요청하여야 하며, 개인별지원계획은 특별자치시장·특별자치도지사·시장·군수·구청장의 적합성 심사를 거쳐 승인을 받는다.
⑤ 지역발달장애인지원센터의 장은 개인별지원계획의 적합성 심사 결과를 발달장애인 및 그 보호자에게 통보하여야 한다.
⑥ 개인별지원계획을 통보받은 발달장애인과 그 보호자는 발달장애인의 복지 욕구를 고려하여 개인별지원계획의 변경·수정을 지역발달장애인지원센터의 장에게 신청

할 수 있다.

⑦ 개인별지원계획을 변경·수정하는 경우에는 4번과 5번의 과정을 다시 진행한다.

3. 협력적 팀 접근

1) 정의

협력적 팀 모델을 정의하면 '하나의 공동의 목표를 향하여 2명 혹은 그 이상의 사람이 함께 일하는 것'이다. 이 정의에서 '일한다는 것'은 목표 설정, 문제 판별, 진단평가, 정보 교환, 브레인스토밍, 문제 해결, 계획 수립·실시·평가 등을 포함한다. '함께 일한다는 것'은 공유된 가치를 기반으로 일하는 것에 동의하고 자신들의 자원과 보상을 모으고 참여하기로 동의한 팀 구성원들 사이에 존재하는 '긍정적 상호의존성'을 의미한다. 팀의 '공동의 목표'라는 것은 한 개인 구성원에 의해 결정된 것이 아닌 팀 구성원들이 상호적으로 동의에 이른 목표를 의미한다(Snell & Janney, 2000; 박승희, 장혜성, 2003 재인용).

협력적 팀 구성은 '통합학교를 만드는 접착제'로서 통합교육 프로그램의 핵심이다. 개별 아동을 위한 교육 프로그램과 특수교육 지원을 계획하고 실행하는 것은 협력팀에 의해서 가능하다(Snell & Janney, 2000). 협력적 팀 구성은 일반교육과 특수교육의 이원적 체제를 단일화시키는 도구이다(Hunt et al., 2002). 협력적 팀 구성은 특수교사와 일반교사에게 '일반교육과 특수교육의 이원적 체제를 요구하지 않고 개별화 학습을 위한 새로운 방법을 일반화하기 위한 지식과 기술을 공유하기 위해' 지속적인 기회를 제공한다. 효율적인 협력적 팀 접근 과정은 긍정적인 일대일 상호작용, 이슈에 맞춘 구조화, 수행과 점검, 명확한 개인별 책무성을 내용으로 한다(Saliabury, Evans, & Palombaro, 1997).

2) 장점

협력적 팀 접근 중재와 교육환경 기반 치료지원은 가정이나 학교, 지역사회 내에서 자연스러운 학습기회 동안 아동의 기능을 증진시키기 위하여 교육적 일과활동 내에 다양한 특수교육 관련서비스 영역이 실제적으로 통합되어, 모든 관련서비스들이 교육프로그램과 연계되어 자연스러운 맥락에서 장애아동의 효과적인 교육과 치료를 지원할 수 있다 (강혜경, 박은혜, 2006; Hunt et al., 2002; Parette et al., 2001).

교사와 치료사 간의 협력적 팀 접근 중재에서의 통합된 환경에서 치료를 제공하므로 다음과 같은 장점이 있다.

(1) 자연적인 동기유발이 가능하다.
(2) 의미 있는 상황에서 실제적인 기술을 반복하여 연습할 수 있는 기회가 제공되므로 기술 습득에 더 효과적이다.
(3) 다양한 환경에 걸친 기술의 일반화를 도모할 수 있다.

교사와 치료사가 협력하여 교실 내로 치료 서비스를 통합하여 지속적으로 협력적 팀 접근 중재를 제공할 때, 아동들은 교육 및 서비스를 효과적으로 받았다고 느낀다는 연구 결과는 협력적 팀 접근 중재 실행의 필요성을 지지한다.

협력적 팀 접근의 장점을 정리하면 다음과 같다.
(1) 공유된 결정은 더 나은 결정과 결과를 산출하는 것으로 보인다.
(2) 교사와 행정가 모두들 공유된 의사결정과 공유된 힘에 의하여 동기가 유발되는 것으로 보인다.
(3) 협력적 팀은 교사들의 직무만족도를 향상하고, 교사들은 그들의 자원과 전문적 기술을 정기적으로 교환하는 것, 소속감, 고립되지 않는 것, 지적인 자극을 즐기는 것으로 보고된다.
(4) 팀 구성원들 각자는 계획을 수립하는데 도구적 기능을 하고, 그들은 계획의 실행

과 성공에 더욱 헌신적인 것으로 보고된다.

(5) 의사소통과 협력적 기술들은 오늘날 대부분 직업에서 효율적이기 위하여 필수적인 능력으로 여겨진다(Snell & Janney, 2000; 박승희, 장혜성, 2003에서 재인용).

3) 모델

팀 구성원으로 부모를 포함하여 특수교사, 의사, 간호사, 영양사, 심리검사자, 작업치료사, 물리치료사, 언어치료사, 사회복지사 등이 포함될 수 있다. 부모와 전문가들이 하나의 팀을 구성하여 특수교육대상자를 진단·평가하고 또한 교육과 치료도 할 수 있다. 이러한 협력적 팀 접근의 모델은 간 영역, 다 영역, 초 영역 모델이 있는데 세 가지 모델 중 하나의 모델만 사용하는 것이 아니라 서로 혼합하여 사용할 수 있다.

〈표 13-9〉 협력적 팀 접근의 모델

	간 영역모델	다 영역모델	초 영역모델
진단	팀 구성원들 각자에 의한 개별적인 진단·평가	팀 구성원들 각자에 의한 개별적인 진단·평가	팀 구성원들과 가족이 함께 발달에 대한 포괄적인 진단·평가
부모 참여	부모들이 팀 또는 팀 대표자와 만남	부모들이 개별 팀구성원들을 만남	부모들이 팀의 구성원으로서 완전히 적극적으로 참여
서비스 개발	팀 구성원들이 각각의 계획에 대해 서로 나눔	팀 구성원들이 각 분야에 대해 분리된 계획을 개발	팀 구성원들과 부모들이 가족의 우선 순위와 욕구, 자원에 기초하여 서비스 계획을 개발
서비스 계획 책임	팀 구성원들은 정보를 서로 나눌 뿐 아니라 계획 중 자신의 부분을 실행하는 것에 책임이 있음	팀 구성원들은 계획 중 특정 부분을 실행하는데 책임이 있음	팀 구성원들은 주 서비스 계획을 어떻게 실행하는가에 책임이 있음
서비스 계획 실행	팀 구성원들은 계획의 자신의 부분을 실행하며 가능하면 다른 부분들과 협응함	팀 구성원들은 자기 분야와 관련된 서비스 계획의 부분을 실행	주 서비스 제공자는 계획을 가족과 함께 실행하도록 할당함

의사소통 통로	특정 사례에 대한 정기적인 팀 모임	비공식적 통로	팀 구성원들 간에 정보, 지식, 기술들의 지속적인 전이가 공유되는 정기적인 팀 모임
지침이 되는 철학	팀 구성원들은 전체 서비스 계획의 부분이 되는 서비스를 기꺼이 개발하고, 나눌 수 있고, 제공하는데 책임질 수 있음	팀 구성원들은 다른 분야의 공헌의 중요성을 인식	팀 구성원들은 일원화된 서비스 계획을 실행하기 위해 학문의 경계를 넘어 서로 교수하고, 배우고, 일하는 데 헌신함
인적자원 개발	각 분야 내에서 독립적 개발뿐만 아니라 분야 밖에서도 개발	각각의 분야 내에서 독립적으로 개발	분야들 간의 배움과 팀을 공고히 하기 위한 모임의 필수적인 한 구성요소

출처: 장혜성, 김수진, 김지영(2016). 기능적 기술 습득을 위한 개별화교육프로그램의 실제. 경기도: 교육과학사.

학습평가

1. 사회서비스에 대해서 기술할 수 있는가?
2. 개인별지원계획에 대해서 설명할 수 있는가?
3. 협력적 팀 접근에 대해서 서술할 수 있는가?

참고 문헌

강혜경, 박은혜(2006). 특수교사와 치료교사 간 협력적 접근을 통한 교실중심 언어중재가 장애유아의 의사소통에 미치는 영향. 특수교육학연구, 41(2), 173-197.

박승희, 장혜성(2003). 교시중심 언어중재를 위한 교사와 언어치료사의 협력적 역할 수행. 한국언어청각임상학회, 8(1), 117-143.

장혜성, 김수진, 김지영(2016). 기능적 기술 습득을 위한 개별화교육프로그램의 실제. 경기도: 교육과학사.

Hunt, P., Soto, G., Marier, J., Muller, E., & Goetz, L. (2002). Collaborative teaming to support students with AAC needs in general education classroom. *Augmentative and Alternative Communication*, 18(1), 20-35.

Parette, H. P., Huer, M. B., Brotherson, M. J. (2001). Related Service Personnel Perceptions of Team AAC Decision-Making Across Cultures. *Education and Training in Autism and Developmental Disabilities*, 36(1), 69-82.

Saliabury, C. L., Evans, I. M., & Palombaro, M. M. (1997). Collaborative problem-solving to promote the inclusion of young children with significant disabilities in primary grades. *Exceptional Children*, 63(2), 195-209.

Snell, M. E., & Janney, R. (2000). *Collaborative teaming: Teacher's guides to inclusive practices*(2nd Eds.). Baltimore: Paul H. Brookes.

http://broso.or.kr/mainpage.do.

http://www.law.go.kr/

14장 보조공학의 활용

> **학습목표**
> 1. 보조공학의 필요성을 알고 그 활용법을 설명할 수 있다.
> 2. 장애아동 대상 교육 및 생활 지원을 위한 보편적 설계에 대한 개념을 이해할 수 있다.
> 3. 장애아동 대상 AAC의 개념과 구성을 이해하고 그에 따른 전략을 수립할 수 있다.

'공학'이라 하면 우리는 쉽게 '기술'이나 '기계' 등을 떠올린다. 기술, 과학, 그리고 인터넷의 발전은 그동안 영화에서나 볼 수 있었던 것들을 현실에서 가능하게 해주고 있다. 영국의 천체물리학자 스티븐 호킹은 루게릭병으로 말을 못 하는 것은 물론이고 신체기능도 거의 마비된 상태였지만 보조공학의 도움으로 세계 각국에서 강연과 연구를 하며 많은 연구업적을 남겼다. 이러한 보조공학의 발전은 인간을 돕기 위한 기술로, 개인이 장애로 인해 포기했던 능력을 다시 펼칠 수 있는 기회를 열어줌으로써 장애인들의 희망이 되고 있다.

1. 보조공학의 이해

「장애인 등에 대한 특수교육법」 제2조 제2항에서는 장애아동이 장애로 인한 신체적 어려움이나 학습할 때 쉽게 이해할 수 있도록 제공하는 서비스로 보조공학기기 지원·학습보조기기 지원·정보에 접근할 수 있는 권한을 제공하도록 하고 있다. 또한 제28조에 보조공학 지원에 필요한 장애인용 각종 교구, 학습보조기, 보조공학기기 등의 설비 제공과 장애아동의 장애 유형에 적합한 정보를 제공할 것을 학교장에게 권고하고 있기도 하다. 시행령 제16조에는 통합교육 현장에서도 정보접근을 위한 기기(PC 등), 의사소통을 위한 보완대체도구 등 교재·교구를 갖추어야 한다고 명시하고 있으나 실질적으로 현장에서 느끼는 보조공학은 법 제도처럼 되지 않는 것이 현실이다. 보조공학이란 무엇이며 보조공학의 그 유형에는 어떤 것이 있는지 알아보고 그 필요성에 대해 생각해 보자.

1) 보조공학의 개념

'보조공학(Assistive Technology)'은 말 그대로 '도와주는 기술', '도와주는 기계'가 된다. 즉 장애가 있는 신체 부위가 기능을 할 수 있도록 돕거나 지원하여 전자기기 및 PC 등을 통한 정보 검색 가능, 앉기나 자세 바꾸기, 몸의 이동, 화장실 가기, 식사 등의 일상생활이 가능하게 하거나 보다 효과적으로 할 수 있게 돕는 모든 기술적·공학적·과학적 방법 및 서비스를 말한다. 이러한 보조공학의 정의는 일반적으로 미국의 장애인교육법에서 규정하는 것을 따르며, 그에 따라 보조공학을 보조공학기기와 보조공학 서비스로 나누어 정의한다.

직접적으로 장애의 기능을 개선시키거나 유지시켜 주는 어떤 보조적인 도구를 제작하거나 기존에 장치를 변형하여 만든 것을 '보조공학기기'라고 부른다. 보조공학기기는 컴퓨터를 기반으로 한 첨단장치에서부터 교사나 보호자가 필요에 따라 그때 그때 만든 간단한 제작품까지 광범위하게 포함한다. 보조공학기기는 발전된 기능을 어느 정도로 이용했느냐에 따라 첨단 공학(high technology) 기기, 일반 공학(medium technology) 기기, 노 테크(no technology)로 나눌 수 있다. 첨단공학 기기는 태블릿PC, 인공지능과 같은 디지털 기반의 기기나 도구이다. 일반 공학 기기는 전동휠체어와 같은 전기제품이나 지체장애아동이 사용하기 쉽도록 손잡이가 변형된 숟가락, 손잡이가 두 개이거나 혹은 각도가 일반적인 컵과 다른 물컵 등이 여기에 속한다. 노 테크는 기기나 도구의 사용 방법 혹은 그것을 이용한 치료요법 등의 형태나 서비스들을 말한다.

이러한 보조공학기기와 서비스는 장애아동이 가지고 있는 개인별 특징과 요구, 배치된 환경, 생활 및 활동 상황 등을 고려해서 Wisconsin Assistive Technology Initiative(WATI), National Assistive Technology Research Institute(NATRI), Washington Assistive Technology Alliance(WATA) 등 세 가지 유형으로 분류하여 장애아동들의 신체적·인지적 특성과 기능적 요구, 학교와 가정, 지역사회 환경 등을 고려해서 보조공학을 분류하고 있다.

WATI(2003)에서는 쓰기, 의사소통, 읽기, 학습, 수학, 레크리에이션 및 여가, 일상생활, 이동, 환경조정, 자세잡기, 앉기, 보기, 듣기 등으로 장애아동의 일상생활 속에서 요구되는 지원활동을 중심으로 보조공학을 분류하고 있다. 보조공학의 유형을 일상생활 지원 기기, 보완대체의사소통 기기, 컴퓨터 사용 및 접근, 환경조정시스템, 가정과 작업장 환경 개조, 보철 및 보조 기기, 착석 및 자세 지지 그리고 동물을 이용한 지원 서비스, 듣기 지원 도구, 휠체어 및 이동 지원 기기, 수정된 교통수단 등으로 분류하고 있다. NATRI(2003)에서는 보조공학을 장애아동의 전반적인 활동 영역에 따라 분류함으로써 기초생활을 지원하는 일상 생활 지원, 여행과 이동을 지원, 주변 환경을 적절히 조절할 수 있는 환경과의 상호작용 활동 지원, 의사소통의 지원 및 대체, 신체를 보호하고 자세를 지지하고 유지하기 위한 지원, 교육과 전환, 운동과 체력관리 및 여가생활에서 활용 가능한 보조공학 등으로 정리하고 있다. WATA(2003)에서는 일상생활을 지원하거나 보완대체의사소통, PC 사용과 사용을 위한 접근, 환경조정시스템, 가정과 작업장의 환경 개조, 보철 및 보조 기기, 착석과 자세 지지, 동물을 이용한 지원 서비스, 듣기 지원 도구, 휠체어 및 이동 지원 기기(교통수단) 등으로 분류하고 있다.

이러한 연구들을 토대로 보조공학의 유형을 분석해 보면 보조공학기기와 서비스는 보완대체의사소통과 PC 사용을 위한 접근, 보고 듣기, 환경 조정, 놀이와 여가생활, 앉기와 자세 관련, 기초적인 일상생활 지원, 이동 등으로 나눌 수 있다. 이를 통해 보조공학이 장애로 인해 손실된 신체기능을 대신해 주거나 지원해 주는 효과가 크다는 것을 알 수 있다. 시각장애아동이 사물을 볼 수 있고, 의사소통이 불가능했던 장애아동이 의사소통이 가능해지면 사회생활에 도전해 볼 수 있게 되고, 보호자나 회사에서 떨어진 먼 곳으로 여가활동도 가능해질 수 있으며, 결국 혼자만의 독립적인 생활도 현실화될 수 있다. 이는 장애로 인해 낮아진 자존감과 여러 가지 감정들이 다시 살아나고 자신을 돌아보게 한다. 자신의 삶의 활동 범위를 넓히고 활동의 종류가 다양해져 삶의 가치가 높아진다.

보조공학 덕분에 장애아동들은 참여 가능한 교수·학습활동의 영역이 더 많아지고 다양해져 긍정적인 발전의 기회와 사회·문화적 경험을 더 많이 얻게 되었다. 또한 소근육이나 눈과 손을 이용한 협응기술, 말하거나 집중력이 필요하여 신체부위에 자극을 주게 되면서 신체발달에 영향을 주기도 한다. 일반적으로 보조공학기기들은 장애아동들의 신체활동기능에 중점을 두고 설계되어 일상생활에서 누구의 도움 없이 생활이 가능하도록 발전하고 있으며, 가족들이 함께 어울릴 수 있게 되면서 가족들의 정서에도 긍정적인 영향을 주는 등 보조공학은 많은 장점을 가지고 있다.

2) 장애인 보조공학기기 지원사업

국내에서는 장애인의 고용을 활성화하기 위해서 보조공학적 지원에 관한 법률로 「장애인고용촉진 및 직업재활법」으로 장애인 지원에 대한 사업주의 지원 내용을 명시하고 있다. 장애인을 고용하거나 고용하고자 하는 사업주에 대해 시설, 장비의 구입, 설치, 수리 등에 소요되는 비용, 장애인의 직업생활에 필요한 보조공학기기 또는 장비, 고용관리를 위한 장애인 직업생활상담원, 작업지도원 또는 수화통역사 등을 배치하고 그에 따른 비용, 그 밖에 각각의 법률에 준하는 고용에 필요한 비용이나 기기에 대한 융자 혹은 지원이 가능하도록 하는 법을 지정하여 실시 중이다. 현재 국내 보조공학 서비스를 실시 중인 센터 및 기관은 보건복지부 보조 기기센터, 고용노동부 산하 한국장애인고용공단, 근로복지공단, 보조공학 서비스센터 등이 있다.

2. 보편적 설계의 이해와 활용

지금까지 장애아동을 조력할 수 있는 보조공학의 개념과 유형에 대해 알아보았다. 이러한 보조공학이 모든 장애영역의 아동에게 도움이 되기 위해서는 생필품, 가구, 건물, 웹 사이트, 마우스를 이용할 때, 일반아동들과 동등하게 같은 용도로 이용할 수 있도록 제작될 수 있는 보편적 설계 원리가 필요하다. 이러한 보편적 설계 원리의 근간을 이룬 개념들과 현재 보조공학에 널리 이용되고 있는 보편적 설계 원리를 알아보도록 한다.

1) 웹 접근성, 웹 사용성의 개념

"누구에게 접근하지 마!"라는 표현을 어디서든지 한 번쯤 접해 보았을 것이다. 이때 '접근'이란 말은 '다가간다'는 의미 정도로 유추해 볼 수 있다. '접근성(Accessibility)'이란 개념을 여러 논문을 종합해서 정리해 본 결과, 대체로 '사용편의성의 하위개념 정도'로 정의할 수 있다. 또한 국제표준화기구(International Standards Organization: ISO)는 시설과 서비스에 대해 각각의 특정한 배경을 가진 이용자가 필요로 하는 보편적인 요구사항이라고 정의했다(Nielsen, 1993). 그렇다면 웹 접근성(Web Accessibility)은 어떤 웹 사이트를 방문하든지 환경, 특성, 신체적 결함도 다른 사람이 웹 사이트를 이용해서 정보를 얻을 수 있어야만 웹 접근성이 보장된다고 할 수 있을 것이다. 나날이 발전된 IT기술 환경에서 웹 사이트는 날로 화려해지고 복잡해지고 있지만 정작 정확한 정보를 전달해야 하는 기본적인 기능을 놓칠 뿐만 아니라 정보에 대한 접근성이 떨어져 정보를 접할 수 없는 사람이 늘 수 있다. 이를 예방하고자 정부에서는 지난 2013년부터 공공기관과 모든 법인이 제공하는 웹 사이트에 대한 접근성 준수를 의무화 했다. 이것은 법적인 내용을 떠나 사회의 동등한 소비자인 장애인과 고령자에게 동일한 서비스를 제공하자는 사회의 보편적 가치에서 시작된 것이다(한국웹접근성평가센터, www.kwacc.or.kr).

그러나 국내의 많은 연구에서 웹 접근성 평가만으로 장애인의 웹 이용의 편의성을 증가시키는 것에 한계가 있다는 결과가 나타났고(송창수, 2009; 오군석, 2008), 웹 사이트의 편의성을 검증할 수 있는 또 하나의 평가기준이 된 것이 바로 웹 사용성(Web Usability)이다. 웹 사용성은 누구든지 사용할 수 있어야 한다는 것이 핵심이므로 '사람들이 얼마나 빨리 사용 방법을 배우는가?', '사용해 보니 오류의 수가 많은가?', '사용자들이 좋아하는가?', '다른 사이트에 비해 효율적인가?' 등이 평가기준이 되는 것이다.

장애아동이 웹 사이트를 좀 더 쉽게 사용하기 위해서는 사용성 측면도 유의해야 겠지만 접근성 측면도 균등하게 배려함으로써 모든 사람이 접근가능하고, 사용하기 좋은 웹 환경이 될 수 있는 것이다.

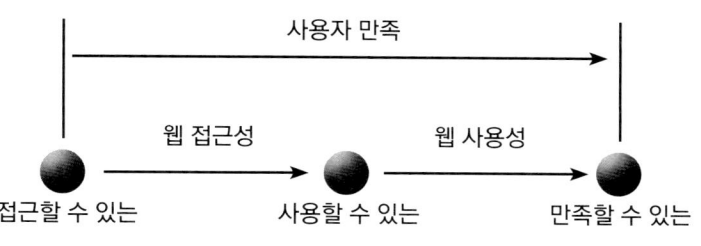

[그림 14-1] 웹 접근성과 웹 사용성

출처: 고광필(2009). 유니버설 디자인에 기초한 웹 인터페이스 개인화의 사용자 만족 연구.

2) 보편적 설계의 개념

보편적 설계(Universal Design)라는 개념은 건축학에서 유래되어 주로 건축물이나 생산품, 사람들이 생활하는 환경 등을 설계할 때 적용해 왔으나 1990년 이후에 장애인을 포함한 모든 사용자의 편리함과 접근성을 보장하기 위해서 하나의 운동처럼 일어난 것이다. 보편적 설계는 처음에는 일상생활과 가장 맞닿은 건물 설계에서 시작되었고, 그 뒤에는 유아기부터 노년기까지 인간이 이용하는 많은 다양한 생활환경에 대한 접근성의 개념이 보편적 설계의 기본적인 생각을 이루게 되었다(Bowe, 2000). 그리고 이러한 생활 환경에서 좀 더 편리하게 살 수 있도록 하는 사용성(usability)의 개념이 접목되었다(Bowe, 2000; Center for Universal Design, 1997). 즉 공장에서 만들어지는 상품부터 우리가 이용하는 서비스, 인터넷 환경의 사용성 등 가능한 한 모든 사람들에게 최대한 맞춘 설계이며, 연령, 장애, 상황에 관계없이 전체 사람들의 사용성을 향상시킬 목적으로 만든 것이다. 노스캐롤라이나 주립대학의 보편적 설계 센터(Center for Universal Design of North Carolina University) 설립자인 Mace는 실제 소아마비 장애인이다. 그는 장애인으로 실제 살아가면서 겪은 어려움에서 얻은 아이디어로 7가지 보편적 설계 원리와 30개의 설계 지침을 개발하게 되었다고 한다.

〈표 14-1〉 보편적 설계 원리(Center for University Design, 1997)

원리	지침
1. 공평한 사용 (Equitable Use) 다양한 능력을 가진 사람들에게 유용하게 사용될 수 있는 설계	1a. 모든 사용자들이 똑같이 사용할 수 있는 방법을 제공한다. 가능하면 동일한 것이고 그렇지 못할 경우에는 동등한 것으로 제공한다. 1b. 어떤 사용자도 분리되거나 낙인이 되지 않도록 한다. 1c. 모든 사용자들에게 사적 자유, 보호, 안전이 똑같이 확보되는 설비를 제공한다. 1d. 모든 사용자에게 매력적으로 설계한다.
2. 사용시 융통성 (Flexibility in Use) 개별적으로 다양한 선호와 능력에 따라서 조정할 수 있는 설계	2a. 사용방법에서 선택 사항을 제공한다. 2b. 오른손잡이나 왼손잡이 학생 모두 접근해서 사용할 수 있도록 한다. 2c. 사용자의 정확성을 촉진시킨다. 2d. 사용자의 속도에 맞추어 적응된 양식을 제공한다.

3. 단순, 직관적인 사용 (Simple and Intuitive Use) 사용자의 경험, 지식, 언어기술, 현재 관심의 수준에 관계없이 이해하기 쉬운 설계	3a. 불필요한 복잡성을 제거한다. 3b. 학습자의 기대와 직관에 일관되게 제시한다. 3c. 독해 및 언어능력의 다양한 수준에 맞게 조정하도록 한다. 3d. 일관된 중요도로 정보를 배열한다. 3e. 과제수행 동안과 이후에 효과적인 촉진과 피드백을 제공한다.
4. 인식 가능한 정보 (Perceptible Information) 상황이나 사용자의 감각 능력에 상관없이 필요한 정보가 효과적으로 전달되는 설계	4a. 필수 정보는 여러 형태(그림, 구어, 촉각 등)를 사용하여 중복적으로 제시한다. 4b. 필수적 정보와 배경 간에 적절한 대비가 이루어지도록 한다. 4c. 필수 정보의 가독성(legibility)을 최대화한다. 4d. 요소들의 제시 방법을 차별화하여 중요한 정보가 명확하게 전달될 수 있도록 한다. 4e. 감각장애 학생들이 사용하는 다양한 기술이나 장비들과 호환성을 갖도록 한다.
5. 오류에 대한 포용성 (Tolerance for Error) 우연적이거나 의도하지 않은 행동에 의한 부정적 결과나 위험을 최소화하기	5a. 위험이나 오류를 최소화하도록 요소들을 배치한다. 많이 사용하는 요소는 가장 근접하게 배치하고, 오류요소들은 제거, 분리, 가리도록 한다. 5b. 위험이나 오류에 대해 경고한다. 5c. 오류를 방지할 수 있는 도움을 제공한다. 5d. 주의해야 하는 과제에서 무의식적인 반응이 나오지 않도록 한다.
6. 적은 신체적 노력 (Low Physical Effort) 최소한의 노력으로 효율적이고 편리하게 사용될 수 있는 설계	6a. 신체 자세를 바르게 유지할 수 있도록 한다. 6b. 조작을 위해 적절한 힘을 사용하도록 한다. 6c. 반복적인 행동을 최소화한다. 6d. 지속되는 신체적 노력을 최소화한다.
7. 접근과 사용을 위한 크기와 공간(Size and Space for Approach and Use) 사용자의 신체 크기, 위치, 이동성에 상관없이 접근, 도달, 조작, 사용할 수 있는 적절한 크기와 공간	7a. 앉거나 서있는 사용자에게 중요한 요소들이 명확하게 보이도록 한다. 7b. 앉거나 서있는 사용자가 모든 요소들에 편리하게 접근할 수 있도록 한다. 7c. 손의 크기와 손을 쥐는 정도에 따라 조정할 수 있도록 한다. 7d. 보조 장비나 개인적 지원을 사용할 수 있는 적절한 공간을 제공한다.

3) 웹 인터페이스의 보편적 설계

우리는 웹 인터페이스라는 공간은 검색만 하는 것이 아니라 사용자와 사용자 간에 상호작용을 하기도 하고, 웹 환경에서 사용자가 어떤 선택을 하는가에 따라 다양한 형태의 인터페이스가 생기기도 한다. 즉 웹 환경에서 장애를 가진 사용자는 자신이 의도하는 대로 컴퓨터나 출력 장치를 사용하는 데 어려움이 생길 수 있다는 것이다. 다시 말하면 이것은 웹 사이트에 대한 접근성의 문제로 보고 장애아동들이 자신에게 필요한 웹 콘텐츠에 쉽게 접근하여 원하는 정보를 획득하거나 편리하게 활용할 수 있는지의 여부, 즉 웹 접근성을 고려한 후, 신체적·정신적 제약으로 인해 사이트를 이용하는 데 어려움을 겪고 있는 장애아동의 웹 사용성 문제를 해결하여야 하는 것이다.

한편 웹 사이트 중에서 교육 관련 사이트의 경우 '교육에서의 보편적 설계'를 적용하게 된다. Bowe(2000)가 제안한 '교육에서의 보편적 설계(Universal Design in Education: UDE)'는 '학습을 위한 보편적 설계(Universal Design for Learning: UDL)'와 '교수를 위한 보편적 설계(Universal Design for Instruction: UDI)'와 함께 학령기, 대학교육, 평생교육의 교육과정 설계방법으로 제안되어 왔다. 그리고 드물지만 보편적 설계 원리를 기반으로 하여 장애영역별로 웹 기반 학습이나 e-러닝 설계 전략이 개발되고 있다. 소수를 위한 작은 움직임이지만 이러한 작은 움직임들이 모여 미래에는 장애아동을 위한 큰 역사적 발자취를 남길 업적을 만들 수 있을 것이라고 확신한다.

3. 장애아동의 컴퓨터 사용 지원을 위한 보조공학

1) 컴퓨터 보조수업

컴퓨터를 수업매체로 활용하여 교과 내용을 학습자에게 가르치는 수업 방법은 장애 유형이나 연령에 관계없이 장애아동의 학업성취도 향상에 긍정적 영향을 줄 수 있으며,

학습시간을 줄여 준다는 장점을 가지고 있어 현재 다양한 교육 관련 분야에서 이용되고 있다. 이국정, 이상수(2014) 외에도 다양한 연구에서 여러 장애 영역의 아동들에게 컴퓨터 및 블랜디드 러닝(Blended Learning)를 이용한 수업(치료 및 재활)이 효과가 있다는 연구결과를 내놓고 있는 만큼 컴퓨터나 컴퓨터 프로그램을 활용한 수업은 장애아동들에게 중요한 학습(치료 및 재활) 도구 중 하나이다.

정보통신기술이 발달하면서 만화, 영화, 게임 등의 다양한 매체가 화려하게 제시되다 보니 관심과 흥미를 끄는 것은 물론 놀이처럼 즐기면서 많은 정보를 전달할 수 있어 컴퓨터는 새로운 교육 도구로 각광을 받고 있다. 미래교육 환경에 대비하여 서책형 교과서를 대신할 전자교과서도 개발하였고, 인공지능, 증강현실 등 다양한 기술들이 발전하면서 특수교육에도 큰 변화가 예상된다. 기술의 발달은 장애로 인해 발생하는 불편함을 최소화시켜 줄 것이며, 시각과 청각장애와 같은 감각 장애의 경우 이러한 기술의 발달로 많은 도움을 받을 수 있을 것이다(박은송, 2012). 인공지능에 의한 개별적인 교육이 가능해지는 것은 물론, 장애아동들의 독특한 학습 특성에 맞춰 학습프로그램과 자료들은 재편되어 제공될 수 있다(김용욱, 2002). 이러한 변화는 사회에서 독립할 수 있는 보다 많은 직업재활의 기회도 제공되는 등 장애아동과 부모들이 꿈만 꾸던 그런 세상이 곧 현실화될 수 있다는 가능성을 보여 준다. 이를 위해서는 PC와 연동되는 보조공학기기들의 쓰임을 제대로 알고 활용할 줄 알아야 한다.

2) 컴퓨터 대체접근

컴퓨터 대체접근(alternative access 또는 adaptive access)이란 장애인이 컴퓨터 및 관련된 기기에 접근하기 위해서 표준방법과는 다른 방법을 통해서 컴퓨터를 사용하는 방식으로, 대체접근 기기들은 컴퓨터에 유선으로 연결하거나 S/W프로그램을 설치하여 사용한다.

컴퓨터 대체접근은 최근 우리 사회가 장애인의 교육 및 재활, 그리고 독립적인 사회활동 참여에 대한 욕구를 충족시켜 줄 수 있는 해결책 중의 하나로 꼽고 있다. 이러한 컴퓨터 대체접근 기기들의 중요성을 알고 기회가 될 때마다 홍보하고 교육할 수 있기를 바란다.

3) 대체 입력 기기

(1) 키보드

일반적인 키보드는 손가락의 운동 범위나 누르는 압력 정도 등에 맞춰서 조금만 벗어나면 조정을 요구한다. 따라서 장애아동들이 컴퓨터를 사용할 때 생기는 불편사항을 수렴해서 개선한 키보드가 대체 키보드이다. 대체 키보드는 여러 가지의 크기와 형태를 가지고 있으며, 다양한 방법으로 컴퓨터에 정보를 입력할 수 있으므로 장애아동이 PC를 원활히 사용하도록 지원하고 있다.

① 프로그램 키보드

다양한 기능을 프로그램화하고 있어 일반적인 키 입력으로도 문자, 숫자, 단어, 문장을 입력할 수 있다. 이 키보드의 크기는 일반 키보드보다 큰 편이며, 또한 일반 키보드에 비해 좀 더 확장된 입력 범위를 가지고 있다.

② 소형 키보드

소형 키보드는 키보드를 사용할 때 작은 운동 범위를 가지고 있는 사용자들이 모든 키들을 쉽게 사용하도록 하기 위해 키들의 간격을 가깝게 디자인한 키보드로, 일반 키보드에 비하여 무게가 적으며 크기가 작다.

③ 조합 키보드

조합 키보드는 보통 제한된 수의 키를 가지고 있는데, 문자는 조합한 키들을 통해 입력되며 키들은 프로그램화 할 수 있으므로 조합을 통하여 단어나 문장 등을 입력할 수 있다.

④ 화면 키보드

화면 키보드는 일반적인 키보드나 변형된 키보드가 컴퓨터 스크린 위에 배치되어 있어서, 소프트웨어적으로 입력할 수 있는 키보드다. 키의 입력은 마우스, 터치 스크린, 트랙 볼, 조이스틱 등으로 선택할 수 있다.

대체 키보드는 정보 입력의 간편성과 단어나 문자 대신에 그림을 이용하여 키보드를 제작할 수 있으며, 단어나 문자 대신 촉각적인 요소로 키보드 제작이 가능하다. 또한 대체 키보드는 단어나 구를 입력할 수 있어 의사소통판으로도 활용할 수 있다. 대체 키보드는 그래픽, 사진, 기타 매체를 통해 의미를 전달하고 문자-소리 인식 훈련이나 특정 작업을 수행하는 데 키 수를 제한하여 사용할 수 있다. 따라서 화면 키보드와 스위치를 사용하여 용이하게 정보 입력이 가능하다.

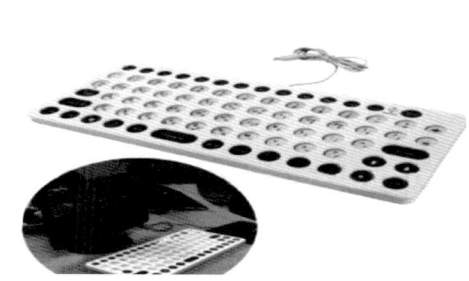

〔그림 14-2〕 여러 가지 대체 키보드

출처: 홍익몰

(2) 키가드

키보드도 사용할 수 없는 장애아동의 경우 키보드 사용을 지원할 수 있는 대체접근 보조 기기가 필요하다. 이것이 바로 키가드(keyguards)다. 키보드를 사용하기 위해서 지원되는 부가적인 기기들은 타이핑의 정확성을 증가시킬 수 있는 장점이 있다. 키가드는 정확히 말하면 각각의 키가 들어갈 수 있도록 고안된 플라스틱 덮개를 말하며, 키가드는 타이핑을 하는 동안 정확한 위치를 유지시킬 수 있다. 움직임이 심한 장애인들이나 헤드 스틱(head stick)과 같은 지시 기구를 이용하여 키보드를 사용할 때 키가드를 사용하면 정확하게 키를 입력할 수 있다.

키가드는 물이나 음료를 흘렸을 때 이를 막아주는 방수 보호 덮개(moisture guards) 역할도 한다.

대체 라벨(Alternative Lavels)은 시각적으로 도드라져 보이기 위해서나 키보드에 촉각적인 정보를 제공하기 위해서 사용하기도 하지만 빈번하게 사용하는 키의 정보를 제공할 수 있으며, 키 표면을 다른 색으로 강조할 수도 있다.

(3) 조이스틱

조이스틱(Joystick)이란 컴퓨터의 마우스 포트(pot)나 범용 직렬 버스(universal serial bus: USB)에 연결하여 사용하는 입력 장치 중의 하나로 게임류 소프트웨어를 작동할 때 많이 활용한다. 일반적인 조이스틱의 목적은 마우스와 같이 컴퓨터 화면상의 커서를 이동하고 조작하는데 쓰인다.

조이스틱은 장애아동이 컴퓨터를 사용하도록 동기를 부여하고, 의사교환 시스템과 환경조정 시스템의 조정이 가능하므로 신체의 다른 부분으로 컴퓨터 조정이 가능하다. 화면키보드를 이용하여 문자나 자료 입력은 물론 전동휠체어 조정과 같은 운동 기능을 지원하고 연습할 수도 있다.

(4) 트랙볼

트랙볼(Trackball)이란 볼 마우스를 뒤집어 소켓 내에 심어놓은 형태로 사용자는 위쪽에 있는 볼을 손가락이나 다른 신체 부위를 사용하여 굴려서 커서를 원하는 위치에 놓은 다음, 선택을 하기 위해 볼 위나 좌-우에 배치되어 있는 단추(마우스 단추와 동일)를 누르면서 사용한다.

트랙볼은 손의 기능이 평균보다 떨어지는 운동 기능을 가졌거나 보조 기구를 사용하여 마우스의 기능을 수행해야 하는 경우, 일반 키보드를 사용하지 못하고, 화면 키보드를 이용해서 문자나 자료를 입력해야 하는 경우, 운동기능이 현저히 낮은 사용자거나 마우스의 커서를 적절히 다루기 위해 보조 기기를 이용하는 경우, 클릭하는 부분이 분리되어 있기를 요구할 때 사용하게 된다.

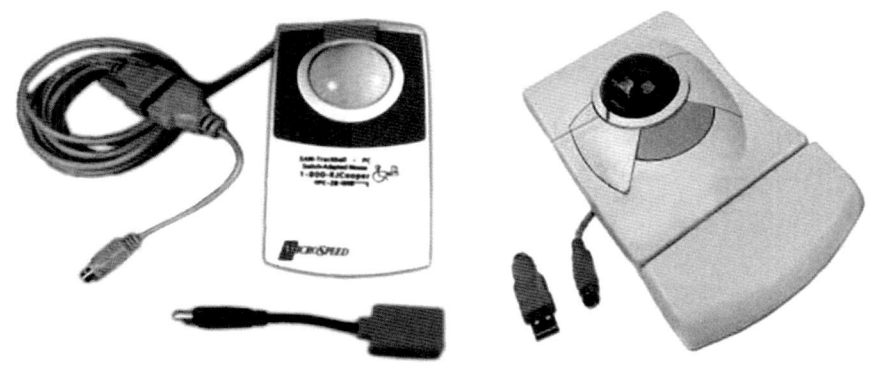

〔그림 14-3〕 여러 가지 트랙볼

출처: www.goodedu.com

(5) 스위치

스위치(Switch)란 키보드와 마우스 등은 일반적인 입력 기기를 통하여 컴퓨터에 직접 입력하는 것이 어려울 때 사용한다. 여러 가지 크기, 모양, 색깔, 작동 방법 그리고 배치 옵션 등으로 스위치를 이용하게 되는데 스위치를 사용하기 위해서는 인터페이스 기기와 소프트웨어가 필요하다. 이들은 스위치가 컴퓨터에 연결되고, 스위치의 작동에 대한 정보가 컴퓨터에 입력될 수 있도록 하기 위한 것이다.

4) 대체 출력 기기

(1) 점자 프린터와 점역 프로그램의 활용

① 점자 프린터와 점역 프로그램의 개념

점자 프린터와 점역 프로그램은 묵자(비시각장애인의 문자)를 사용할 수 없는 모든 시각장애인, 시각장애 관련 교재 제작자, 시각장애 관련 전공자, 시각장애아동 학부모 그리고 시각장애 관련 전문가들이 이용하고 있다.

점자 프린터는 컴퓨터에 입력된 내용을 시각장애인이 읽을 수 있는 점자로 출력을 하기 위해서 점자 프린터가 필요한데 개인용과 출판용으로 구분할 수 있다. 특수한 점자 프린터의 경우 아연판이나 두꺼운 플라스틱 종이에도 점자를 출력할 수 있다.

점역 프로그램은 일반적으로 한글, 영어를 점자로 번역해 주는 표준 언어 처리 프로그램을 통해 제작하거나 스캐닝한 텍스트를 점자 프린터기를 이용해서 인쇄할 수 있게 점자로 변환시켜 주는 프로그램이다. 점자판이나 점자 타자기로 점역 시 갖는 어려움들 즉 낱말의 수정이나 삽입이 곤란하고 많은 양의 인쇄가 곤란할 때 개선하기 위해 만든 프로그램이다. 1996년부터 한국시각장애인연합회에서도 점역 프로그램을 제작하여 배포하고 있으며, 이 연합회의 점역 프로그램은 점역교정사 시험 시 수검용으로 사용되기도 한다.

② 점자 프린터와 점역 프로그램의 장단점

점자 프린터기는 서적, 전단지, 간판, 식당 메뉴판, 지도를 비롯한 점자 자료를 제작할 때, 컴퓨터의 점역 프로그램을 이용하여 만든 문서를 점자로 인쇄할 때 이용한다. 점자 프린터기는 장점은 무엇보다도 단시간에 많은 양의 점자 자료의 제작이 가능하다는 것이다. 점자 도서 제작용 양면 프린터가 가능한 것도 큰 특징 중 하나이다. 또한 시각장애인의 문자 생활이 가능하도록 음성 지원 기능이 있고, 문서의 영구보관이 가능하다. 가격이 고가이고 국내에서 생산되지 않는 관계로 AS가 항상 큰 문제점이며 중량이 무겁기 때문에 이동의 어려움이 있다.

텍스트 파일을 점역할 수 있는 포맷으로 만들어진 점역프로그램은 많은 양의 점자 폰트를 한글 문서에 삽입할 수 있으며, 점자 교육용 교재로 사용 가능하다. 무엇보다 시각장애인 본인이 직접 활용할 수 있으며 음성이 지원되므로 점역하여 무지 점자기에서도 활용이 가능하다. 그러나 프로그램에 따라서 점역에 문제가 있을 수 있으며 컴퓨터의 OS환경에 따라 호환성에 문제가 있을 수 있다.

(2) 전자 점자(무지 점자)의 이해

전자 점자는 말 그대로 종이를 사용하지 않고 점자를 전자로 작성하는 기기로 찍는 점과 보는 점이 동일하다는 장점을 가지고 있다. 컴퓨터 화면에 제시된 정보를 검지로 촉지할 수 있게 출력되는데, 종이 위에 새겨지는 점자는 작고 둥근 플라스틱 혹은 금속 핀을 이용하여 점자를 생성한다. 대개 20개나 40개 또는 80개의 점자 셀(braille cells)을 사용하며 한 행을 읽은 뒤 재생시켜 다시 다음 행을 읽을 수 있다. 여러 가지 키를 이용하여 점자 입력이 가능하다. 또한 전자 점자의 형태로 출력해서 입력한 사항을 수정할 수 있고, 컴퓨터에 연결하여 묵자로 전환할 수 있다. 우리나라에서는 2015년에 전 세계 최초로 시각장애인용 점자 스마트워치를 개발하기도 했다.

① 전자 점자(무지 점자)의 장단점

전자 점자(무지 점자)는 시각장애아동이 컴퓨터를 사용하는 데 있어 많은 편리함을 주고 있다. 명령어, 프롬프트(prompt), 전자 파일을 점자와 음성으로 제공할 수 있으며, 장애아동이 컴퓨터 모니터에 있는 텍스트 속성, 스크린 포맷(screen format), 스펠링

(spelling)에 관한 정확한 정보 획득, 음성 지원이 효과적이지 않거나 필요 없는 상황에서 시각장애인이 컴퓨터를 이용할 수 있게 도와준다. 인터넷 이용은 물론 다양한 메모 기능과 문서 편집 기능이 있고 휴대가 용이하다. 그러나 가격이 비교적 고가이며, 단축키의 활용이 많으므로 사용 전에 교육이 필요한 것이 약간의 단점이다.

② 브레일 한소네

브레일 한소네(Braille Hansone)는 시각장애아동들과 일반인들이 가장 많이 활용하고 있는 점자 정보단말기(점자 입출력기)다. Braille Lite를 능가하는 여러 가지 기능들 특히 점자 키보드를 사용하여 문서 작성하기, 점자 문서를 점자 프린터로 출력하거나 일반 문자로 변환하여 묵자 프린터로 출력하기, 일반 워드프로세서로 작성한 문서를 읽어 음성이나 점자로 읽거나 편집하기, 전자우편 보내기, 계산기 기능, 알람(Alarm) 기능, 정보 관리 등이 가능하다.

(3) 음성합성기

음성합성기(speech synthesizers)란 문자, 숫자, 구두점 형태의 화면 정보를 음성으로 들려주는 기기로 컴퓨터에 음성지원을 하기 위해서는 하드웨어와 소프트웨어가 필요하다. 이때 하드웨어는 내장형 및 외장형 장치를 말하고, 소프트웨어는 하드웨어를 운영하기 위한 응용프로그램을 말하는데 패키지와 하드웨어 없이 음성합성시스템(Text To Speech: TTS)을 지원하는 화면 읽기 프로그램으로 구분한다.

음성합성기는 많은 장점을 가지고 있다. 컴퓨터의 텍스트를 음성으로 제공하고, 문자-음성 인식(Letter-Sound Recognition)이 가능하다. 화면을 보지 않고도 타이핑한 내용의 확인이 가능하며 화면 읽기 프로그램이나 음성 워드프로세서(Talking Word Processor)로부터 청각 프롬프트와 피드백을 제공한다. 광학 문자 인식 프로그램과 스캐너를 이용할 때 프로그램으로 전송되는 매뉴얼과 문서의 텍스트를 전해준다.

음성합성기는 자신의 능력보다 읽기 수준이 낮아서 듣기가 더 효율적인 사람, 개별 단어를 이해하지만 디코딩(Decoding) 기술이 필요한 사람, 기호의 의미를 이해하지만 단어를 들어야 하는 사람, 매뉴얼과 문서를 음성으로 들어야 하는 사람, 화면의 문자가 작아서 청각적 지원이 필요한 사람, 화면을 검색하고 명령을 선택하기 위해 청각적 피드백이 필요한 사람, 활동의 이행을 위해 접근 가능한 형태의 자료가 필요한 사람, 청각적 피드백이 도움이 되는 사람, 정보에 대한 이해와 과제에 지속적으로 주의를 필요로 하는 사람, 화면의 정보를 사용할 수 없어 청각적 피드백이 필요한 사람에게 적용할 수 있다.

음성합성기의 종류에는 내장형 음성합성기와 외장형 음성합성기가 있다.

① 내장형 음성합성기

내장형 음성합성기란 확장 슬롯에 접속하는 카드로써, 자체 메모리 및 마이크로프로세서, 디지털 신호 프로세서, 디지털-아날로그 변환기, 스피커 그리고 볼륨과 피치 제어장치를 가지고 있다. 대표 기기로는 Artic Business Vision, DEC talk PC, EchoⅡ, Speaqualizer, VertPro 등이 있다.

② 외장형 음성합성기

외장형 음성합성기란 직렬 또는 병렬 포트를 통해 컴퓨터와 연결한 것을 제외하고는 자체 메모리, 마이크로프로세서, 디지털-아날로그 변환기, 스피커 그리고 헤드폰 잭을 포함하고 있다. 외장형 음성합성기는 구동을 위해서 독립적인 전원 공급이 필요하다. 대표 기기에는 Accent SA, Artic Transport, Echo PC 등이 있다.

(4) 음성합성 소프트웨어

음성합성 소프트웨어는 문자 또는 그래픽의 캡션을 음성출력으로 변환해 주는 프로그램이다. 사용자의 사용 목적에 따라 자판 입력 시 개별 글자마다 혹은 단어를 음성으로 출력한다. 화면읽기 프로그램은 그래픽 사용자 멀티페이스(Graphic User Interface: GUI) 사용자 환경에 맞게 아이콘, 윈도 그리고 윈도 안에 있는 작은 창들을 음성으로 출력시키며 커서와 마우스를 따라 사용자의 화면에 있는 어떤 대상도 읽어 들일 수 있도록 하고 있다. 대표적인 소프트웨어에는 아이즈2000이 있다.

(5) 화면 읽기 시스템

화면 읽기 시스템(screen reader system)이란 음성 합성기와 연계하여 제어 버튼, 메뉴, 텍스트, 구두점 등 화면에 모든 것을 음성으로 표현해 주는 소프트웨어다. 시각장애학생은 컴퓨터에 저장된 자료나 모니터에 나타나는 정보를 읽을 수 없기 때문에 이를 읽어 주는 시스템이 필요할 수밖에 없다. 이러한 시스템을 화면 읽기(screen reader) 프로그램이라고 하는데 이중 하드웨어에 포함되는 부분을 음성합성 장치라고 하고, 소프트웨어에 해당되는 것을 음성출력 프로그램이라고 한다.

화면 읽기 시스템의 장점은 인쇄 자료나 매뉴얼 등을 스캐닝 한 후 이용이 가능하다는 점이다. 청각 프롬프트(prompt)와 메뉴, 명령 등의 제시화면을 보지 않고 키보드를 입력한 내용을 확인할 수 있으며, 저시력 혹은 전맹 학생이 컴퓨터 사용이 가능할 정도이다. 그러나 화면의 내용이 체계적으로 이루어져 있지 않으면 내용을 파악하기 어려우며 비교적 높은 사양의 컴퓨터 하드웨어가 필요하다.

화면 읽기 시스템은 모니터의 텍스트를 읽기 위해 청각적 피드백이 필요한 사람, 기기의 사용법을 이해하지만 인쇄 자료와 매뉴얼을 읽어 주어야 하는 사람. 화면 검색 및 명령 선택을 위해 청각적 피드백이 필요한 사람, 컴퓨터 조작이 어려운 지체장애인에게 적용할 수 있다.

(6) 화면 확대 시스템

화면 확대 기기와 프로그램이란 확대 기기 사용자가 자료를 좌우상하로 움직일 수 있는 x-y대(독서에 편리한 각도로 책이나 자료를 받쳐서 있게 만든 대: 서견대)에 놓으면 확대된 이미지가 모니터에 비추어지는 것이다. 시력에 따라 확대의 배율을 자유롭게 조절할 수 있으며 자체 조명이 있어 밝기와 명도 조절이 용이하거나 대비 조절과 바탕색의 반전

조절 등이 가능하다. 또한 읽기뿐만 아니라 쓰기에도 효과적이며 확대 기기는 초기보다는 기능이 많아지고, 기능에 비해 가격이 많이 낮아져 저시력인들에게는 필수적인 기기로 자리잡고 있다. 화면 확대 프로그램 모니터의 특정부위나 혹은 전체를 확대해서 볼 수 있게 만든 프로그램 ZoomText, 돋보기, CloseView, MAGic 등이 있으나, 우리나라에는 일반적으로 많이 사용하고 있는 것은 ZoomText이다.

화면 확대 프로그램은 쉽게 모니터의 특정 영역을 확대해 준다. OS의 기본 기능에 포함된 전경과 배경색을 용이하게 바꿀 수 있다. 또한 화면 확대 프로그램은 문자를 크게 보아야 하는 사람, 전경과 배경이 구분이 뚜렷한 자료를 원하는 사람, 시야가 좁은 사람, 근거리 작업을 요하는 사람, 장시간 학습을 요하는 학생에게 필요하다.

4. 보완대체의사소통 보조기기

보완대체의사소통(Augmentative and Alternative Communication: ACC)이란 의사교환이 어려운 개인이나 그들과 의사소통을 하는 주위 사람들의 의사교환 능력과 생활수준을 높이기 위한 중재의 논리적 근거와 의사소통판과 같은 테크닉과 손짓 기호, 축소 모형, 말하는 컴퓨터 그리고 제 3자를 통해 의사를 교환하는 방법 등이 있다.

보완대체의사소통 보조기기는 의사소통이 어려운 사람들 간의 의사를 교환할 수 있는 능력을 향상시켜 줄 뿐만 아니라 이로 인해 확대된 학습능력, 사회성, 독립성 등에 직접 혹은 간접적인 영향을 미쳐 장애인과 비장애인의 통합을 위한 기본적이고 중요한 요소가 된다.

보완대체의사소통 보조기기를 적용하기 전 먼저 대상자의 운동능력과 개인적 특성을 고려하여 선택해야 한다. 중복장애가 있는 경우, 대상아동의 인지 및 언어능력, 감각능력을 동시에 고려해야 하며 이와 함께 환경적 변인에 대한 고려도 함께 해야 한다.

〔그림 14-4〕 보완대체의사소통기기 및 S/W

출처: 홍익몰

5. 보완대체의사소통 보조기기의 구성

1) 상징

상징(symbols)이란 AAC 상징을 분류할 때는 별도의 도구 사용 여부에 따라서 도구적(aided) 상징과 비도구적(unaided) 상징으로 구분하는 경우가 많다(Beukelman & Mirenda, 2013). 즉 별도의 도구 사용 없이, 자신의 신체 일부를 사용하는 몸짓이나 수화는 비도구적 상징이며, 그 외 다른 도구를 사용할 경우는 도구적 상징이라고 한다.

상징을 담는 도구에는 No Tech AAC(전자장치를 탑재하지 않은 AAC), Low Tech AAC(단순한 전자도구를 사용하는 AAC), High Tech AAC(첨단 전자도구를 사용하는 AAC)가 있다.

2) 도구

상징을 담아내는 보완대체의사소통 도구(aids)는 Low Tech AAC와 High Tech AAC

의 구분이 분명한 것은 아니며, Low Tech AAC라고 해서 상대적으로 기능이 떨어지는 기기를 의미하는 것은 아니다. 사용자의 개인의 능력이나 활용목적에 따라 적절한 도구를 선택하는 것이 중요하다.

3) 활용기법

활용기법에는 직접 선택하는 방법과 스캐닝 방법이 있다.

직접 선택하는 방법은 전달하고자 하는 메시지를 신체부위의 일부분, 예를 들면 손이나 손가락, 발가락 등을 사용하거나, 신체부위를 사용하기 어려운 경우 헤드스틱(head stick), 마우스스틱(mouth stick), 핸드그립(handgrip), 빔(beam) 등과 같이 보조 도구를 사용하여 직접 선택한다. 반면에 운동 조절력 부족으로 상징을 직접 선택할 수 없는 경우 스위치를 사용한 스캐닝 기법을 사용할 수 있다.

스캐닝(scanning)이란 AAC 사용자가 선택하고자 하는 메시지가 나올 때까지 계속 진행하다가 원하는 상징이 나타났을 때 스위치를 누름으로써 선택하는 방법이다. 스캐닝은 미세한 운동 조절 능력을 요구하지는 않지만 직접 선택하는 것보다 기억과 같은 인지 능력을 더 요구하기도 한다.

4) 전략

전략이란 AAC 사용자가 자신의 메시지를 전달할 때의 효율성(예 정확도, 시간)을 높이기 위한 방법을 말한다. AAC를 사용하는 경우 구어를 사용하는 것보다 의사소통 속도가 상대적으로 느리기 때문에 이를 보완하기 위해 메시지의 부호화 전략, 낱말과 문장의 예측 전략 등을 사용한다(김영태, 2014).

학습평가

1. 보조공학의 유형과 필요성을 이해하여 적용할 수 있는가?
2. 보편적 설계에 대한 개념을 설명할 수 있는가?
3. 대화 상대자에게 의사소통 메시지를 전달하는 기법에는 어떤 것이 있고, AAC 사용자가 메시지를 효과적으로 전달하기 위해 어떤 전략이 필요한지 설명할 수 있는가?

참고 문헌

고광필(2009). 유니버설 디자인에 기초한 웹 인터페이스 개인화의 사용자 만족 연구. 중앙대학교 대학원 박사학위 청구논문.

김용섭, 오군석(2008). 국내 종합병원의 웹 접근성 실태에 관한 연구. **한국 인터넷 정보학회**, 11(3), 87-100.

김용욱, 윤광보(2002). ICT자료의 접근성 적용 방안. **특수교육저널: 이론과 실천**, 3(2), 11-25.

박은송(2012). 중도·중복장애인의 자립생활지원을 통한 지역사회 통합 방안. **특수교육재활과학연구**, 51(4), 1-19.

송창수(2009). 세상속으로: 해외동향: W3C의 웹 콘텐츠 접근성 지침 2.0 소개. **지역정보화**, 56, 76-79.

이국정, 이상수(2014). 보편적 학습설계 원리에 기초한 특수교육용 e교과서 설계 원리 개발. **특수교육학연구**, 48(4), 317-336.

Beukelman, D. R., & Mirenda, P. (2013). *Augmentative and alternative communication needs*. Baltimore, MD: Brookes. Reprinted with permission.

Bowe, F. G. (2000). *Universal design in education: teching nontraditional students*. Westport, Conn.: Bergin & Garvey.

Nielsen, J. (1993). *Usability engineering*. Boston: AP Professional.

Center for Universal Design. (1997). http://www.design.ncsu.edu

National Assistive Technology Research Institute(2003). http://natri.uky.org

Washington Assistive Technoolgy Alliance(2003). http://wata.org

Wisconsin Assistive Technology Initiative(2003). http://wati.org

http://www.kwacc.or.kr